十三經古注

〔漢〕鄭玄等注

二

毛詩

中華書局

本册目録

卷第三

國風

鄘風

衛風

卷第四

國風

王風

卷第十五

小雅

魚藻之什

卷第十六

大雅

文王之什

卷第十七

大雅

生民之什

卷第十八

大雅

蕩之什

卷第十九

周頌

清廟之什

臣工之什

閔予小子之什

［著者小傳］毛亨，漢魯人。作《詩詁訓傳》以授毛萇，時人謂亨爲大毛，萇爲小毛。　毛萇，漢趙人。受毛亨《詩詁訓傳》之學，爲河間獻王博士，官至北海太守。是時言《詩》者有齊、魯、韓三家，《毛詩》未得列於學官，後三家皆廢，而《毛詩》乃大行。　鄭玄，後漢高密人。字康成。事扶風馬融，三年辭歸，融喟然曰：「鄭生今去，吾道東矣。」既歸，客耕東萊，門徒千數百人。建寧初，黨禍作，杜門修業。孔融爲北海相，深敬之。建安中，徵爲大司農，尋卒。唐貞觀中，從祀孔廟。所著書凡百餘萬言，今存者有《毛詩箋》、《周禮》《儀禮》《禮記注》，其《易注》及《春秋》之《箴膏肓》、《發墨守》、《起廢疾》、《駁五經異義》，皆後人所輯佚，書殘缺不完矣。經學家稱鄭衆爲先鄭，玄爲後鄭。

毛詩

《四部備要》

經部

上海中華書局據相臺岳氏家塾本校刊

桐鄉 陸費逵總勘

杭縣 高時顯 吳汝霖輯校

杭縣 丁輔之監造

毛詩卷第一

周南關雎詁訓傳第一

國風　　鄭氏箋

關雎后妃之德也風之始也所以風天下而正夫婦也故用之鄉人焉用之邦國焉風風也教也風以動之教以化之詩者志之所之也在心爲志發言爲詩情動於中而形於言言之不足故嗟歎之嗟歎之不足故永歌之永歌之不足不知手之舞之足之蹈之也情發於聲聲成文謂之音發猶見也聲謂宮商角徵羽也聲成文者宮商上下相應○〔睢〕七胥反〔妃〕芳非反〔風〕並如字治世之音安以樂其政和亂世之音怨以怒其政乖亡國之音哀以思其民困故正得失動天地感鬼神莫近於詩先王以是經夫婦成孝敬厚人倫美教化移風俗故詩有六義焉一曰風二曰賦三曰比四曰興五曰雅六曰頌上以風化下下以風刺上主文而譎諫言之者無罪聞之者足以戒故曰風風化風刺皆謂譬喻不斥言也主文主與樂之宮商相應也譎諫詠歌依違不直諫○〔治〕直吏反之音絶句〔樂〕音洛絶句〔近〕如字沈音附近之近〔比〕必履反〔興〕虛應反沈許甑反〔頌〕音訟〔下以風〕福鳳反注風刺同〔刺〕七賜反〔譎〕古穴反至于王道衰禮義廢政教失國異政家殊俗而變風變雅作矣國史明乎得失之迹傷人倫之廢哀刑政之苛吟詠情性以風其上達於事變而懷其舊俗者也故變風發乎情止乎禮義發乎情民之性也止乎禮義先王之澤也是以一國之事繫一人之本謂之風言天下之事形四方之風謂之雅雅者正也言王政之所由廢興也政有小大故有小雅焉有大雅焉頌者美盛德之形容以其成功告於神明者也是謂四始詩之至也始者王道興衰之所由○〔苛〕音何虐也〔風〕其上福鳳反〔告〕古毒反然則關雎麟趾之化王者之風故繫之周公南言化自北而南也鵲巢騶虞之德諸侯之風也先王之所以教故繫之召公自從也從北而南謂其化從岐周被江漢之域也先王斥大王王季○〔騶〕側留反〔召〕本亦作邵同上照反後召南召公皆同〔被〕皮寄反〔大〕音泰周南召南正始之道王化之基是以關雎樂得淑女以配君子憂在進賢不淫其色哀窈窕思賢才而無傷善之心焉是關雎之義也哀蓋字之誤也當爲衷衷謂中心恕之無傷善之心謂好逑也○〔窈〕烏了反〔窕〕徒了反王肅云善心曰窈善容曰窕〔好〕呼報反〔逑〕音求○

關關雎鳩在河之洲興也關關和聲也雎鳩王雎也鳥摯而有別水中可居者曰洲后妃說樂君子之德無不和諧又不淫其色慎固幽深若雎鳩之有別焉然後可以風化天下夫婦有別則父子親父子親則君臣敬君臣敬則朝廷正朝廷正則王化成箋云摯之言至也謂王雎之鳥雌雄情意至然而有別○〔興〕虛應反譬喻之名〔摯〕音至〔別〕彼竭反下同〔說〕音悅〔樂〕音洛〔諧〕戶皆反〔朝〕直遙反〔廷〕徒佞反窈窕淑女君子好逑窈窕幽閒也淑善逑匹也言后妃有關雎之德是幽閒貞專之善女宜爲君子之好匹箋云怨耦曰仇言后妃之德和諧則幽閒處深宮貞專之善女能爲君子和

好衆妾之怨者言皆化后妃之德不嫉妬謂三夫人以下○〔好〕毛如字鄭呼報反兔罝詩放此〔逑〕音求本
亦作仇音同〔閒〕音閑下同〔耦〕五口反能〔爲〕于僞反〔嫉〕音疾〔妬〕丁路反○參差荇菜左右
流之荇接余也流求也后妃有關雎之德乃能共荇菜備庶物以事宗廟也箋云左右助也言后妃
將共荇菜之葅必有助而求之者言三夫人九嬪以下皆樂后妃之事○〔參〕初金反〔差〕初宜反〔荇〕衡猛反
〔左右〕王申毛如字鄭上音佐下音佑〔共〕音恭下並同〔葅〕阻魚反〔嬪〕毗申反〔樂〕音洛窈窕淑女
寤寐求之寤覺寐寢也箋云言后妃覺寐則常求此賢女欲與之共己職也○〔寤〕五路反〔寐〕莫
利反〔覺〕音教求之不得寤寐思服服思之也箋云服事也求賢女而不得覺寐則
思己職事當誰與共之乎悠哉悠哉輾轉反側悠思也箋云思之哉思之哉言己誠
思之卧而不周曰輾○〔輾〕哲善反○參差荇菜左右采之箋云言后妃既得荇
菜必有助而采之者窈窕淑女琴瑟友之宜以琴瑟友樂之箋云同志爲友言賢女
之助后妃共荇菜其情意乃與琴瑟之志同共荇菜之時樂必作參差荇菜左右芼
之芼擇也箋云后妃既得荇菜必有助而擇之者○〔芼〕毛報反窈窕淑女鍾鼓樂
之德盛者宜有鍾鼓之樂箋云琴瑟在堂鍾鼓在庭言共荇菜之時上下之樂皆作盛其禮也○〔樂〕音
洛

關雎五章章四句故言三章其一章四句二

章章八句

葛覃后妃之本也后妃在父母家則志在於女功之
事躬儉節用服澣濯之衣尊敬師傅則可以歸安父
母化天下以婦道也躬儉節用由於師傅之教而後言尊敬師傅者欲見其性亦自
然可以歸安父母言嫁而得意猶不忘孝○〔覃〕徒南反〔澣〕戶管反〔濯〕直角反〔傅〕夫附反〔見〕賢遍反○

葛之覃兮施于中谷維葉萋萋興也覃延也葛所以爲絺綌女功之事煩
辱者施移也中谷谷中也萋萋茂盛貌箋云葛者婦人之所有事也此因葛之性以興焉興者葛延蔓于
谷中喻女在父母之家形體浸浸日長大也葉萋萋然喻其容色美盛○〔施〕毛以豉反鄭如字下同〔萋〕切
兮反〔蔓〕音萬〔浸〕子鴆反〔長〕丁丈反黃鳥于飛集于灌木其鳴喈喈黃鳥
摶黍也灌木藂木也喈喈和聲之遠聞也箋云葛延蔓之時則摶黍飛鳴亦因以興焉飛集藂木興女有
嫁于君子之道和聲之遠聞興女有才美之稱達於遠方○〔灌〕古亂反〔喈〕音皆〔摶〕徒端反〔藂〕才公反〔聞〕音
問又如字下同〔稱〕尺證反○葛之覃兮施于中谷維葉莫莫莫莫成就
之貌箋云成就者其可采用之時○〔莫〕美博反是刈是濩爲絺爲綌服之無
斁濩煑之也精曰絺麤曰綌斁厭也古者王后織玄紞公侯夫人紘綖卿之內子大帶大夫命婦成祭
服士妻朝服庶士以下各衣其夫箋云服整也女在父母之家未知將所適故習之以絺綌煩辱之事乃
能整治之無厭倦是其性貞專○〔刈〕魚廢反〔濩〕胡郭反〔絺〕恥知反〔綌〕去逆反〔斁〕音亦〔紞〕都覽反〔紘〕獲耕
〔綖〕音延〔朝〕直遙反下同〔衣〕於既反○言告師氏言告言歸言我也師女師也古
者女師教以婦德婦言婦容婦功祖廟未毀教于公宮三月祖廟既毀教于宗室婦人謂嫁曰歸箋云我
告師氏者我見教告于女師也教告我以適人之道重言我者尊重師教也公宮宗室於族人皆爲貴○
〔重〕直用反薄汙我私薄澣我衣汙煩也私燕服也婦人有副褘盛飾以朝事舅姑接
見于宗廟進見于君子其餘則私也箋云煩撋之用功深澣謂濯之耳衣謂褘衣以下至褖衣○〔汙〕音
烏〔副〕如字〔褘〕音輝〔見〕賢遍反下同〔撋〕而專反〔褖〕吐亂反害澣害否歸寧父母害何
也私服宜澣公服宜否寧安也父母在則有時歸寧耳箋云我之衣服今者何所當見澣乎何所當否乎
言常自潔清以事君子○〔害〕戶葛反下同

葛覃三章章六句

卷耳，后妃之志也。又當輔佐君子，求賢審官，知臣下之勤勞。內有進賢之志，而無險詖私謁之心，朝夕思念，至於憂勤也。謁，請也。○卷，眷勉反。詖，彼寄反。崔云：險詖，不正也。

○采采卷耳，不盈頃筐。憂者之興也。采采，事采之也。卷耳，苓耳也。頃筐，畚屬，易盈之器也。箋云：器之易盈而不盈者，志在輔佐君子，憂思深也。○頃音傾。筐，起狂反。畚音本。易，以豉反，下同。思，息吏反。嗟我懷人，寘彼周行。懷，思。寘，置。行，列也。思君子官賢人，置周之列位。箋云：周之列位，謂朝廷臣也。○寘，之豉反。行，戶康反，注下同。朝，直遙反。

○陟彼崔嵬，我馬虺隤。陟，升也。崔嵬，土山之戴石者。虺隤，病也。箋云：我，我使臣也。臣以兵役之事行出，離其列位，身勤勞於山險，而馬又病。君子宜知其然。○崔，徂回反。嵬，五回反。虺，呼回反。隤，徒回反。使，色吏反，下同。離，力智反。我姑酌彼金罍，維以不永懷。姑，且也。人君黃金罍。永，長也。箋云：我，我君也。臣出使，功成而反，君且當設饗燕之禮，與之飲酒以勞之，我則以是不復長憂思也。言且者，君賞功臣，或多於此。○罍，盧回反。勞，力到反。復，扶富反。

○陟彼高岡，我馬玄黃。山脊曰岡。玄馬病則黃。我姑酌彼兕觥，維以不永傷。兕觥，角爵也。傷，思也。箋云：此章為意不盡，申殷勤也。觥，罰爵也。饗燕所以有之者，禮自立司正之後，旅醻必有醉而失禮者，罰之，亦所以為樂。○兕，徐履反。觥，古橫反。為，于僞反。樂音洛。

○陟彼砠矣，我馬瘏矣，我僕痡矣，云何吁矣。石山戴土曰砠。瘏，病也。痡，亦病也。吁，憂也。箋云：此章言臣既勤勞於外，僕馬皆病，而今云何乎其亦憂矣，深閔之辭。○砠，七餘反。瘏音塗。痡音敷，又普烏反。吁，香于反。

卷耳四章，章四句

樛木，后妃逮下也。言能逮下，而無嫉妬之心焉。后妃能和諧眾妾，不嫉妬其容貌，恒以善言逮下而安之。○樛，居虯反。逮，徒戴反。

○南有樛木，葛藟纍之。興也。南，南土也。木下曲曰樛。南土之葛藟茂盛。箋云：木枝以下垂之故，故葛也藟也得纍而蔓之，而上下俱盛。興者，喻后妃能以意下逮眾妾，使得其次序，則眾妾上附事之，而禮義亦俱盛。南土謂荊揚之域。○藟，力軌反。纍，力追反。上，時掌反。樂只君子，福履綏之。履，祿。綏，安也。箋云：妃妾以禮義相與和，又能以禮樂樂其君子，使為福祿所安。○樂音洛。只，之氏反。綏音雖。樂樂，上音岳，下音洛。

○南有樛木，葛藟荒之。樂只君子，福履將之。荒，奄也。將，大也。箋云：此章申殷勤之意。將，猶扶助也。

○南有樛木，葛藟縈之。樂只君子，福履成之。縈，旋也。成，就也。○縈，烏營反。

樛木三章，章四句

螽斯，后妃子孫眾多也。言若螽斯不妬忌，則子孫眾多也。忌，有所諱惡於人。○螽音終。惡，烏路反。

○螽斯羽，詵詵兮。螽斯，蚣蝑也。詵詵，眾多也。箋云：凡物有陰陽情慾者，無不妬忌，維蚣蝑不耳，各得受氣而生子，故能詵詵然眾多。后妃之德能如是，則宜然。○詵，所巾反。蚣，粟容反。蝑，粟居反。幽州謂之春箕，蝗類。宜爾子孫，振振兮。振振，仁厚也。箋云：后妃之德寬容，不嫉妬，則宜女之子孫，使其無不仁厚。○振音真。女音汝。

○螽斯羽，薨薨兮。宜爾子孫，繩繩兮。薨薨，眾多也。繩繩，戒慎也。○薨，呼肱反。

○螽斯羽，揖揖兮。宜爾子孫，蟄蟄兮。揖揖，會聚也。蟄蟄，和集也。○揖，子入、側立二反。蟄，尺十反，徐又直立反。

螽斯三章，章四句

桃夭，后妃之所致也。不妬忌，則男女以正，昏姻以時，國無鰥民也。老而無妻曰鰥。○夭，於驕反。鰥，古頑反。

○桃之夭夭，灼灼其華。興也。桃有華之盛者。夭夭，其少壯也。灼灼，華之盛也。箋云：興者，喻時婦人皆得以年盛時行也。

〇〔少〕詩照反。之子于歸，宜其室家。之子，嫁子也。于，往也。宜以有室家，無踰時者。箋云：宜者，謂男女年時俱當。〇〔當〕丁浪反。〇桃之夭夭，有蕡其實。蕡，實貌。非但有華色，又有婦德。〇〔蕡〕浮雲反。之子于歸，宜其家室。家室，猶室家也。〇桃之夭夭，其葉蓁蓁。蓁蓁，至盛貌。有色有德，形體至盛也。〇〔蓁〕側巾反。之子于歸，宜其家人。一家之人盡以為宜。箋云：家人，猶室家也。〇〔盡〕津忍反，或如字，他皆放此。

桃夭三章，章四句。

兔罝，后妃之化也。關雎之化行，則莫不好德，賢人衆多也。罝，子斜反。〇〔好〕呼報反。〇肅肅兔罝，椓之丁丁。肅肅，敬也。兔罝，兔罟也。丁丁，椓杙聲也。箋云：罝兔之人，鄙賤之事，猶能恭敬，則是賢者衆多也。〇〔椓〕陟角反。〔丁〕陟耕反。〔罟〕音古，罔也。〔杙〕羊職反。赳赳武夫，公侯干城。赳赳，武貌。干，扞也。箋云：干也，城也，皆以禦難也。此罝兔之人，賢者也，有武力，可任為將帥之德，諸侯可任以國守，扞城其民，折衝禦難於未然。〇〔赳〕居黝反。〔干〕如字。〔扞〕戶旦反。〔禦〕魚呂反。〔難〕乃旦反，下同。〔任〕音壬。〔將〕子匠反。〔帥〕色類反。可〔任〕而鴆反，後不音者放此。〔守〕手又反。〇肅肅兔罝，施于中逵。逵，九達之道。〇〔施〕如字，下同，沈以豉反。〔逵〕求龜反。赳赳武夫，公侯好仇。箋云：怨耦曰仇。此罝兔之人，敵國有來侵伐者，可使和好之。亦言賢也。〇〔好〕見關雎。〇肅肅兔罝，施于中林。中林，林中。赳赳武夫，公侯腹心。可以制斷公侯之腹心。箋云：此罝兔之人，於行攻伐，可用為策謀之臣，使之慮無。亦言賢也。〇〔斷〕丁亂反。

兔罝三章，章四句。

芣苢，后妃之美也。和平則婦人樂有子矣。天下和，政教平也。〇〔芣〕音浮。〔苢〕音以。〔樂〕音洛。〇采采芣苢，薄言采之。采采，非一辭也。芣苢，馬舄。馬舄，車前也，宜懷任焉。薄，辭也。采，取也。箋云：薄言，我薄也。采采芣苢，薄言有之。有，藏之也。〇采采芣苢，薄言掇之。掇，拾也。〇〔掇〕都奪反。采采芣苢，薄言捋之。捋，取也。〇〔捋〕力活反。〇采采芣苢，薄言袺之。袺，執衽也。〇〔袺〕音結。〔衽〕入鴆反。采采芣苢，薄言襭之。扱衽曰襭。〇〔襭〕戶結反。〔扱〕初洽反。

芣苢三章，章四句。

漢廣，德廣所及也。文王之道被于南國，美化行乎江漢之域，無思犯禮，求而不可得也。紂時淫風徧於天下，維江漢之域先受文王之教化。〇〔被〕皮義反。〇南有喬木，不可休息。漢有游女，不可求思。興也。南方之木美，喬，上竦也。思，辭也。漢上游女，無求思者。箋云：不可者，本有可道也。木以高其枝葉之故，故人不得就而止息也。興者，喻賢女雖出游流水之上，人無欲求犯禮者，亦由貞絜使之然。〇〔竦〕粟勇反。漢之廣矣，不可泳思。江之永矣，不可方思。潛行為泳。永，長。方，泭也。箋云：漢也，江也，其欲渡之者，必有潛行乘泭之道。今以廣長之故，故不可也。又喻女之貞絜，犯禮而往，將不至也。〇〔泳〕音詠。〔泭〕芳于反。〇翹翹錯薪，言刈其楚。翹翹，薪貌。錯，雜也。箋云：楚，雜薪之中尤翹翹者。我欲刈取之，以喻衆女皆貞絜，我又欲取其尤高絜者。〇〔翹〕祁遙反。之子于歸，言秣其馬。秣，養也。六尺以上曰馬。箋云：之子，是子也。謙不敢斥其適己，於是子之嫁，我願秣其馬，致禮餼，示有意焉。〇〔秣〕莫葛反。〔餼〕虛氣反。漢之廣矣，不可泳思。江之永矣，不可方思。〇翹翹錯薪，言刈其蔞。蔞，草中之翹翹然。〇〔蔞〕力俱反，蒿也。之子于歸，言秣其駒。五尺以上曰駒。漢之廣矣，不可泳思。江之永矣，不可方思。

漢廣三章，章八句。

汝墳道化行也文王之化行乎汝墳之國婦人能閔其君子猶勉之以正也言此婦人被文王之化厚事其君子。○墳，符云反。閔，密謹反。○遵彼汝墳伐其條枚遵，循也。汝，水名也。墳，大防也。枝曰條，榦曰枚。箋云：伐薪於汝水之側，非婦人之事，以言己之君子賢者，而處勤勞之職，亦非其事。○〔枚〕妹迴反。未見君子惄如調飢惄，飢意也。調，朝也。箋云：惄，思也。未見君子之時，如朝飢之思食。○〔惄〕乃歷反。〔調〕張留反。○遵彼汝墳伐其條肄肄，餘也。斬而復生曰肄。○〔肄〕以自反。〔復〕扶富反。既見君子不我遐棄既，已。遐，遠也。箋云：已見君子，君子反也，於已反得見之，知其不遠棄我而死亡，於思則愈，故下章而勉之。○〔思〕如字，又息嗣反。○魴魚赬尾王室如燬赬，赤也。魚勞則尾赤。燬，火也。箋云：君子仕於亂世，其顏色瘦病，如魚勞則尾赤，所以然者，畏王室之酷烈。是時紂存。○〔魴〕符方反。〔赬〕勑貞反。〔燬〕音毀。雖則如燬父母孔邇孔，甚。邇，近也。箋云：辟此勤勞之處，或時得罪，父母甚近，當念之以免於害，不能爲疏遠者計也。

汝墳三章章四句

麟之趾關雎之應也關雎之化行則天下無犯非禮雖衰世之公子皆信厚如麟趾之時也關雎之時以麟爲應，後世雖衰，猶存關雎之化者，君之宗族猶尚振振然，有似麟應之時，無以過也。○麟之趾振振公子興也。趾，足也。麟信而應禮，以足至者也。振振，信厚也。箋云：興者，喻今公子亦信厚，與禮相應，有似於麟。○〔振〕音真。于嗟麟兮于嗟，歎辭。○〔于〕音吁。○麟之定振振公姓定，題也。公姓，公同姓。○〔定〕音訂。于嗟麟兮○麟之角振振公族麟角所以表其德也。公族，公同祖也。箋云：麟角之末有肉，示有武而不用。于嗟麟兮

麟之趾三章章三句

周南之國十一篇三十六章百五十九句

召南鵲巢詁訓傳第二

國風　鄭氏箋

鵲巢夫人之德也國君積行累功以致爵位夫人起家而居有之德如鳲鳩乃可以配焉起家而居有之，謂嫁於諸侯也。夫人有均壹之德，如鳲鳩然，而後可配國君。○〔行〕下孟反，下注同。○維鵲有巢維鳩居之興也。鳩，鳲鳩，秸鞠也。鳲鳩不自爲巢，居鵲之成巢。箋云：鵲之作巢，冬至架之，至春乃成，猶國君積行累功，故以興焉。興者，鳲鳩因鵲成巢而居有之，而有均一之德，猶國君夫人來嫁，居君子之室，德亦然。室，燕寢也。○〔秸〕古八反。〔鞠〕音菊。之子于歸百兩御之百兩，百乘也。諸侯之子嫁於諸侯，送御皆百乘。箋云：之子，是子也。御，迎也。是如鳲鳩之子，其往嫁也，家人送之，良人迎之，車皆百乘，象有百官之盛。○〔兩〕音諒。〔御〕五嫁反。〔乘〕繩證反。○維鵲有巢維鳩方之方，有之也。之子于歸百兩將之將，送也。〔將〕如字。○○維鵲有巢維鳩盈之盈，滿也。箋云：滿者，言衆媵姪娣之多。○〔媵〕音孕，又繩證反。之子于歸百兩成之能成百兩之禮也。箋云：是子有鳲鳩之德，宜配國君，故以百兩之禮送迎成之。

鵲巢三章章四句

采蘩夫人不失職也夫人可以奉祭祀則不失職矣奉祭祀者，采蘩之事也。不失職者，夙夜在公也。○〔蘩〕音煩。○于以采蘩于沼于沚蘩，皤蒿也。于，於。沼，沚也。公侯夫人執蘩菜以助祭，神饗德與信，不求備焉，沼沚谿澗之草，猶可以薦。王后則荇菜也。箋云：于以，猶言往以也。執蘩菜者，以豆薦蘩葅。○〔皤〕薄波反。〔蒿〕好羔反。〔谿〕苦兮反。于以用之公侯之事之事，祭事也。箋云：言夫人於君祭祀而薦此豆也。○于以

采蘩于澗之中。山夾水曰澗。○澗古晏反。夾古洽反。于以用之。公侯之宮。宮，廟也。○被之僮僮，夙夜在公。被，首飾也。僮僮，竦敬也。夙，早也。箋云：公，事也。早夜在事，謂視濯溉饎爨之事。禮記：主婦髲鬄。○被皮寄反，注及下同。僮音同。饎昌志反。爨七亂反。髲皮寄反。鬄徒帝反。被之祁祁，薄言還歸。祁祁，舒遲也。去事有儀也。箋云：言，我也。祭事畢，夫人釋祭服而去髲鬄，其威儀祁祁然而安舒，無罷倦之失。我還歸者，自廟反其燕寢。○祁巨私反。罷音皮。

采蘩三章，章四句。

草蟲，大夫妻能以禮自防也。○蟲直忠反。

○喓喓草蟲，趯趯阜螽。興也。喓喓，聲也。草蟲，常羊也。趯趯，躍也。阜螽，蠜也。卿大夫之妻待禮而行，隨從君子。箋云：草蟲鳴，阜螽躍而從之，異種同類，猶男女嘉時以禮相求呼。○喓於遙反。趯託歷反。阜音婦。螽音終。李巡云：蝗子也。躍音藥。蠜音煩。種章勇反。未見君子，憂心忡忡。忡忡，猶衝衝也。婦人雖適人，有歸宗之義。箋云：未見君子者，謂在塗時也。在塗而憂，憂不當君子，無以寧父母，故心衝衝然。是其不自絕於其族之情。○忡勑中反。當丁浪反，下注同。亦既見止，亦既覯止，我心則降。止，辭也。覯，遇。降，下也。箋云：既見，謂已同牢而食也。既覯，謂已昏也。始者憂於不當，今君子待己以禮，庶自此可以寧父母，故心下也。易曰：男女覯精，萬物化生。○覯古豆反。降戶江反。

○陟彼南山，言采其蕨。南山，周南山也。蕨，鼈也。箋云：言，我也。我采者，在塗而見采鼈菜者，得其所欲得，猶己今之行者欲得禮以自喻也。○蕨居月反。草木疏云：周秦曰蕨，齊魯曰鼈。鼈卑滅反，俗云其初生似鼈腳，故名。未見君子，憂心惙惙。惙惙，憂也。惙張劣反。○亦既見止，亦既覯止，我心則說。說，服也。○說音悅，注同。

○陟彼南山，言采其薇。薇，菜也。未見君子，我心傷悲。嫁女之家，不息火三日，思相離也。箋云：維父母思己，故己亦傷悲。○離力智反。亦既見止，亦既覯止，我心則夷。夷，平也。

草蟲三章，章七句。

采蘋，大夫妻能循法度也。能循法度，則可以承先祖，共祭祀矣。女子十年不出，姆教婉娩聽從，執麻枲，治絲繭，織紝組紃，學女事以共衣服，觀於祭祀，納酒漿籩豆菹醢，禮相助奠。十有五而笄，二十而嫁。此言能循法度者，今既嫁為大夫妻，能循其為女之時所學所觀之事以為法度。○蘋符申反。韓詩云：沈者曰蘋，浮者曰藻。共音恭，注同。姆莫豆反，字林亡甫反，云女師也。婉怨遠反。娩音晚。枲絲似反。繭古顯反。紝女金反，何如鴆反，繒帛之屬。組音祖。紃音旬，條也。醢音海。相息亮反。笄古兮反。

○于以采蘋，南澗之濱。于以采藻，于彼行潦。蘋，大蓱也。濱，厓也。藻，聚藻也。行潦，流潦也。箋云：古者婦人先嫁三月，祖廟未毀，教于公宮；祖廟既毀，教于宗室。教以婦德、婦言、婦容、婦功。教成之祭，牲用魚，芼用蘋藻，所以成婦順也。此祭，女所出祖也。法度莫大於四教，是又祭以成之，故舉以言焉。蘋之言賓也，藻之言澡也。婦人之行，尚柔順，自絜清，故取名以為戒。○濱音賓。潦音老。蓱薄經反。厓五佳反。先蘇遍反。芼莫報反。行下孟反。

○于以盛之，維筐及筥。于以湘之，維錡及釜。方曰筐，圓曰筥。湘，亨也。錡，釜屬。有足曰錡，無足曰釜。箋云：亨蘋藻者，於魚湆之中，是鉶羹之芼。○盛音成。筐音匡。筥居呂反。錡其綺反，三足釜也。釜符甫反。亨普庚反。湆去急反。

○于以奠之，宗室牖下。奠，置也。宗室，大宗之廟也。大夫士祭於宗廟，奠於牖下。箋云：牖下，戶牖閒之前。祭不於室中者，凡昏事，於女禮設几筵於戶外，此其義也與。宗子主此祭，維君使有司為之。○牖音酉。下如字，協韻則音戶，後皆放此。與音餘。誰其尸之，有齊季女。尸，主。齊，敬。季，少也。蘋藻，薄物也。澗潦，至質也。筐筥錡釜，陋器也。少女，微主也。古之將嫁女者，必先禮之於宗室，牲用魚，芼之以蘋藻。箋云：主設羹者季女，則非禮也。女將行，父禮之而俟迎者蓋母薦之無祭事也祭禮主婦設羹教成之祭更使季女者成其婦禮也季女不主魚魚俎實男子設之其粢盛蓋以黍稷○〔齊〕側皆反〔少〕詩照反下同〔迎〕宜敬反

采蘋三章章四句

甘棠美召伯也召伯之教明於南國召伯姬姓名奭食采於召作上公為二伯後封于燕此美其為伯之功故言伯云○〔召〕時照反〔奭〕音釋召康公名也○蔽芾甘棠勿翦勿伐召伯所茇蔽芾小貌甘棠杜也翦去伐擊也箋云茇草舍也召伯聽男女之訟不重煩勞百姓止舍小棠之下而聽斷焉國人被其德說其化思其人敬其樹○〔蔽〕必袂反〔芾〕非貴反徐方蓋反〔翦〕子踐反〔茇〕蒲曷反徐又扶蓋反〔去〕羌呂反〔斷〕丁亂反〔被〕皮寄反〔說〕音悅○蔽芾甘棠勿翦勿敗召伯所憩憩息也○〔敗〕必邁反又如字〔憩〕起例反○蔽芾甘棠勿翦勿拜召伯所說說舍也箋云拜之言拔也○〔說〕始銳反

甘棠三章章三句

行露召伯聽訟也衰亂之俗微貞信之教興彊暴之男不能侵陵貞女也衰亂之俗微貞信之教興者此殷之末世周之盛德當文王與紂之時○厭浥行露豈不夙夜謂行多露興也厭浥濕意也行道也豈不言有是也箋云夙早也厭浥然濕道中始有露謂二月中嫁娶時也言我豈不知當早夜成昏禮與謂道中之露太多故不行耳今彊暴之男以此多露之時禮不足而彊來不度時之可否故云然周禮仲春之月令會男女之無夫家者行事必以昏昕○〔厭〕於葉反徐於十反〔浥〕於及反又於脅反〔與〕音餘〔彊〕其丈反下同沈其常反〔度〕待洛反〔令〕力政反後不音者放此○誰謂雀無角何以穿我屋誰謂女無家何以速我獄不思物變而推其類雀之穿屋似有角者速召獄埆也箋云女女彊暴之男變異也人皆謂雀之穿屋似有角彊暴之男召我而獄似有室家之道於我也物有似而不同雀之穿屋不以角乃以咮今彊暴之男召我而獄不以室家之道於我乃以侵陵物與事有似而非者士師所當審也○〔女〕音汝下皆同〔埆〕音角相質觳爭訟者也一云獄名〔咮〕張救反雖速我獄室家不足昏禮純帛不過五兩箋云幣可備也室家不足謂媒妁之言不和六禮之來彊委之○〔純〕側基反〔兩〕音諒〔妁〕時酌反又音酌○誰謂鼠無牙何以穿我墉誰謂女無家何以速我訟墉牆也視牆之穿推其類可謂鼠有牙○〔墉〕音容〔訟〕如字雖速我訟亦不女從不從終不棄禮而隨此彊暴之男

行露三章一章三句二章章六句

羔羊鵲巢之功致也召南之國化文王之政在位皆節儉正直德如羔羊也鵲巢之君積行累功以致此羔羊之化在位卿大夫競相切化皆如此羔羊之人○〔行〕下孟反○羔羊之皮素絲五紽小曰羔大曰羊素白也紽數也古者素絲以英裘不失其制大夫羔裘以居○〔紽〕徒何反退食自公委蛇委蛇公公門也委蛇行可從迹也箋云退食謂減膳也自從也從於公謂正直順於事也委蛇委曲自得之貌節儉而順心志定故可自得也○〔委〕於危反〔蛇〕音移〔行〕下孟反崔如字〔從〕迹足容反○羔羊之革素絲五緎革猶皮也緎縫也○〔緎〕音域〔縫〕符用反○委蛇委蛇自公退食箋云自公退食猶退食自公○羔羊之縫素絲五總縫言縫殺之大小得其制總數也○〔縫〕符龍反注同〔總〕子公反〔殺〕所界反委蛇委蛇退食自公

羔羊三章章四句

殷其靁勸以義也召南之大夫遠行從政不遑寧處其室家能閔其勤勞勸以義也召南大夫召伯之屬遠行謂使出邦畿○〔殷〕音隱下同〔靁〕力回反〔處〕尺煑反下同〔使〕所吏反下注同○殷其靁在南山之陽

殷靁聲也山南曰陽靁出地奮震驚百里山出雲雨以潤天下箋云靁以喻號令於南山之陽又喻其在外也召南大夫以王命施號令於四方猶靁殷殷然發聲於山之陽何斯違斯莫敢或遑何此君子也斯此違去遑暇也箋云何乎此君子適居此復去此轉行遠從事於王所命之方無敢或閒暇時閔其勤勞○或〔復〕符福反〔閑〕音閑振振君子歸哉歸哉振振信厚也箋云大夫信厚之君子爲君使功未成歸哉歸哉勸以爲臣之義未得歸也○〔振〕音真〔爲〕君于僞反或如字〔使〕所吏反或如字○殷其靁在南山之側亦在其陰與左右也何斯違斯莫敢遑息息止也振振君子歸哉歸哉○殷其靁在南山之下或在其下箋云下謂山足何斯違斯莫或遑處處居也振振君子歸哉歸哉

殷其靁三章章六句

摽有梅男女及時也召南之國被文王之化男女得以及時也○〔摽〕婢小反〔被〕皮寄反○摽有梅其實七兮興也摽落也盛極則隨落者梅也尚在樹者七箋云興者梅實尚餘七未落喻始衰也謂女二十春盛而不嫁至夏則衰○〔隨〕追果反求我庶士迨其吉兮吉善也箋云我我當嫁者庶衆迨及也求女之當嫁者之衆士宜及其善時善時謂年二十雖夏未大衰○〔迨〕音待○摽有梅其實三兮在者三也箋云此夏鄉晚梅之隨落差多在者餘三耳○〔鄉〕許亮反〔差〕初賣反求我庶士迨其今兮今急辭也○摽有梅頃筐塈之塈取也箋云頃筐取之謂夏已晚頃筐取之於地〔頃〕音傾〔塈〕許器反○求我庶士迨其謂之不待備禮也三十之男二十之女禮未備則不待禮會而行之者所以蕃育民人也箋云謂勤也女年二十而無嫁端則有勤望之憂不待禮會而行之者謂明年仲春不待以禮會之也時禮雖不備相奔不禁○〔蕃〕音煩〔禁〕居鴆反

摽有梅三章章四句

小星惠及下也夫人無妬忌之行惠及賤妾進御於君知其命有貴賤能盡其心矣以色曰妬以行曰忌命謂禮命貴賤○〔行〕下孟反注同〔盡〕津忍反後放此○嘒彼小星三五在東嘒微貌小星衆無名者三心五噣四時更見箋云衆無名之星隨心噣在天猶諸妾隨夫人以次序進御於君也心在東方三月時也噣在東方正月時也如是終歲列宿更見○〔嘒〕呼惠反〔噣〕張救反爾雅云噣謂之柳〔更〕音庚下同〔見〕賢遍反下同〔宿〕音秀肅肅宵征夙夜在公寔命不同肅肅疾貌宵夜征行寔是也命不得同於列位也箋云夙早也謂諸妾肅肅然夜行或早或夜在於君所以次序進御者是其禮命之數不同也凡妾御於君不當夕○〔寔〕時職反○嘒彼小星維參與昴參伐也昴留也箋云此言衆無名之星亦隨伐留在天○〔參〕所林反〔昴〕音卯二星皆西方之宿也〔留〕如字又音柳下同肅肅宵征抱衾與裯寔命不猶衾被也裯襌被也猶若也箋云裯牀帳也諸妾夜行抱被與牀帳待進御之次序不若亦言尊卑異也○〔衾〕起金反〔裯〕直留反

小星二章章五句

江有汜美媵也勤而無怨嫡能悔過也文王之時江沱之閒有嫡不以其媵備數媵遇勞而無怨嫡亦自悔也勤者以己宜媵而不得心望之○〔汜〕音祀江水名〔媵〕音孕又繩證反古者諸侯之娶夫人則同姓二國媵之〔嫡〕都狄反下同〔沱〕徒何反○江有汜興也決復入爲汜箋云興者喻江水大汜水小然而並流似嫡媵宜俱行○〔決〕古穴反〔復〕扶福反〔並〕白猛反又步頂反之子歸不我以不我以其後也悔嫡能自悔也箋云之子是子也是子謂嫡也婦人謂嫁曰歸以猶與也○江有渚渚小洲也水岐成渚箋云江水流而渚留是嫡與己異心使己獨留不行○〔渚〕

諸呂反。之子歸，不我與。不我與，其後也處。處，止也。箋云：嫡悔過自止。

○江有沱，沱，江之別者。箋云：岷山道江，東別爲沱。○[岷]武巾反。之子歸，不我過。

不我過，其嘯也歌。箋云：嘯，蹙口而出聲。嫡有所思而爲之，既覺自悔而歌。歌者，言其悔過以自解說也。○[過]音戈，下文同。[嘯]蕭叫反，沈蕭妙反。[蹙]子六反。

江有汜三章，章五句

野有死麕，惡無禮也。天下大亂，彊暴相陵，遂成淫風。被文王之化，雖當亂世，猶惡無禮也。無禮者，爲不由媒妁，鴈幣不至，劫脅以成昏，謂紂之世。○[麕]俱倫反，麏也。[惡]烏路反，下同。[被]皮寄反。

○野有死麕，白茅包之。郊外曰野。包，裹也。凶荒則殺禮，猶有以將之。野有死麕，羣田之獲而分其肉。白茅，取潔清也。箋云：亂世之民貧，而彊暴之男多行無禮，故貞女之情，欲令人以白茅裹束野中田者所分麕肉爲禮而來。○[包]逋茅反。[裹]音果。[殺]所戒反。有女懷春，吉士誘之。懷，思也。春，不暇待秋也。誘，道也。箋云：有貞女思仲春以禮與男會，吉士使媒人道成之。疾時無禮而言然。○[誘]音酉。

林有樸樕，野有死鹿。白茅純束。樸樕，小木也。野有死鹿，廣物也。純束，猶包之也。箋云：樸樕之中及野有死鹿，皆可以白茅裹束以爲禮，廣可用之物，非獨麕也。純讀如屯。○[樸]蒲木反。[樕]音速。[純]徒本反，鄭徒尊反。有女如玉。德如玉也。箋云：如玉者，取其堅而潔白。

○舒而脫脫兮，舒，徐也。脫脫，舒遲也。箋云：貞女欲吉士以禮來，脫脫然舒也。又疾時無禮，彊暴之男相劫脅。○[脫]勑外反，脫注同。無感我帨兮，感，動也。帨，佩巾也。箋云：奔走失節，動其佩飾。○[感]如字。[帨]始銳反。無使尨也吠。尨，狗也。非禮相陵則狗吠。○[尨]美邦反。[吠]符廢反。

野有死麕三章，二章章四句，一章三句

何彼襛矣，美王姬也。雖則王姬，亦下嫁於諸侯，車服不繫其夫，下王后一等，猶執婦道，以成肅雝之德也。下王后一等，謂車乘厭翟，勒面繢總，服則褕翟。○[襛]如容反，衣厚貌。[車]音居，[他]皆放此。釋名云：古者曰車，聲如居，所以居人也。今曰尺奢反，舍也。韋昭曰：古皆音尺奢反，從漢以來始有居音。[繫]本或作繼。[下]王去聲，注同。[厭]於葉反。[翟]庭歷反。[繢]戶妹反，畫文也。[總]作孔反。[褕]音遙。[翟]或作狄，王后六服之第二也。

○何彼襛矣，唐棣之華。興也。襛，猶戎戎也。唐棣，栘也。箋云：何乎彼戎戎者，乃栘之華。興者，喻王姬顏色之美盛。○[棣]徒帝反。[華]如字。[栘]音移。曷不肅雝？王姬之車。肅，敬。雝，和。箋云：曷，何。之，往也。何不敬和乎？王姬往乘車也。言其嫁時始乘車，則已敬和。○[車]協韻尺奢反，又音居。或云古讀華爲敷，與居爲韻，後放此。

○何彼襛矣，華如桃李。平王之孫，齊侯之子。平，正也。武王女，文王孫，適齊侯之子。箋云：華如桃李者，興王姬與齊侯之子顏色俱盛。正王者，德能正天下之王。

○其釣維何？維絲伊緡。齊侯之子，平王之孫。伊，維。緡，綸也。箋云：釣者以此有求於彼，何以爲之乎？以絲之爲綸，則是善釣也。以言王姬與齊侯之子以善道相求。○[緡]亡貧反。[綸]音倫。

何彼襛矣三章，章四句

騶虞，鵲巢之應也。鵲巢之化行，人倫既正，朝廷既治，天下純被文王之化，則庶類蕃殖，蒐田以時，仁如騶虞，則王道成也。應者，應德自遠而至。○[騶]側留反，尾長於身，不履生草。[朝]直遙反。[治]直吏反。[被]皮寄反。[蕃]音煩。[蒐]所留反，春獵爲蒐。蒐，索，擇取不孕者也。

○彼茁者葭，茁，出也。葭，蘆也。箋云：記蘆始出者，著春田之早晚。○[茁]側劣、側刷二反。[葭]音加。[著]張慮反。壹發五豝，豕牝曰豝。虞人翼五豝以待公之發。箋云：君射一發而翼五豝者，戰禽獸之命。必戰之者，仁心之至。○[發]如字。[豝]百加反。[牝]頻忍反。[射]食亦反。于嗟乎騶虞！騶虞，義獸也。白虎黑文，不食生物，有至信之德則應。

之。箋云：于嗟者，美之也。○于音吁。○彼茁者蓬，蓬，草名也。壹發五豵。一歲曰豵。

箋云：豕生三曰豵。○[豵]子公反。于嗟乎騶虞。

騶虞二章章三句

召南之國十四篇四十章百七十七句

毛詩卷第一

毛詩卷第二

邶柏舟詁訓傳第三

國風　　鄭氏箋

柏舟，言仁而不遇也。衛頃公之時，仁人不遇，小人在側。不遇者，君不受己之志也。君近小人，則賢者見侵害。○頃音傾。

○汎彼柏舟，亦汎其流。興也。汎汎，流貌。柏木所以宜爲舟也。亦汎汎其流，不以濟渡也。箋云：舟載渡物者，今不用，與衆物汎汎然俱流水中。興者，喻仁人之不見用，而與羣小人並列，亦猶是也。○汎音泛。耿耿不寐，如有隱憂。耿耿猶儆儆也。隱，痛也。箋云：仁人既不遇，憂在見侵害。○耿，古幸反。儆音景。微我無酒，以敖以遊。非我無酒，可以敖遊忘憂也。○敖，五羔反。

○我心匪鑒，不可以茹。鑒所以察形也。茹，度也。箋云：鑒之察形，但知方圓白黑，不能度其眞僞。我心非如是鑒，我於衆人之善惡外內，心度知之。○鑒，甲暫反，鏡也。茹，如預反，徐如庶反。度，待洛反，下同。亦有兄弟，不可以據。據，依也。箋云：兄弟至親，當相據依。言亦有不相據依以爲是者，希耳。責之以兄弟之道，謂同姓臣也。薄言往愬，逢彼之怒。彼，彼兄弟。○愬，蘇路反。怒，協韻乃路反。

○我心匪石，不可轉也。我心匪席，不可卷也。石雖堅，尚可轉。席雖平，尚可卷。箋云：言己心志堅平，過於石席。○卷，眷勉反，注同。威儀棣棣，不可選也。君子望之儼然可畏，禮容俯仰各有威儀耳。棣棣，富而閑習也。物有其容，不可數也。箋云：稱己威儀如此者，言己德備而不遇，所以愠也。○棣，徒帝反，又音代。選，雪兖反。儼，魚檢反。數，色主反。

○憂心悄悄，慍于羣小。慍，怒也。悄悄，憂貌。箋云：羣小，衆小人在君側者。○悄，七小反。慍，憂運反。覯閔既多，受侮不少。閔，病也。○覯，古豆反。侮音武，徐音茂。靜言思之，寤辟有摽。靜，安也。辟，拊心也。摽，拊心貌。箋云：言，我也。○辟，避亦反。摽，符小反。拊音撫。

○日居月諸，胡迭而微？箋云：日，君象也。月，臣象也。微謂虧傷也。君道當常明如日，而月有虧盈。今君失道而任小人，大臣專恣，則日如月然。○迭，待結反。心之憂矣，如匪澣衣。如衣之不澣矣。箋云：衣之不澣，則憒辱無照察。○澣，戶管反。憒，古對反。靜言思之，不能奮飛。不能如鳥奮翼而飛去。箋云：臣不遇於君，猶不忍去，厚之至也。

柏舟五章，章六句。

綠衣，衛莊姜傷己也。妾上僭，夫人失位，而作是詩也。綠當爲褖，故作褖，轉作綠，字之誤也。莊姜，莊公夫人，齊女，姓姜氏。妾上僭者，謂公子州吁之母，母嬖而州吁驕。○綠，毛如字，鄭作褖，吐亂反。上，時掌反，注同。僭，牋念反。嬖，補計反。謚法云：賤而得愛曰嬖。卑也，媟也。

○綠兮衣兮，綠衣黃裏。興也。綠，閒色。黃，正色。箋云：褖兮衣兮者，言褖衣自有禮制也。諸侯夫人祭服之下，鞠衣爲上，展衣次之，褖衣次之。次之者，衆妾亦以貴賤之等服之。鞠衣黃，展衣白，褖衣黑，皆以素紗爲裏。今褖衣反以黃爲裏，非其禮制也，故以喻妾上僭。○裏音里。閒，閒廁之閒。鞠，居六反，言如菊花之色，又去六反，言如麴塵之色。展，知彥反。紗音沙。心之憂矣，曷維其已。憂雖欲自止，何時能止也。

○綠兮衣兮，綠衣黃裳。上曰衣，下曰裳。箋云：婦人之服不殊衣裳，上下同色。今衣黑而裳黃，喻亂嫡妾之禮。○嫡，丁歷反。心之憂矣，曷維其亡。箋云：亡之言忘也。

○綠兮絲兮，女所治兮。綠，末也。絲，本也。箋云：女，妾上僭者。先染絲，後制衣，皆女之所治爲也，而女反亂之，亦喻亂嫡妾之禮。責以本末之行。禮，大夫以上衣織，故本於絲也。○女，毛如字，鄭音汝。行，下孟反，下同。上衣，於既反。織，職吏反。我思古人，俾無訧兮。俾，使。訧，過也。箋云：古人，謂制禮者。我思此人定尊卑，使人無過差之行，心善之也。○俾，卑爾反。訧音尤。差，初賣反，又初佳反。

○絺兮綌兮，淒其以風。淒，寒風也。箋云：絺綌所以當暑，今以待寒，喻其失所也。○淒，七西反。我思古人，實獲我心。古之君子實得

我之心也箋云古之聖人制禮者使夫婦有道妻妾貴賤各有次序

綠衣四章章四句

燕燕衛莊姜送歸妾也莊姜無子陳女戴媯生子名完莊姜以爲己子莊公薨完立而州吁殺之戴媯於是大歸莊姜遠送之于野作詩見己志○[燕]於見反[媯]居危反[戴]謚也[殺]如字又申志反[見]賢遍反○燕燕于飛差池其羽燕燕鳦也燕之于飛必差池其羽箋云差池其羽謂張舒其尾翼興戴媯將歸顧視其衣服○[差]楚佳反又楚宜反[鳦]音乙之子于歸遠送于野之子去者也歸歸宮也遠送過禮于於也郊外曰野箋云婦人之禮送迎不出門今我送是乃至于野者舒己憤盡己情○[野]如字協韻羊汝反沈云協句時預反後放此[憤]符粉反瞻望弗及泣涕如雨瞻視也○[涕]他禮反徐音弟○燕燕于飛頡之頏之飛而上曰頡飛而下曰頏箋云頡頏興戴媯將歸出入前卻○[頡]戶結反[頏]戶郎反[上]時掌反篇內皆同之子于歸遠于將之將行也箋云將亦送也瞻望弗及佇立以泣佇立久立也○[佇]直呂反○燕燕于飛下上其音飛而上曰上音飛而下曰下音箋云下上其音興戴媯將歸言語感激聲有小大○[激]經歷反之子于歸遠送于南陳在衛南○[南]如字沈云協句宜乃林反瞻望弗及實勞我心實是也○仲氏任只其心塞淵仲戴媯字也任大塞瘞淵深也箋云任者以恩相親信也周禮六行孝友睦婣任恤○[任]人林反鄭而鴆反[瘞]於例反[行]下孟反終溫且惠淑慎其身惠順也箋云溫謂顏色和也淑善也先君之思以勗寡人勗勉也箋云戴媯思先君莊公之故故將歸猶勸勉寡人以禮義寡人莊姜自謂也○[勗]凶玉反徐況目反

燕燕四章章六句

日月衛莊姜傷己也遭州吁之難傷己不見荅於先君以至困窮之詩也○[難]去聲○日居月諸照臨下土日乎月乎照臨之也箋云日月喻國君與夫人也當同德齊意以治國者常道也乃如之人兮逝不古處逝逮古故也箋云之人是人也謂莊公也其所以接及我者不以故處甚違其初時○[處]昌慮反又昌呂反胡能有定寧不我顧胡何定止也箋云寧猶曾也君之行如是何能有所定乎曾不顧念我之言是其所以不能定完也○[顧]如字徐音古此亦協韻也後放此○日居月諸下土是冒冒覆也箋云覆猶照臨也乃如之人兮逝不相好不及我以相好箋云其所以接及我者不以相好之恩情甚於己薄也○[好]呼報反注同毛如字胡能有定寧不我報盡婦道而不得報○日居月諸出自東方日始月盛皆出東方箋云自從也言夫人當盛之時與君同位乃如之人兮德音無良音聲良善也箋云無善恩意之聲語於我也○[語]魚據反胡能有定俾也可忘箋云俾使也君之行如此何能有所定使是無良可忘也○日居月諸東方自出父兮母兮畜我不卒箋云畜養卒終也父兮母兮者言己尊之如父又親之如母乃反養遇我不終也胡能有定報我不述述循也箋云不循不循禮也

日月四章章六句

終風衛莊姜傷己也遭州吁之暴見侮慢而不能正也正猶止也○終風且暴顧我則笑興也終日風爲終風暴疾也笑侮之也箋云既竟日風矣而又暴疾興者喻州吁之爲不善如終風之無休止而其閒又有甚惡其在莊姜之旁視莊姜則反笑之是無敬心之甚○終風韓詩云西風也謔浪笑敖言戲謔不敬○[謔]許約反[浪]力葬反韓詩云起也[敖]五報反中心是悼箋云悼者傷其如是然而己不能得而止之

◯終風且霾。霾雨土也○〔霾〕亡皆反徐又莫戒反〔雨〕于付反風而雨土爲霾惠然肯來。言時有順心也箋云肯可也有順心然後可以來至我旁不欲見其戲謔○〔來〕如字協韻多音犂他放此莫往莫來。悠悠我思。人無子道以來事己己亦不得以母道往加之箋云我思其如是心悠悠然○〔思〕如字

◯終風且曀。不日有曀。陰而風曰曀箋云有又也既竟日風且復曀不見日矣而又曀者喻州吁闇亂甚也○〔曀〕於計反〔復〕扶富反寤言不寐。願言則嚏。嚏跲也箋云言我願思也嚏讀當爲不敢嚏咳之嚏我其憂悼而不能寐女思我心如是我則嚏也今俗人嚏云人道我此古人之遺語也○〔嚏〕竹利反又丁四反又豬吏反劫也鄭又作都麗反〔跲〕渠業反〔咳〕開愛反

◯曀曀其陰。如常陰曀曀然虺虺其靁。暴若震靁之聲虺虺然○〔虺〕虛鬼反寤言不寐。願言則懷。懷傷也箋云懷安也女思我心如是我則安也○〔女〕音汝下同後可以意求之

終風四章章四句

擊鼓。怨州吁也。衛州吁用兵暴亂。使公孫文仲將而平陳與宋。國人怨其勇而無禮也。將者將兵以伐鄭也平成也將以伐鄭先告陳與宋以成其伐事春秋傳曰宋殤公之即位也公子馮出奔鄭鄭人欲納之及衛州吁立將脩先君之怨於鄭而求寵於諸侯以和其民使告於宋曰君若伐鄭以除君害君爲主敝邑以賦與陳蔡從則衛國之願也宋人許之於是陳蔡方睦於衛故宋公陳侯蔡人衛人伐鄭是也伐鄭在魯隱公四年○〔將〕子亮反〔殤〕音傷〔馮〕皮冰反〔從〕才用反下陳蔡從同

◯擊鼓其鏜。踊躍用兵。鏜然擊鼓聲也使衆皆踊躍用兵也箋云此用兵謂治兵時○〔鏜〕吐當反土國城漕。我獨南行。漕衛邑也箋云此言衆民皆勞苦也或役土功於國或脩理漕城而我獨見使從軍南行伐鄭是尤勞苦之甚○〔漕〕音曹

◯從孫子仲。平陳與宋。孫子仲謂公孫文仲也平陳於宋箋云子仲字也平陳於宋謂使告宋曰君爲主敝邑以賦與陳蔡從不我以歸。憂心有忡。憂心忡忡然箋云以猶與也與我南行不與我歸期兵凶事懼不得歸豫憂之○〔忡〕敕忠反

◯爰居爰處。爰喪其馬。有不還者有亡其馬者箋云爰於也不還謂死也傷也病也今於何居乎於何處乎於何喪其馬乎○〔喪〕息浪反注同于以求之。于林之下。山木曰林箋云于於也求不還者及亡其馬者當於山林之下軍行必依山林求其故處近得之○〔處〕昌慮反〔近〕附近之近

◯死生契闊。與子成說。契闊勤苦也說數也箋云從軍之士與其伍約死也生也相與處勤苦之中我與子成相說愛之恩志在相存救也○〔契〕苦結反韓詩云約束也〔說〕音悅〔數〕色主反執子之手。與子偕老。偕俱也箋云執其手與之約誓示信也言俱老者庶幾俱免於難○〔偕〕音皆〔約〕如字又於妙反下同〔難〕乃旦反

◯于嗟闊兮。不我活兮。不與我生活也箋云州吁阻兵安忍阻兵無衆安忍無親衆叛親離軍士棄其約離散相遠故吁嗟歎之闊兮女不與我相救活傷之○〔遠〕于萬反于嗟洵兮。不我信兮。洵遠信極也箋云歎其棄約不與我相親信亦傷之○〔洵〕呼縣反〔信〕毛音申鄭如字

擊鼓五章章四句

凱風。美孝子也。衛之淫風流行。雖有七子之母。猶不能安其室。故美七子能盡其孝道。以慰其母心。而成其志爾。不安其室欲去嫁也成其志者成言孝子自責之意○〔凱〕開在反

◯凱風自南。吹彼棘心。興也南風謂之凱風樂夏之長養棘難長養者箋云興者以凱風喻寬仁之母棘猶七子也○〔棘〕屈力反〔樂〕音洛〔長〕丁丈反下皆同棘心夭夭。母氏劬勞。夭夭盛貌劬勞病苦也箋云夭夭以喻七子少長母養之病苦也○〔夭〕於驕反〔劬〕其俱反〔少〕詩照反

◯凱風自南。吹彼棘薪。棘薪其成就者母氏聖善。我無令人。聖叡也箋云叡

作聖令善也母乃有叡知之善德我七子無善人能報之者故母不安我室欲去嫁也○〔叡〕悅歲反下同〔知〕音智○爰有寒泉在浚之下浚衛邑也在浚之下言有益於浚箋云爰曰也曰有寒泉者在浚之下浸潤之使浚之民逸樂以興七子不能如也○〔浚〕音峻〔樂〕音洛有子七人母氏勞苦○睍睆黃鳥載好其音睍睆好貌箋云睍睆以興顏色說也好其音者興其辭令順也以言七子不能如也○〔睍〕胡顯反〔睆〕華板反〔說〕音悅下篇注同有子七人莫慰母心慰安也

凱風四章章四句

雄雉○爾雅云飛曰雌雄刺衛宣公也淫亂不恤國事軍旅數起大夫久役男女怨曠國人患之而作是詩淫亂者荒放於妻妾烝於夷姜之等國人久處軍役之事故男多曠女多怨也男曠而苦其事女怨而望其君子○〔刺〕七賜反詩內多此音更不重出〔數〕色角反○雄雉于飛泄泄其羽興也雄雉見雌雉飛而鼓其翼泄泄然箋云興者喻宣公整其衣服而起奮訊其形貌志在婦人而已不恤國之政事○〔泄〕移世反〔訊〕音信我之懷矣自詒伊阻詒遺伊維阻難也箋云懷安也伊當作緊緊猶是也君之行如是我安其朝而不去今從軍旅久役不得歸此自遺以是患難○〔貽〕以之反〔遺〕維季反〔難〕乃旦反下同〔緊〕烏兮反〔行〕下孟反下君之行同〔朝〕直遙反○雄雉于飛下上其音箋云下上其音興宣公小大其聲怡悅婦人○〔上〕時掌反展矣君子實勞我心展誠也箋云誠矣君子愬於君子也君之行如是實使我心勞矣君若不然則我無軍役之事○瞻彼日月悠悠我思瞻視也箋云視日月之行迭往迭來今君子獨久行役而不來使我心悠悠然思之女怨之辭○〔女〕如字下女怨同道之云遠曷云能來箋云曷何也何時能來望之也○百爾君子不知德行箋云爾女也女衆君子我不知人之德行何如者可謂為德行而君或有所留女怨故問此焉○〔行〕下孟反下注皆同不忮不求何用不臧忮害臧善也箋云我君子之行不疾害不求備於一人其行何用為不善而君獨遠使之在外不得來歸亦女怨之辭○〔忮〕之跂反韋昭音洎

雄雉四章章四句

匏有苦葉刺衛宣公也公與夫人並為淫亂夫人謂夷姜

○匏有苦葉濟有深涉興也匏謂之瓠瓠葉苦不可食也濟渡也由膝以上為涉箋云瓠葉苦而渡處深謂八月之時陰陽交會始可以為昏禮納采問名○〔匏〕薄交反〔瓠〕戶故反〔上〕時掌反下皆同〔處〕昌慮反深則厲淺則揭以衣涉水為厲謂由帶以上也揭褰衣也遭時制宜如遇水深則厲淺則揭矣男女之際安可以無禮義將無以自濟也箋云既以深淺記時因以水深淺喻男女之才性賢與不肖及長幼也各順其人之宜為之求妃耦○〔厲〕力滯反韓詩云至心曰厲〔揭〕苦例反〔為〕之于偽反〔妃〕音配下同○有瀰濟盈有鷕雉鳴瀰深水也盈滿也深水人之所難也鷕雌雉聲也衛夫人有淫泆之志授人以色假人以辭不顧禮義之難至使宣公有淫昏之行箋云有瀰濟盈謂過於厲喻犯禮深也○〔瀰〕彌爾反〔鷕〕以小反沈耀皎反或戶了反說文以水反字林于水反〔難〕乃旦反〔行〕下孟反濟盈不濡軌雉鳴求其牡濡漬也由輈以上為軌違禮義不由其道猶雉鳴而求其牡矣飛曰雌雄走曰牝牡箋云渡深水者必濡其軌言不濡者喻夫人犯禮而不自知雉鳴反求其牡喻夫人所求非所求○〔濡〕而朱反〔軌〕龜美反謂車轊頭也依傳意宜音犯案說文云軌車轍也從車九聲龜美反軓車軾前也從車凡聲音犯車轊頭所謂軓也〔牡〕茂后反〔輈〕竹留反○雝雝鳴鴈旭日始旦雝雝鴈聲和也納采用鴈旭日始出謂大昕之時箋云鴈者隨陽而處似婦人從夫故昏禮用焉自納采至請期用昕親迎用昏○〔旭〕許玉反徐許袁反〔請〕音情又七井反下同〔迎〕魚敬反士如歸妻迨冰未泮迨及泮散也箋云歸妻使之來歸於己謂

請期也。冰未散，正月中以前也。二月可以昏矣。○〔迨〕音待，〔泮〕普半反。○招招舟子，人涉卬否。招招，號召之貌。舟子，舟人，主濟渡者。卬，我也。箋云：舟人之子號召當渡者，猶媒人之會男女無夫家者，使之為妃匹。人皆從之而渡，我獨否。○〔招〕照遙反，〔卬〕五郎反，〔號〕戶羔反。人涉卬否，卬須我友。人皆涉，我友未至，我獨待之而不涉。以言室家之道，非得所適，貞女不行；非得禮義，昏姻不成。

匏有苦葉四章章四句

谷風，刺夫婦失道也。衛人化其上，淫於新昏而棄其舊室，夫婦離絕，國俗傷敗焉。新昏者，新所與為昏禮。○習習谷風，以陰以雨。興也。習習，和舒貌。東風謂之谷風。陰陽和而谷風至，夫婦和則室家成，室家成而繼嗣生。黽勉同心，不宜有怒。言黽勉者，思與君子同心也。箋云：所以黽勉者，以為見譴怒者，非夫婦之宜。○〔黽〕莫尹反。黽勉猶勉勉也。采葑采菲，無以下體。葑，須也。菲，芴也。下體，根莖也。箋云：此二菜者，蔓菁與葍之類也，皆上下可食，然而其根有美時，有惡時，采之者不可以根惡時并棄其葉。喻夫婦以禮義合，顏色相親，亦不可以顏色衰，棄其相與之禮。○〔葑〕孚容反，〔菲〕妃鬼反，〔芴〕音勿，〔蔓〕音萬，〔菁〕音精，〔葍〕音福。德音莫違，及爾同死。箋云：莫，無。及，與也。夫婦之言無相違者，則可與女長相與處至死，顏色斯須之有。○行道遲遲，中心有違。遲遲，舒行貌。違，離也。箋云：違，徘徊也。行於道路之人，至將離別，尚舒行，其心徘徊然。喻君子於己不能如也。不遠伊邇，薄送我畿。畿，門內也。箋云：邇，近也。言君子與己決別，不能遠，維近耳。送我裁於門內，無恩之甚。○〔畿〕音祈。誰謂荼苦，其甘如薺。荼，苦菜也。箋云：荼誠苦矣，而君子於己之苦毒又甚於荼，比方之，荼則甘如薺。○〔荼〕音徒，〔薺〕齊禮反。宴爾新昏，如兄如弟。宴，安也。○〔宴〕本又作燕，徐於顯反，又烟見反。○涇以渭濁，湜湜其沚。

涇渭相入而清濁異。箋云：小渚曰沚。涇水以有渭，故見渭濁。湜湜，持正貌。喻君子得新昏，故謂己惡也。己之持正守初，如沚然不動搖。此絕去所經見，因取以自喻焉。○〔涇〕音經，〔渭〕音謂，〔湜〕音殖，〔沚〕音止。宴爾新昏，不我屑以。屑，絜也。箋云：以，用也。言君子不復絜用我當室家。○〔屑〕素節反，〔復〕扶富反。毋逝我梁，毋發我笱。逝，之也。梁，魚梁。笱，所以捕魚也。箋云：毋者，喻禁新昏也。女毋之我家，取我為室家之道。○〔笱〕古口反。我躬不閱，遑恤我後。閱，容也。箋云：躬，身。遑，暇。恤，憂也。我身尚不能自容，何暇憂我後所生子孫也。○〔閱〕音悅。○就其深矣，方之舟之。就其淺矣，泳之游之。舟，船也。箋云：方，泭也。潛行為泳。言深淺者，喻君子之家事無難易，吾皆為之。○〔泳〕音詠，〔泭〕音孚，〔易〕夷豉反，下同。何有何亡，黽勉求之。有，謂富也。亡，謂貧也。箋云：君子何所有乎？何所亡乎？吾其黽勉勤力為求之。有求多，亡求有。○〔為〕于偽反。凡民有喪，匍匐救之。箋云：匍匐，言盡力也。凡於民有凶禍之事，鄰里尚盡力往救之，況我於君子家之事難易乎？固當黽勉。以疏喻親也。○〔匍〕音蒲，又音扶，〔匐〕蒲北反，一音服。○不我能慉，反以我為讎。慉，養也。箋云：慉，驕也。君子不能以恩驕樂我，反憎惡我。○〔慉〕許六反，毛興也。〔樂〕音洛，〔惡〕烏路反，下皆同。既阻我德，賈用不售。阻，難也。箋云：既難卻我，隱蔽我之善。我脩婦道而事之，覬其察己，猶見疏外，如賣物之不售。○〔賈〕音古，市也。〔售〕市救反，〔難〕乃旦反，下難卻同。昔育恐育鞫，及爾顛覆。育，長。鞫，窮也。箋云：昔，幼稚之時，恐至長老窮匱，故與女顛覆，盡力於眾事，難易無所辟。○〔鞫〕居六反，〔覆〕芳服反，注同，〔長〕張丈反，下皆同，〔稚〕直吏反，〔匱〕求位反，〔辟〕音避。既生既育，比予于毒。箋云：生，謂財業也。育，謂長老也。于，於也。既有財業矣，又既長老矣，其視我如毒螫，言惡己甚也。○〔螫〕失石反，何呼洛反。○我有旨蓄，亦以御冬。旨，美。御，禦也。箋云：蓄聚美菜者，以禦冬月乏無時也。○〔蓄〕勑六反，〔御〕魚據反，下禦同，徐魚舉反。宴爾新昏，以我御窮。箋云：君子亦但以我御窮苦之時，至於富貴，則棄我。

如旨蓄。有洸有潰，既詒我肄。洸洸，武也。潰潰，怒也。肄，勞也。箋云：詒，遺也。君子洸洸然，潰潰然，無溫潤之色，而盡遺我以勞苦之事，欲窮困我。○洸，音光。潰，戶對反。詒，音怡。肄，以世反。遺，唯季反。下同。不念昔者，伊余來塈。塈，息也。箋云：君子忘舊，不念往昔年稚我始來之時安息我。○塈，許器反。

谷風六章，章八句。

式微，黎侯寓于衛，其臣勸以歸也。寓，寄也。黎侯為狄人所逐，棄其國而寄于衛。衛處之以二邑，因安之，可以歸而不歸，故其臣勸之。○黎，力兮反，國名。○式微式微，胡不歸。式，用也。箋云：式微式微者，微乎微者也。君何不歸乎？禁君留止於此之辭。式，發聲也。微君之故，胡為乎中露。微，無也。中露，衛邑也。箋云：我若無君，何為處此乎？臣又極諫之辭。○式微式微，胡不歸。微君之躬，胡為乎泥中。泥中，衛邑也。

式微二章，章四句。

旄丘，責衛伯也。狄人迫逐黎侯，黎侯寓于衛，衛不能脩方伯連率之職，黎之臣子以責於衛也。衛康叔之封爵稱侯，今曰伯者，時為州伯也。周之制，使伯佐牧。春秋傳曰：五侯九伯，侯為牧也。○旄，音毛。率，所類反。○旄丘之葛兮，何誕之節兮。興也。前高後下曰旄丘。諸侯以國相連屬，憂患相及，如葛之蔓延相連及也。誕，闊也。箋云：土氣緩則葛生闊節。興者，喻此時衛伯不恤其職，故其臣於君事亦疏廢也。○〔延〕以戰反，又如字。叔兮伯兮，何多日也。日月以逝而不我憂。箋云：叔、伯，字也。呼衛之諸臣，叔與伯與，女期迎我君而復之，可來而不來，女日數何其多也。先叔後伯，臣之命不以齒。○何其處也？必有與也。言與仁義也。箋云：我君何以處於此乎？必以衛有仁義之道故也。責衛今不行仁義。何其久也？必有以也。必以有功德。箋云：我君何以久留於此乎？必以衛有功德故也。又責衛今不務功德也。○狐裘蒙戎，匪車不東。大夫狐蒼裘。蒙戎，以言亂也。不東，言不來東也。箋云：刺衛諸臣形貌蒙戎然，但為昏亂之行。女非有戎車乎？何不來東迎我君而復之？黎國在衛西，今所寓在衛東。○蒙，如字，徐武邦反。行，下孟反，下同。叔兮伯兮，靡所與同。無救患恤同也。箋云：衛之諸臣行如是，不與諸伯之臣同，言其非之特甚。○瑣兮尾兮，流離之子。瑣尾，少好之貌。流離，鳥也。少好長醜，始而愉樂，終以微弱。箋云：衛之諸臣初有小善，終無成功，似流離也。○瑣，素果反。離，如字。少，詩照反，下同。長，張丈反。樂，音洛。叔兮伯兮，褎如充耳。褎，盛服也。充耳，盛飾也。大夫褎然有尊盛之服，而不能稱也。箋云：充耳，塞耳也。言衛之諸臣顏色褎然，如見塞耳，無聞知也。人之耳聾，恒多笑而已。○褎，由救反，又在秀反。鄭笑貌。〔稱〕尺證反。

旄丘四章，章四句。

簡兮，刺不用賢也。衛之賢者仕於伶官，皆可以承事王者也。伶官，樂官也。伶氏世掌樂官而善焉，故後世多號樂官為伶官。○〔伶〕音零，字從水，亦作伶。○簡兮簡兮，方將萬舞。簡，大也。方，四方也。將，行也。以干羽為萬舞，用之宗廟山川，故言於四方。箋云：簡，擇。將，且也。擇兮擇兮者，為且祭祀當萬舞也。萬舞，干舞也。○為，于偽反。日之方中，在前上處。教國子弟，以日中為期。箋云：在前上處者，在前列上頭也。周禮：大胥掌學士之版，以待致諸子。春入學，舍采合舞。○〔胥〕思徐反。舍，音釋，下篇舍軷同。〔采〕音菜。○碩人俁俁，公庭萬舞。碩人，大德也。俁俁，容貌大也。萬舞，非但在四方，親在宗廟公庭。○〔俁〕疑矩反。○有力如虎，執轡如組。組，織組也。武力比於虎，可以御亂。御眾有文章，言能治眾，動於近，成於遠也。箋云：碩人有御亂御眾之德，可任為王臣。○〔轡〕悲位反。〔組〕音祖。〔任〕音壬。左手執籥。

右手秉翟。籥六孔。翟，翟羽也。箋云：碩人多才多藝，又能籥舞，言文武道備。○[籥]餘若反。[翟]亭歷反。下注同。赫如渥赭。公言錫爵。赫，赤貌。渥，厚漬也。祭有畀煇、胞、翟、閽、寺者，惠下之道。見惠不過一散。箋云：碩人容色赫然如厚傅丹，君徒賜其一爵而已，不知其賢而進用之。散，受五升。○[赫]虛格反。[渥]於角反。[赭]音者。[畀]必寐反。[煇]音運。甲吏之賤者。[胞]步交反。肉吏之賤者。[翟]樂吏之賤者。[閽]音昏。守門之賤者。[散]素但反。酒爵也。[傅]音附。○山有榛。隰有苓。榛，木名。下濕曰隰。苓，大苦。箋云：榛也，苓也，生各得其所，以言碩人處非其位。○[榛]側巾反。[苓]音零。云誰之思。西方美人。箋云：我誰思乎？思周室之賢者，以其宜薦碩人，與在王位。○[與]音預，或如字。彼美人兮。西方之人兮。乃宜在王室。箋云：彼美人，謂碩人也。

簡兮三章，章六句

泉水。衛女思歸也。嫁於諸侯。父母終。思歸寧而不得。故作是詩以自見也。以自見者，見己志也。國君夫人，父母在則歸寧，沒則使大夫寧於兄弟。衛女之思歸，雖非禮，思之至也。○[見]賢遍反。○毖彼泉水。亦流于淇。興也。泉水始出，毖然流也。淇，水名也。箋云：泉水流而入淇，猶婦人出嫁於異國。○[毖]悲位反。有懷于衛。靡日不思。箋云：懷，至。靡，無也。以言我有所至念於衛，無日不思也。所至念者，謂諸姬、諸姑、伯姊。孌彼諸姬。聊與之謀。孌，好貌。諸姬，同姓之女。聊，願也。箋云：聊，且略之辭。諸姬者，未嫁之女。我且欲略與之謀婦人之禮，觀其志意，親親之恩也。○[孌]力轉反。下篇同。○出宿于泲。飲餞于禰。泲，地名。祖而舍軷，飲酒於其側曰餞。重始有事於道也。禰，地名。箋云：泲、禰者，所嫁國適衛之道所經，故思宿餞。○[泲]子禮反。[餞]音踐。[禰]乃禮反。[軷]蒲末反。女子有行。遠父母兄弟。箋云：行，道也。婦人有出嫁之道，遠於親親，故禮緣人情，使得歸寧。○[遠]于萬反，注同。問我諸姑。遂及伯姊。父之姊妹稱姑。先生曰姊。箋云：寧則又問姑及姊，親其類也。先姑後姊，尊姑也。○出宿于干。飲餞于言。干、言，所適國郊也。箋云：干、言，猶泲、禰，未聞遠近同異。載脂載舝。還車言邁。脂舝其車，以還我行也。箋云：言還車者，嫁時乘來，今思乘以歸。○[舝]胡瞎反。車軸頭金也。[還]音旋。此字例同音。更不重出。遄臻于衛。不瑕有害。遄，疾。臻，至。瑕，遠也。箋云：瑕，猶過也。害，何也。我還車疾至於衛而返，於行無過差，有何不可而止我？○[遄]市專反。[害]毛如字，鄭音曷。[行]下孟反。[差]初懈反。又初加反。卷末注同。○我思肥泉。茲之永歎。所出同，所歸異，爲肥泉。箋云：茲，此也。自衛而來所渡水，故思此而長歎。思須與漕。我心悠悠。須、漕，衛邑也。箋云：自衛而來所經邑，故又思之。○[漕]音曹。駕言出遊。以寫我憂。寫，除也。箋云：既不得歸寧，且欲乘車出遊，以除我憂。

泉水四章，章六句

北門。刺仕不得志也。言衛之忠臣不得其志爾。不得其志者，君不知己志而遇困苦。○出自北門。憂心殷殷。興也。北門背明鄉陰。箋云：自，從也。興者，喻己仕於闇君，猶行而出北門，心爲之憂殷殷然。○[殷]於巾反，沈於文反，又音隱。[背]蒲對反。[鄉]許亮反。[爲]于僞反。終窶且貧。莫知我艱。窶者，無禮也。貧者，困於財。箋云：艱，難也。君於己祿薄，終不足以爲禮；又近困於財，無知己以此爲難者。言君既然矣，諸臣亦如之。○[窶]其矩反。已焉哉。天實爲之。謂之何哉。箋云：詩人事君無二志，故自決歸之於天。我勤身以事君，何哉？忠之至。○王事適我。政事一埤益我。適，之。埤，厚也。箋云：國有王命役使之事，則不以之彼，必來之我。有賦稅之事，則減彼一而以益我。言君政偏，己兼其苦。○[埤]避支反。[偏]音篇。我入自外。室人交徧讁我。讁，責也。箋云：我從外而入，在室之人更迭徧來責我，使己去也。言室人亦不知己志。○[徧]古遍字，注及下同。[讁]直革反。玉篇知革反。[更]音庚。[迭]待結反。已焉哉。天實爲之。謂之何哉。○王事敦我。政事一埤遺我。敦厚遺加也箋云敦猶投擲也○〔敦〕毛如字鄭都回反〔遺〕唯季反〔擲〕呈釋反我入自外。室人交徧摧我。摧沮也箋云摧者刺譏之言○〔摧〕徂回反已焉哉。天實爲之。謂之何哉。

北門三章章七句

北風。刺虐也。衛國並爲威虐。百姓不親。莫不相攜持而去焉。○〔攜〕戶圭反◯北風其涼。雨雪其雱。興也北風寒涼之風雱盛貌箋云寒涼之風病害萬物興者喻君政教酷暴使民散亂○〔雨〕于付反又如字下同〔雱〕普康反惠而好我。攜手同行。惠愛行道也箋云性仁愛而又好我者與我相攜持同道而去疾時政也○〔好〕呼報反下及注同〔行〕音衡其虛其邪。既亟只且。虛虛也亟急也箋云邪讀如徐言今在位之人其故威儀虛徐寬仁者今皆以爲急刻之行矣所以當去以此也○〔邪〕音餘又音徐〔亟〕紀力反下同〔只〕音紙〔且〕子餘反下同◯北風其喈。雨雪其霏。喈疾貌霏甚貌○〔喈〕音皆〔霏〕芳非反惠而好我。攜手同歸。歸有德也其虛其邪。既亟只且。◯莫赤匪狐。莫黑匪烏。狐赤烏黑莫能別也箋云赤則狐也黑則烏也猶今君臣相承爲惡如一○〔別〕彼竭反惠而好我。攜手同車。攜手就車其虛其邪。既亟只且。

北風三章章六句

靜女。刺時也。衛君無道。夫人無德。以君及夫人無道德故陳靜女遺我以彤管之法德如是可以易之爲人君之配○〔遺〕唯季反下同◯靜女其姝。俟我於城隅。靜貞靜也女德貞靜而有法度乃可說也姝美色也俟待也城隅以言高而不可踰箋云女德貞靜然後可畜美色然後可安又能服從待禮而動自防如城隅故可愛之○〔姝〕赤朱反〔說〕音悅篇末注同愛而不見。搔首踟躕。言志往而行止箋云志往謂踟躕行止謂愛之而不往見○〔搔〕蘇刀反〔踟〕直知反〔躕〕直誅反◯靜女其孌。貽我彤管。既有靜德又有美色又能遺我以古人之法可以配人君也古者后夫人必有女史彤管之法史不記過其罪殺之后妃羣妾以禮御於君所女史書其日月授之以環以進退之生子日辰則以金環退之當御者以銀環進之著于左手既御著于右手事無大小記以成法箋云彤管筆赤管也○〔貽〕音怡下同下協韻音以志反〔彤〕徒冬反〔著〕知略反又音直略反下皆同彤管有煒。說懌女美。煒赤貌彤管以赤心正人也箋云說懌當作說釋赤管煒煒然女史以之說釋妃安之德美之○〔煒〕于鬼反〔說〕音悅鄭音始悅反〔懌〕音亦鄭音始亦反◯自牧歸荑。洵美且異。牧田官也荑茅之始生也本之於荑取其有始有終箋云洵信也茅絜白之物也自牧田歸荑其信美而異者可以共祭祀猶貞女在窈窕之處媒氏達之可以配人君○〔荑〕徒兮反〔洵〕音荀〔共〕音恭匪女之爲美。美人之貽。非爲其徒說美色而已美其人能遺我法則箋云遺我者遺我以賢妃也○〔爲〕于僞反注同

靜女三章章四句

新臺。刺衛宣公也。納伋之妻。作新臺于河上而要之。國人惡之而作是詩也。伋宣公之世子○臺脩舊曰新爾雅云四方而高曰臺孔安國云土高曰臺○〔伋〕音急〔要〕於遥反〔惡〕烏路反◯新臺有泚。河水瀰瀰。泚鮮明貌瀰瀰盛貌水所以絜汙穢反于河上而爲淫昏之行○〔泚〕音此徐又七禮反〔瀰〕莫爾反徐又莫啓反〔汙〕音烏〔行〕下孟反篇內同燕婉之求。籧篨不鮮。燕安婉順也籧篨不能俯者箋云鮮善也伋之妻齊女來嫁於衛其心本求燕婉之人謂伋也反得籧篨不善謂宣公也籧篨口柔常觀人顏色而爲之辭故不能俯也○〔燕〕於典反又於見反〔婉〕迂阮反〔籧〕音渠〔篨〕音儲〔鮮〕斯踐反鄭又音仙◯新臺有洒。河水浼浼。洒高峻也浼浼平地也○〔洒〕七罪反〔浼〕每罪反燕婉之

求籧篨不殄。殄，絶也。箋云：殄當作腆。腆，善也。○〔殄〕毛徒典反，鄭吐典反。○魚網之設，鴻則離之。言所得非所求也。箋云：設魚網者宜得魚，鴻則鳥也，反離焉。猶齊女以禮來求世子，而得宣公。燕婉之求，得此戚施。戚施，不能仰者。箋云：戚施面柔，下人以色，故不能仰也。○〔戚〕千歷反。〔下〕遐嫁反。

新臺三章，章四句

二子乘舟，思伋、壽也。衛宣公之二子，爭相爲死，國人傷而思之，作是詩也。○〔爲〕于僞反。○二子乘舟，汎汎其景。二子，伋、壽也。宣公爲伋取於齊女而美，公奪之，生壽及朔。朔與其母愬伋於公，公令伋之齊，使賊先待於隘而殺之。壽知之，以告伋，使去之。伋曰：君命也，不可以逃。壽竊其節而先往，賊殺之。伋至，曰：君命殺我，壽有何罪？賊又殺之。國人傷其涉危遂往，如乘舟而無所薄，汎汎然迅疾而不礙也。○〔汎〕芳劍反。〔景〕如字，或音影。〔愬〕蘇路反。〔令〕力征反。〔隘〕於賣反。願言思子，中心養養。願，每也。養養然，憂不知所定。箋云：願，念也。念我思此二子，心爲之憂養養然。○二子乘舟，汎汎其逝。逝，往也。願言思子，不瑕有害。言二子之不遠害。箋云：瑕猶過也。我念思此二子之事，於行無過差，有何不可而不去也。○〔害〕如字，鄭音曷。〔遠〕于萬反。

二子乘舟二章，章四句

邶國十九篇，七十一章，三百六十三句

毛詩卷第二

毛詩卷第三

鄘柏舟詁訓傳第四

國風　鄭氏箋

柏舟，共姜自誓也。衛世子共伯蚤死，其妻守義，父母欲奪而嫁之，誓而弗許，故作是詩以絶之。共伯，僖侯之世子。○〔共〕音恭。〔蚤〕音藻。〔僖〕許其反。

○汎彼柏舟，在彼中河。興也。中河，河中。箋云：舟在河中，猶婦人之在夫家，是其常處。○〔汎〕芳劍反。〔處〕昌慮反。髧彼兩髦，實維我儀。髧，兩髦之貌。髦者，髮至眉，子事父母之飾。儀，匹也。箋云：兩髦之人，謂共伯也。實是我之匹，故我不嫁也。禮，世子昧爽而朝，亦櫛縰笄總，拂髦冠緌纓。○〔髧〕徒坎反。〔髦〕音毛。禮，子三月，翦髮為鬌，長大作髦以象之。〔鬌〕丁果反。〔朝〕直遙反。〔櫛〕側乙反。〔縰〕色蟹反，又色綺反。〔緌〕汝誰反。之死矢靡它。矢，誓。靡，無。之，至也。至己之死，信無它心。○〔它〕音他。母也天只，不諒人只。諒，信也。母也天也，尚不信我。天謂父也。○〔只〕音紙。〔諒〕力尚反。

○汎彼柏舟，在彼河側。髧彼兩髦，實維我特。特，匹也。之死矢靡慝。慝，邪也。○〔慝〕他得反。母也天只，不諒人只。

柏舟二章，章七句

牆有茨，衛人刺其上也。公子頑通乎君母，國人疾之，而不可道也。宣公卒，惠公幼，其庶兄頑烝於惠公之母，生子五人：齊子、戴公、文公、宋桓夫人、許穆夫人。

○牆有茨，不可埽也。興也。牆所以防非常，茨，蒺蔾也，欲埽去之，反傷牆也。箋云：國君以禮防制一國，今其宮內有淫昏之行者，猶牆之生蒺蔾。○〔蒺〕音疾。〔蔾〕音黎。〔去〕丘呂反，下同。〔行〕下孟反。中冓之言，不可道也。中冓，內冓也。箋云：內冓之言，謂宮中所冓成頑與夫人淫昏之語。○〔冓〕古侯反。所可道也，言之醜也。於君醜也。

○牆有茨，不可襄也。襄，除也。中冓之言，不可詳也。詳，審也。所可詳也，言之長也。長，長惡也。

○牆有茨，不可束也。束而去之。中冓之言，不可讀也。讀，抽也。箋云：抽，猶出也。所可讀也，言之辱也。辱，辱君也。

牆有茨三章，章六句

君子偕老，刺衛夫人也。夫人淫亂，失事君子之道，故陳人君之德、服飾之盛，宜與君子偕老也。夫人，宣公夫人，惠公之母也。人君，小君也。或者小字誤作人耳。○〔偕〕音皆。

○君子偕老，副笄六珈。能與君子俱老，乃宜居尊位，服盛服也。副者，后夫人之首飾，編髮為之。笄，衡笄也。珈，笄飾之最盛者，所以別尊卑。箋云：珈之言加也。副既笄而加飾，如今步搖上飾。古之制所有，未聞。○〔副〕芳富反。〔珈〕音加。〔編〕蒲典反，或必仙反。〔別〕彼列反。委委佗佗，如山如河。委委者，行可委曲蹤迹也。佗佗者，德平易也。山無不容，河無不潤。○〔委〕於危反，注同。〔佗〕待何反，注同。〔行〕下孟反，舊如字。〔易〕以豉反。象服是宜。象服，尊者所以為飾。箋云：象服者，謂褕翟、闕翟也。人君之象服，則舜所云予欲觀古人之象，日月星辰之屬。○〔褕〕音遙。〔觀〕古亂反，又音官。子之不淑，云如之何。有子若是，可謂不善乎？箋云：子乃服飾如是，而為不善之行，於禮當如之何？深疾之。○〔行〕下孟反，又下同。

○玼兮玼兮，其之翟也。玼，鮮盛貌。褕翟、闕翟，羽飾衣也。箋云：侯伯夫人之服，自褕翟而下，如王后焉。○〔玼〕音此，又且禮反。鬒髮如雲，不屑髢也。鬒，黑髮也。如雲，言美長也。屑，絜也。箋云：髢，髲也。不絜者，不用髲為善。○〔鬒〕真忍反。〔屑〕蘇節反。〔髢〕徒帝反。〔髲〕皮寄反。玉之瑱也，象之揥也。瑱，塞耳也。揥，所以摘髮也。○〔瑱〕吐殿反。〔揥〕勑帝反。〔摘〕他狄反。揚且之皙也。揚，眉上廣。皙，白皙。○〔且〕七也反，徐子餘反，下同。〔皙〕星歷反。胡然而天也，胡然而帝也。尊之

如天審諦如帝箋云胡何也帝五帝也何由然女見尊敬如天帝乎非由衣服之盛顏色之莊與反爲淫昏之行○諦音帝與音餘

◯瑳兮瑳兮其之展也蒙彼縐絺是紲袢也禮有展衣者以丹縠爲衣蒙覆也絺之靡者爲縐是當暑袢延之服也箋云后妃六服之次展衣宜白縐絺絺之蹙蹙者展衣夏則裏衣縐絺此以禮見於君及賓客之盛服也展衣字誤禮記作襢衣○瑳七我反展陟戰反沈張輦反縐側救反絺勑之反紲息列反袢符袁反縠戶木反延以戰反又如字蹙子六反裏衣去聲見賢遍反子之清揚揚且之顏也清視清明也揚廣揚而顏角豐滿展如之人兮邦之媛也展誠也美女爲媛箋云媛者邦人所依倚以爲援助也疾宣姜有此盛服而以淫昏亂國故云然○媛于眷反

君子偕老三章一章七句一章九句一章八句

桑中刺奔也衛之公室淫亂男女相奔至于世族在位相竊妻妾期於幽遠政散民流而不可止衛之公室淫亂謂宣惠之世男女相奔不待媒氏以禮會之也世族在位取姜氏弋氏庸氏者也竊盜也幽遠謂桑中之野

◯爰采唐矣沬之鄉矣爰於也唐蒙菜名沬衛邑箋云於何采唐必沬之鄉猶言欲爲淫亂者必之衛之都惡衛爲淫亂之主○沬音妹惡烏路反云誰之思美孟姜矣姜姓也言世族在位有是惡行箋云淫亂之人誰思乎乃思美孟姜孟姜列國之長女而思與淫亂疾世族在位有是惡行也○行下孟反長丁丈反期我乎桑中要我乎上宮送我乎淇之上矣桑中上宮所期之地淇水名也箋云此思孟姜之愛厚己也與我期於桑中而要見我於上宮其送我則於淇水之上○要於遙反注下同

◯爰采麥矣沬之北矣云誰之思美孟弋矣弋姓也期我乎桑中要我乎上宮送我乎淇之上矣

◯爰采葑矣沬之東矣箋云葑蔓菁○葑孚容反云誰之思美孟庸矣庸姓也期我乎桑中要我乎上宮送我乎淇之上矣

桑中三章章七句

鶉之奔奔刺衛宣姜也衛人以爲宣姜鶉鵲之不若也刺宣姜者刺其與公子頑爲淫亂行不如禽鳥○鶉音純行下孟反下皆同

◯鶉之奔奔鵲之彊彊鶉則奔奔鵲則彊彊然箋云奔奔彊彊言居有常匹飛則相隨之貌刺宣姜與頑非匹偶○彊音姜人之無良我以爲兄良善也兄謂君之兄箋云人之行無一善者我君反以爲兄君謂惠公

◯鵲之彊彊鶉之奔奔人之無良我以爲君君國小君箋云小君謂宣姜

鶉之奔奔二章章四句

定之方中美衛文公也衛爲狄所滅東徙渡河野處漕邑齊桓公攘夷狄而封之文公徙居楚丘始建城市而營宮室得其時制百姓說之國家殷富焉春秋閔公二年冬狄人入衛衛懿公及狄人戰于熒澤而敗宋桓公迎衛之遺民渡河立戴公以廬於漕戴公立一年而卒魯僖公二年齊桓公城楚丘而封衛於是文公立而建國焉○定丁佞反下同星名漕音曹攘如羊反說音悅

◯定之方中作于楚宮定營室也方中昏正四方楚宮楚丘之宮也仲梁子曰初立楚宮也箋云楚宮謂宗廟也定星昏中而正於是可以營制宮室故謂之營室定昏中而正謂小雪時其體與東壁連正四方○壁音辟揆之以日作于楚室揆度也度日出日入以知東西南視定北準極以正南北室猶宮也箋云楚室居室也君子將營宮室宗廟爲先廄

庫為次居室為後○〔揆〕葵癸反反〔度〕待洛反下同〔廄〕居又反樹之榛栗椅桐梓漆爰伐琴瑟。椅梓屬箋云爰曰也樹此六木於宮者曰其長大可伐以為琴瑟言豫備也○〔榛〕側巾反〔椅〕於宜反〔長〕丁丈反○升彼虛矣以望楚矣望楚與堂景山與京。虛漕虛也楚丘有堂邑者景山大山京高丘也箋云自河以東夾於濟水文公將徙登漕之虛以望楚丘觀其旁邑及其丘山審其高下所依倚乃後建國焉慎之至也○〔虛〕起居反〔濟〕節禮反降觀于桑。地勢宜蠶可以居民卜云其吉終然允臧。龜曰卜允信臧善也建國必卜之故建邦能命龜田能施命作器能銘使能造命升高能賦師旅能誓山川能說喪紀能誄祭祀能語君子能此九者可謂有德音可以為大夫○〔能說〕如字鄭志問曰山川能說何謂也荅曰兩讀或言說說者說其形勢也或曰述述者述其故事也〔述〕讀如遂事不諫之遂〔誄〕力水反禱也○靈雨既零命彼倌人星言夙駕說于桑田。零落也倌人主駕者箋云靈善也星雨止星見夙早也文公於雨下命主駕者雨止為我晨早駕欲往為辭說于桑田教民稼穡務農急也○〔倌〕音官徐古患反〔說〕毛始銳反舍也鄭如字〔見〕賢遍反〔為〕于僞反匪直也人非徒庸君秉心塞淵。秉操也箋云塞充實也淵深也○〔操〕七刀反騋牝三千。馬七尺以上曰騋騋馬與牝馬也箋云國馬之制天子十有二閑馬六種三千四百五十六匹邦國六閑馬四種千二百九十六匹衛之先君兼邶鄘而有之而馬數過禮制今文公滅而復興徙而能富馬有三千雖非禮制國人美之○〔騋牝〕上音來下頻忍反〔種〕章勇反下同

定之方中三章章七句

蝃蝀止奔也衛文公能以道化其民淫奔之恥國人不齒也。不齒者不與相長稚○〔蝃蝀〕上丁計反下都動反〔長〕丁丈反○蝃蝀在東莫之敢指。蝃蝀虹也夫婦過禮則虹氣盛君子見戒而懼諱之莫之敢指箋云虹天氣之戒尚無敢指者況淫奔之女誰敢視之○〔虹〕音洪一音絳女子有行遠父母兄弟。箋云行道也婦人生而有適人之道何憂於不嫁而為淫奔之過乎惡之甚○〔遠〕于萬反下同〔惡〕烏路反下惡之皆同○朝隮于西崇朝其雨。隮升崇終也從旦至食時為終朝箋云朝有升氣於西方終其朝則雨氣應自然以言婦人生而有適人之道亦性自然○〔隮〕子西反徐又子細反女子有行遠兄弟父母○乃如之人也懷昏姻也。乃如是淫奔之人也箋云懷思也乃如是之人思昏姻之事乎言其淫奔之過惡之大大無信也不知命也。不待命也箋云淫奔之女大無貞潔之信又不知昏姻當待父母之命惡之也○〔大〕音泰注同

蝃蝀三章章四句

相鼠刺無禮也衛文公能正其羣臣而刺在位承先君之化無禮儀也。○〔相〕息亮反篇內同○相鼠有皮人而無儀。相視也無禮儀者雖居尊位猶為闇昧之行箋云儀威儀也視鼠有皮雖處高顯之處偷食苟得不知廉恥亦與人無威儀者同○〔行〕下孟反人而無儀不死何為。箋云人以有威儀為貴今反無之傷化敗俗不如其死無所害也○相鼠有齒人而無止。止所止息也箋云止容止孝經曰容止可觀人而無止不死何俟。俟待也○相鼠有體。體支體也人而無禮人而無禮胡不遄死。遄速也○〔遄〕市專反

相鼠三章章四句

干旄美好善也衛文公臣子多好善賢者樂告以善道也。賢者時處士也○〔旄〕音毛〔好〕呼報反篇內同○孑孑干旄在浚之郊。孑孑干旄之貌注旄於干首大夫之旃也浚衛邑古者臣有大功世其官邑郊外曰野箋云周禮孤卿建

旃大夫建物首皆注旄焉時有建此旄來至浚之郊卿大夫好善也○〔孑〕居熱反〔浚〕蘇俊反〔旃〕之然反通帛為旃
素絲紕之良馬四之紕所以織組也總紕於此成文於彼願以素絲紕組之法御四馬也箋云素絲者以為縷以縫紕旌旗之旒縿或以維持之浚郊之賢者既識卿大夫建旄而來又識其乘善馬四之者見之數也○〔紕〕毛符至反鄭毗移反〔組〕音祖〔旒〕音留〔縿〕所銜反
彼姝者子何以畀之姝順貌畀予也箋云時賢者既說此卿大夫有忠順之德又欲以善道與之心誠愛厚之至○〔姝〕赤朱反〔畀〕必寐反〔說〕音悅
○孑孑干旟在浚之都鳥隼曰旟下邑曰都箋云周禮州里建旟謂州長之屬○〔旟〕音餘〔隼〕荀尹反
素絲組之良馬五之總以素絲而成組也驂馬五轡箋云以素絲縷縫組於旌旗以為之飾五之者亦謂五見之也○〔總〕子孔反〔驂〕七南反
彼姝者子何以予之○〔予〕上聲
○孑孑干旌在浚之城析羽為旌城都城也○〔析〕星歷反
素絲祝之良馬六之祝織也四馬六轡箋云祝當作屬屬著也六之者亦謂六見之也○〔祝〕之六反〔著〕直略反沈知略反
彼姝者子何以告之○〔告〕工毒反

干旄三章章六句

載馳許穆夫人作也閔其宗國顛覆自傷不能救也衞懿公為狄人所滅國人分散露於漕邑許穆夫人閔衞之亡傷許之小力不能救思歸唁其兄又義不得故賦是詩也滅者懿公死也君死於位曰滅露於漕邑者謂戴公也懿公死國人分散宋桓公迎衞之遺民渡河處之於漕邑而立戴公焉戴公與許穆夫人俱公子頑烝於宣姜所生也男子先生曰兄○〔閔〕密謹反〔唁〕音彥
○載馳載驅歸唁衞侯載辭也弔失國曰唁箋云載之言則也衞侯戴公也○〔驅〕如字協韻音丘
驅馬悠悠言至于漕悠悠遠貌漕衞東邑箋云夫人願御者驅馬悠悠乎我欲至于漕
大夫跋涉我心則憂草行曰跋水行曰涉箋云跋涉者衞大夫來告難於許時○〔跋〕蒲末反〔難〕乃旦反
○既不我嘉不能旋反不能旋反我思也箋云既盡嘉善也言許人盡不善我欲歸唁兄
視爾不臧我思不遠不能遠衞也箋云爾女女許人也臧善也視女不施善道救衞○〔遠〕于萬反注同協句如字
○既不我嘉不能旋濟濟止也
視爾不臧我思不閟閟閉也○〔閟〕悲位反徐音方冀反
○陟彼阿丘言采其蝱偏高曰阿丘蝱貝母也升至偏高之丘采其蝱者將以療疾箋云升丘采貝母猶婦人之適異國欲得力助安宗國也○〔蝱〕音盲〔療〕力照反
女子善懷亦各有行行道也箋云善猶多也懷思也女子之多思者有道猶升丘采蝱也
許人尤之衆穉且狂尤過也是乃衆幼穉且狂進取一槩之義箋云許人許大夫也過之者過夫人之欲歸唁其兄○〔穉〕直吏反〔槩〕古愛反
○我行其野芃芃其麥願行衞之野麥芃芃然方盛長箋云麥芃芃者言未收刈民將困也○〔芃〕薄紅反徐符雄反〔長〕張丈反
控于大邦誰因誰極控引極至也箋云今衞侯之欲求援引之力助於大國之諸侯亦誰因乎由誰至乎閔之故欲歸問之○〔控〕苦貢反〔援〕音院又音袁沈于萬反
大夫君子無我有尤箋云君子國中賢者無我有尤無過我也
百爾所思不如我所之不如我所思之篤厚也箋云爾女女衆大夫君子也

載馳五章一章六句二章章四句一章六句
一章八句

鄘國十篇三十章百七十六句

衞淇奧詁訓傳第五

國風　鄭氏箋

淇奧美武公之德也有文章又能聽其規諫以禮自防故能入相于周美而作是詩也○〔奧〕於六反一音烏報反〔相〕息亮反

○瞻彼淇奧綠竹猗猗興也奧隈也綠王芻也竹萹竹也猗猗美盛貌武公質美德盛有康叔之餘烈○〔猗〕於宜反有匪君子如切如磋如琢如磨匪文章貌治骨曰切象曰磋玉曰琢石曰磨道其學而成也聽其規諫以自脩如玉石之見琢磨瑟兮僩兮赫兮咺兮瑟矜莊貌僩寬大也赫有明德赫赫然咺威儀容止宣著也○〔僩〕遐板反〔赫〕呼白反〔咺〕況晚反有匪君子終不可諼兮諼忘也○〔諼〕況元反又況遠反○瞻彼淇奧綠竹青青青青茂盛貌○〔青〕子丁反有匪君子充耳琇瑩會弁如星充耳謂之瑱琇瑩美石也天子玉瑱諸侯以石弁皮弁所以會髮箋云會謂弁之縫中飾之以玉皪皪而處狀似星也天子之朝服皮弁以日視朝○〔琇〕音秀沈音誘〔瑩〕音榮〔會〕古外反注同〔弁〕皮變反〔瑱〕天見反〔縫〕符用反〔皪〕音歷又音洛瑟兮僩兮赫兮咺兮有匪君子終不可諼兮○瞻彼淇奧綠竹如簀簀積也○〔簀〕音責有匪君子如金如錫如圭如璧金錫鍊而精圭璧性有質箋云圭璧亦琢磨四者亦道其學而成也寬兮綽兮猗重較兮寬能容眾綽緩也重較卿士之車箋云綽兮謂仁於施舍○〔綽〕昌若反〔猗〕於綺反〔重〕直恭反注同〔較〕古岳反車軾也善戲謔兮不為虐兮寬緩弘大雖則戲謔不為虐矣箋云君子之德有張有弛故不常矜莊而時戲謔○〔謔〕香略反〔弛〕式氏反

淇奧三章章九句

考槃刺莊公也不能繼先公之業使賢者退而窮處窮猶終也○〔槃〕薄寒反

○考槃在澗碩人之寬考成槃樂也山夾水曰澗箋云碩大也有窮處成樂在於此澗者形貌大人而寬然有虛乏之色○〔澗〕古晏反〔樂〕音洛下同獨寐寤言永矢弗諼箋云寤覺永長矢誓諼忘也在澗獨寐覺而獨言長自誓以不忘君之惡志在窮處故云然○〔覺〕交孝反又如字○考槃在阿碩人之薖曲陵曰阿薖寬大貌箋云薖飢意○〔薖〕苦禾反獨寐寤歌永矢弗過箋云弗過者不復入君之朝也○〔過〕古禾反注同〔復〕符又反下同○考槃在陸碩人之軸軸進也箋云軸病也○〔軸〕毛音迪鄭直六反獨寐寤宿永矢弗告無所告語也箋云不復告君以善道○〔語〕魚據反

考槃三章章四句

碩人閔莊姜也莊公惑於嬖妾使驕上僭莊姜賢而不荅終以無子國人閔而憂之○〔嬖〕補惠反〔上〕時掌反〔僭〕作念反

○碩人其頎衣錦褧衣頎長貌錦文衣也夫人德盛而尊嫁則錦衣加褧襜箋云頎大也言莊姜儀表長麗俊好頎頎然褧禪也國君夫人翟衣而嫁今衣錦者在塗之所服也尚之以禪衣為其文之大著○〔頎〕其機反〔衣〕錦於既反〔褧〕苦迥反徐音孔頴反〔襜〕昌占反〔俊〕古卯反〔禪〕音丹〔為〕于偽反〔大〕音泰下大子同舊勑賀反齊侯之子衛侯之妻東宮之妹邢侯之姨譚公維私東宮齊大子也女子後生曰妹妻之姊妹曰姨姊妹之夫曰私箋云陳此者言莊姜容貌既美兄弟皆正大○〔邢〕音形姬姓國〔譚〕徒南反國名○手如柔荑如荑之新生○〔荑〕徒奚反膚如凝脂如脂之凝領如蝤蠐領頸也蝤蠐蝎蟲也○〔蝤〕似脩反徐音曹〔蠐〕音齊沈音茨〔蝎〕音曷或音葛齒如瓠犀瓠犀瓠瓣○〔瓠〕戶故反〔犀〕音西〔瓣〕補遍反又蒲莧反沈蒲閑反螓首蛾眉螓首顙廣而方箋云螓謂蜻蜻也○〔螓〕音秦〔蛾〕我波反〔顙〕蘇黨反〔蜻〕子盈反沈慈性反如蟬而小巧笑倩兮倩好口輔○〔倩〕七薦反韓詩云蒼白色美目盼

兮盼白黑分箋云此章說莊姜容貌之美所宜親幸○〔盼〕敷莧反徐膚諫反字林匹間反又匹莧反○碩人敖敖說于農郊敖敖長貌農郊近郊箋云敖敖猶頎頎也說當作襚禮春秋之襚讀皆宜同衣服曰襚今俗語然此言莊姜始來更正衣服于衛近郊○〔敖〕五刀反〔說〕毛始銳反舍也鄭音遂四牡有驕朱幩鑣鑣翟茀以朝驕壯貌幩飾也人君以朱纏鑣扇汗且以為飾鑣鑣盛貌翟翟車也夫人以翟羽飾車茀蔽也箋云此又言莊姜自近郊既正衣服乘是車馬以入君之朝皆用嫡夫人之正禮今而不答○〔驕〕起橋反〔幩〕孚云反又符云反〔鑣〕表驕反馬銜外鐵也又曰排沫〔朝〕直遙反注皆同大夫夙退無使君勞大夫未退君聽朝於路寢夫人聽內事於正寢大夫退然後罷箋云莊姜始來時衛諸大夫朝夕者皆早退無使君之勞倦者以君夫人新為妃耦宜親親之故也○〔妃〕音配○河水洋洋北流活活施罛濊濊鱣鮪發發葭菼揭揭庶姜孽孽庶士有朅洋洋盛大也活活流也罛魚罟濊濊施之水中鱣鯉也鮪鮥也發發盛貌葭蘆菼薍也揭揭長也孽孽盛飾庶士齊大夫送女者朅武壯貌箋云庶姜謂姪娣此章言齊地廣饒士女佼好禮儀之備而君何為不答夫人○〔洋〕音羊徐音祥〔活〕古闊反又如字〔罛〕音孤〔濊〕呼活反馬云大魚網目大豁豁也〔鱣〕陟連反〔鮪〕于軌反〔發〕補末反馬云魚著網尾發發然〔葭〕音加〔菼〕他覽反玉篇通敢反〔揭〕其謁反徐居謁反〔孽〕魚竭反徐五謁反〔朅〕欺列反徐起謁反〔鮥〕音洛〔蘆〕音盧〔薍〕五患反

碩人四章章七句

氓刺時也宣公之時禮義消亡淫風大行男女無別遂相奔誘華落色衰復相棄背或乃困而自悔喪其妃耦故序其事以風焉美反正刺淫泆也○〔氓〕音莫耕反〔別〕彼列反〔華〕戶花反或音花〔復〕扶又反〔背〕蒲昧反〔喪〕息浪反〔妃〕音配〔風〕福鳳反〔泆〕音逸○氓之蚩蚩抱布貿絲氓民也蚩蚩敦厚之貌布幣也箋云幣者所以貿買物也季春始蠶孟夏賣絲○〔蚩〕尺之反〔貿〕莫豆反匪來貿絲來即我謀箋云匪非即就也此民非來買絲但來就我欲與我謀為室家也送子涉淇至于頓丘丘一成為頓丘箋云子者男子之通稱言民誘己己乃送之涉淇水至此頓丘定室家之謀且為會期○〔頓〕都寸反〔稱〕尺證反匪我愆期子無良媒愆過也箋云良善也非我心欲過子之期子無善媒來告期時○〔愆〕起虔反將子無怒秋以為期將願也箋云將請也民欲為近期故語之曰請子無怒秋以與子為期○〔將〕七羊反〔語〕魚據反○乘彼垝垣以望復關垝毀也復關君子所近也箋云前既與民以秋為期期至故登毀垣鄉其所近而望之猶有廉恥之心故因復關以託號民云此時始秋也○〔垝〕俱毀反〔垣〕音袁所〔近〕附近之近〔鄉〕許亮反本又作嚮不見復關泣涕漣漣言其有一心乎君子故能自悔箋云用心專者怨必深○〔漣〕音連既見復關載笑載言箋云則笑則言喜之甚爾卜爾筮體無咎言龜曰卜著曰筮體兆卦之體箋云爾女也復關既見此婦人告之曰我卜女筮之女宜為室家矣兆卦之繇無凶咎之辭言其皆吉又誘定之○〔筮〕市制反〔咎〕其久反〔著〕音尸〔繇〕直又反以爾車來以我賄遷賄財遷徙也箋云女女復關也信其卜筮皆吉故答之曰徑以女車來迎我我以所有財賄徙就女也○〔賄〕呼罪反〔徑〕經定反○桑之未落其葉沃若于嗟鳩兮無食桑葚于嗟女兮無與士耽桑女功之所起沃若猶沃沃然鳩鶻鳩也食桑葚過則醉而傷其性耽樂也女與士耽則傷禮義箋云桑之未落謂其時仲秋也於是時國之賢者刺此婦人見誘故于嗟而戒之鳩以非時食葚猶女子嫁不以禮耽非禮之樂○〔沃〕如字徐於縛反〔于〕音吁〔葚〕音甚〔耽〕都南反〔鶻〕音骨士之耽兮猶可說也女之耽兮不可說也箋云說解也士有百行可以功過相除至於婦人無外事維以貞信為節○〔行〕下孟反○桑之落矣

其黃而隕自我徂爾三歲食貧淇水湯湯漸車帷裳隕隋也湯湯水盛貌帷裳婦人之車也箋云桑之落矣謂其時季秋也復關以此時車來迎己徂往也我自是往之女家女家之穀食已三歲貧矣言此者明己之悔不以女今貧故也帷裳童容也我乃渡深水至漸車童容猶冒此難而往又明己專心於女○〔隕〕韻謹反〔湯〕音傷〔漸〕子廉反注同又漬也濕也〔帷〕位悲反〔隋〕唐果反〔冒〕音墨〔難〕乃旦反女也不爽士貳其行爽差也箋云我心於女故無差貳而復關之行有二意○〔行〕下孟反注同士也罔極二三其德極中也○三歲爲婦靡室勞矣箋云靡無也無居室之勞言不以婦事見困苦有舅姑曰婦夙興夜寐靡有朝矣箋云無有朝者常早起夜臥非一朝然言己亦不解惰○〔解〕音懈言既遂矣至于暴矣箋云言我也遂猶久也我既久矣謂三歲之後見遇浸薄乃至見酷暴○〔浸〕子鴆反兄弟不知咥其笑矣咥咥然笑箋云兄弟在家不知我之見酷暴若其知之則咥咥然笑我○〔咥〕許意反又音熙笑也又許四反說文虛記反又大結反靜言思之躬自悼矣悼傷也箋云靜安躬身也我安思君子之遇己無終則身自哀傷○及爾偕老老使我怨箋云及與也我欲與女俱至於老老乎女反薄我使我怨也淇則有岸隰則有泮泮坡也箋云泮讀爲畔畔厓也言淇與隰皆有厓岸以自拱持今君子放恣心意曾無所拘制○〔泮〕音判〔坡〕本亦作陂北皮反呂北髮反阪也所以爲隰之限域也總角之宴言笑晏晏信誓旦旦總角結髮也晏晏和柔也信誓旦旦然箋云我爲童女未笄結髮宴然之時女與我言笑晏晏然而和柔我其以信相誓旦旦耳言其懇惻款誠○〔宴〕如字不思其反箋云反復也今老而使我怨曾不復念其前言反是不思亦已焉哉箋云已焉哉謂此不可柰何死生自決之辭

氓六章章十句

竹竿衛女思歸也適異國而不見荅思而能以禮者也○籊籊竹竿以釣于淇興也籊籊長而殺也釣以得魚如婦人待禮以成爲室家○〔籊〕他歷反〔釣〕音弔〔殺〕色界反豈不爾思遠莫致之箋云我豈不思與君子爲室家乎君子疏遠己己無由致此道○〔遠〕如字又于萬反注同○泉源在左淇水在右泉源小水之源淇水大水也箋云小水有流入大水之道猶婦人有嫁於君子之禮今水相與爲左右而已亦以喻己不見荅女子有行遠父母兄弟箋云行道也女子有道當嫁耳不以不荅而違婦禮○遠去聲○淇水在右泉源在左巧笑之瑳佩玉之儺瑳巧笑貌儺行有節度箋云己雖不見荅猶不惡君子美其容貌與禮儀也○〔瑳〕七可反沈音七何反〔儺〕乃可反〔惡〕烏路反○淇水滺滺檜楫松舟滺滺流貌檜柏葉松身楫所以櫂舟也舟楫相配得水而行男女相配得禮而備箋云此傷己今不得夫婦之禮○〔滺〕音由〔檜〕古活反又古會反〔楫〕子葉反徐音集〔櫂〕直教反駕言出遊以寫我憂出遊思鄉衛之道箋云適異國而不見荅其除此憂維有歸耳○〔鄉〕許亮反

竹竿四章章四句

芄蘭刺惠公也驕而無禮大夫刺之惠公以幼童即位自謂有才能而驕慢於大臣但習威儀不知爲政以禮○芄音丸○芄蘭之支興也芄蘭草也君子以德當柔潤溫良箋云芄蘭柔弱恆蔓延於地有所依緣則起興者喻幼稚之君任用大臣乃能成其政○〔蔓〕音萬童子佩觿觿所以解結成人之佩也人君治成人之事雖童子猶佩觿早成其德也○〔佩〕蒲對反〔觿〕許規反雖則佩觿能不我知不自謂無知以驕慢人也箋云此幼稚之君雖佩觿與其才能實不如我衆臣之所知爲也惠公自謂有才能而驕慢所以見刺○〔與〕音餘下佩韘與同容兮遂兮垂帶悸兮容儀可觀佩玉遂遂然垂其紳帶悸悸然有節度箋云容

容刀也遂瑞也言惠公佩容刀與瑞及垂紳帶三尺則悸悸然行止有節度然其德不稱服○〔悸〕其季反〔稱〕尺證反 ○芄蘭之葉 箋云葉猶支也 童子佩韘 韘玦也能射御則佩韘箋云韘之言沓所以彄沓手指○〔韘〕失涉反〔彄〕苦侯反 雖則佩韘能不我甲 甲狎也箋云此君雖佩韘與其才能實不如我衆臣之所狎習○〔甲〕如字徐胡甲反 容兮遂兮垂帶悸兮

芄蘭二章章六句

河廣宋襄公母歸于衛思而不止故作是詩也 宋桓公夫人衛文公之妹生襄公而出襄公即位夫人思宋義不可往故作詩以自止 ○誰謂河廣一葦杭之 杭渡也箋云誰謂河水廣與一葦加之則可以渡之喻狹也今我之不渡直自不往耳非為其廣○〔葦〕韋鬼反〔杭〕戶郎反〔與〕音餘下遠與同〔狹〕音洽〔為〕于偽反 誰謂宋遠跂予望之 箋云予我也誰謂宋國遠與我跂足則可以望見之亦喻近也今我之不往直以義不往耳非為其遠○〔跂〕丘豉反 ○誰謂河廣曾不容刀 箋云不容刀亦喻狹小船曰刀○〔刀〕如字 誰謂宋遠曾不崇朝 箋云崇終也行不終朝亦喻近

河廣二章章四句

伯兮刺時也言君子行役為王前驅過時而不反焉 衛宣公之時蔡人衛人陳人從王伐鄭伯也為王前驅久故家人思之○〔為〕于偽反又如字注下為王並同 ○伯兮朅兮邦之桀兮 伯州伯也朅武貌桀特立也箋云伯君子字也桀英桀言賢也○〔朅〕丘列反〔桀〕其列反 伯也執殳為王前驅 殳長丈二而無刃箋云兵車六等軫也戈也人也殳也車戟也酋矛也皆以四尺為差○〔殳〕市朱反〔長〕如字又直亮反 ○自伯之東首如飛蓬 婦人夫不在無容飾 豈無膏沐誰適為容 適主也○〔適〕都歷反注同〔為〕于偽反或如字 ○其雨其雨杲杲出日 杲杲然日復出矣箋云人言其雨其雨而杲杲然日復出猶我言伯且來伯且來則復不來○〔杲〕古老反〔出〕如字沈推類反〔復〕扶又反下同 願言思伯甘心首疾 甘厭也箋云願念也我念思伯心不能已如人心嗜欲所貪口味不能絕也我憂思以生首疾○〔厭〕於豔反下同〔思〕息嗣反 ○焉得諼草言樹之背 諼草令人忘憂背北堂也箋云憂以生疾恐將危身欲忘之○〔焉〕於虔反〔諼〕況爰反〔背〕音佩沈如字〔忘〕亡向反又如字 願言思伯使我心痗 痗病也○痗音每又音悔

伯兮四章章四句

有狐刺時也衛之男女失時喪其妃耦焉古者國有凶荒則殺禮而多昏會男女之無夫家者所以育人民也 育生長也○〔狐〕音胡〔喪〕息浪反下注同〔妃〕音配下注同〔殺〕所戒反 ○有狐綏綏在彼淇梁 興也綏綏匹行貌石絕水曰梁○〔綏〕音雖 心之憂矣之子無裳 之子無室家者在下曰裳所以配衣也箋云之子是子也時婦人喪其妃耦寡而憂是子無裳無為作裳者欲與為室家○〔為〕于偽反 ○有狐綏綏在彼淇厲 厲深可厲之旁○〔厲〕力滯反 心之憂矣之子無帶 帶所以申束衣 ○有狐綏綏在彼淇側心之憂矣之子無服 言無室家若人無衣服

有狐三章章四句

木瓜美齊桓公也衛國有狄人之敗出處于漕齊桓公救而封之遺之車馬器服焉衛人思之欲厚報之而作是詩也 ○〔遺〕唯季反下注同 ○投我以木瓜報之以瓊琚

木瓜，楙木也，可食之木。瓊，玉之美者。琚，佩玉名。○瓊，求營反。琚音居，徐音渠。楙音茂。匪報也，永以爲好也。箋云：匪，非也。我非敢以瓊琚爲報木瓜之惠，欲令齊長以爲玩好，結己國之恩也。○好，呼報反。篇內同。○投我以木桃，報之以瓊瑤。瓊瑤，美玉。匪報也，永以爲好也。○投我以木李，報之以瓊玖。瓊玖，玉名。○玖音久。匪報也，永以爲好也。孔子曰：吾於木瓜見苞苴之禮行。箋云：以果實相遺者，必苞苴之。尚書曰：厥苞橘柚。○苴，子餘反。

木瓜三章，章四句。

衞國十篇，三十四章，二百三句。

毛詩卷第三

毛詩卷第四

王黍離詁訓傳第六

國風　鄭氏箋

黍離，閔宗周也。周大夫行役，至于宗周，過故宗廟宮室，盡爲禾黍，閔周室之顛覆，彷徨不忍去，而作是詩也。宗周鎬京也，謂之西周。周王城也，謂之東周。幽王之亂而宗周滅，平王東遷，政遂微弱，下列於諸侯。其詩不能復雅，而同於國風焉。○離，如字。過，古臥反，又古禾反。覆，芳服反。彷，薄皇反。徨，音皇。鎬，胡老反。復，扶又反。

○彼黍離離，彼稷之苗。彼，彼宗廟宮室。箋云：宗廟宮室毀壞而其地盡爲禾黍。我以黍離離時至，稷則尚苗。行邁靡靡，中心搖搖。邁，行也。靡靡猶遲遲也。搖搖，憂無所愬。箋云：行，道也。道行猶行道也。○搖，音遙。愬，蘇路反。知我者謂我心憂，箋云：知我者，知我之情。不知我者謂我何求。箋云：謂我何求，怪我久留不去。悠悠蒼天，此何人哉？悠悠，遠意。蒼天以體言之。尊而君之則稱皇天，元氣廣大則稱昊天，仁覆閔下則稱旻天，自上降鑒則稱上天，據遠視之蒼蒼然則稱蒼天。箋云：遠乎蒼天，仰愬欲其察己言也。此亡國之君，何人哉？疾之甚。

○彼黍離離，彼稷之穗。穗，秀也。詩人自黍離離見稷之穗，故歷道其所更見。○穗，音遂。更，音庚。行邁靡靡，中心如醉。醉於憂也。知我者謂我心憂，不知我者謂我何求。悠悠蒼天，此何人哉？

○彼黍離離，彼稷之實。自黍離離見稷之實。行邁靡靡，中心如噎。噎，憂不能息也。○噎，於結反。知我者謂我心憂，不知我者謂我何求。悠悠蒼天，此何人哉？

黍離三章，章十句。

君子于役，刺平王也。君子行役無期度，大夫思其危難以風焉。○難，乃旦反。風，福鳳反。

○君子于役，不知其期，曷至哉？箋云：曷，何也。君子往行役，我不知其期何時當來至哉？思之甚。○曷，寒末反。雞棲于塒，日之夕矣，羊牛下來。鑿牆而棲曰塒。箋云：雞之將棲日則夕矣，牛羊從下牧地而來。言畜產出入尚使有期節，至於行役者乃反不也。○棲，音西。塒，如字，玉篇持理反。鑿，在各反。畜，許又反。君子于役，如之何勿思？箋云：行役多危難，我誠思之。

○君子于役，不日不月，曷其有佸？佸，會也。箋云：行役反無日月，何時而有來會期。○佸，戶括反，說文口活反。雞棲于桀，日之夕矣，羊牛下括。雞棲于杙爲桀。括，至也。○括，古活反。杙，羊職反。君子于役，苟無飢渴。箋云：苟，且也。且得無飢渴，憂其飢渴也。

君子于役二章，章八句。

君子陽陽，閔周也。君子遭亂，相招爲祿仕，全身遠害而已。祿仕者，苟得祿而已，不求道行。○遠，于萬反。

○君子陽陽，左執簧，右招我由房。陽陽，無所用其心也。簧，笙也。由，用也。國君有房中之樂。箋云：由，從也。君子祿仕在樂官，左手持笙，右手招我，欲使我從之於房中，俱在樂官也。我者，君子之友自謂也。時在位有官職也。○簧，音皇。其樂只且。箋云：君子遭亂，道不行，其且樂此而已。○樂，音洛。且，子徐反，又七也反。

○君子陶陶，左執翿，右招我由敖。陶陶，和樂貌。翿，纛也，翳也。箋云：陶陶，猶陽陽也。翳，舞者所持，謂羽舞也。君子左手持羽，右手招我，欲使我從之於燕舞之位，亦俱在樂官也。○陶，音遙。翿，徒刀反。敖，五刀反。纛，徒報反，沈，徒老反。翳，於計反。其樂只且。

君子陽陽二章，章四句。

揚之水，刺平王也。不撫其民，而遠屯戍于母家，周人怨思焉怨平王恩澤不行於民而久令屯戍不得歸思其鄉里之處者言周人者時諸侯亦有使人戍焉平王母家申國在陳鄭之南迫近彊楚王室微弱而數見侵伐王是以戍之○〔屯〕徒門反〔戍〕束遇反〔思〕如字沈息嗣反〔令〕力呈反〔近〕附近之近或如字〔數〕音朔○揚之水不流束薪興也揚激揚也箋云激揚之水至湍迅而不能流移束薪興者喻平王政教煩急而恩澤之令不行於下民○〔薪〕音新〔激〕經歷反〔湍〕吐端反〔迅〕音信又蘇俊反彼其之子不與我戍申戍守也申姜姓之國平王之舅箋云之子是子也彼其是子獨處鄉里不與我來守申是思之之言也其或作記或作已讀聲相似○〔其〕音記詩內皆放此懷哉懷哉曷月予還歸哉箋云懷安也思鄉里處者故曰今亦安不哉安不哉何月我得還歸見之哉思之甚○揚之水不流束楚楚木也彼其之子不與我戍甫甫諸姜也懷哉懷哉曷月予還歸哉○揚之水不流束蒲蒲草也箋云蒲蒲柳○〔蒲〕如字彼其之子不與我戍許許諸姜也懷哉懷哉曷月予還歸哉

揚之水三章章六句

中谷有蓷閔周也夫婦日以衰薄凶年饑饉室家相棄爾○〔蓷〕吐雷反〔饑〕居希反〔饉〕音覲○中谷有蓷暵其乾矣興也蓷鵻也暵菸貌陸草生於谷中傷於水箋云興者喻人居平安之世猶鵻之生於陸自然也遇衰亂凶年猶鵻之生谷中得水則病將死○〔暵〕呼但反徐音漢〔鵻〕音隹〔菸〕於據反有女仳離嘅其嘆矣仳別也箋云有女遇凶年而見棄與其君子別離嘅然而嘆傷己見棄其恩薄○〔仳〕匹指反徐符鄙反又敷姊反〔嘅〕口愛反〔嘆〕吐丹反嘅其嘆矣遇人之艱難矣艱亦難也箋云所以嘅然而嘆者自傷遇君子之窮厄○中谷有蓷暵其脩矣脩且乾也有女仳離條其歗矣條條然歗也○〔歗〕蘇弔反條其歗矣遇人之不淑矣箋云淑善也君子於己不善也○中谷有蓷暵其濕矣鵻遇水則濕箋云鵻之傷於水始則濕中而脩久而乾有似君子於己之恩徒用凶年深淺爲薄厚○〔徒〕如字沈云當作從有女仳離啜其泣矣啜泣貌○〔啜〕張劣反啜其泣矣何嗟及矣箋云及與也泣者傷其君子棄己嗟乎將復何與爲室家乎此其有餘厚於君子也○〔復〕扶又反

中谷有蓷三章章六句

兔爰閔周也桓王失信諸侯背叛構怨連禍王師傷敗君子不樂其生焉不樂其生者寐不欲覺之謂也○〔背〕音佩〔樂〕岳洛二音〔覺〕古孝反下同○有兔爰爰雉離于羅興也爰爰緩意鳥網爲羅言爲政有緩有急用心之不均箋云有緩者有所聽縱也有急者有所躁蹙也○〔躁〕七刀反沈七感反〔蹙〕子六反我生之初尚無爲尚無成人爲也箋云尚庶幾也言我幼稚之時庶幾於無所爲謂軍役之事也我生之後逢此百罹尚寐無吪罹憂吪動也箋云我長大之後乃遇此軍役之多憂今但庶幾於寐不欲見動無所樂生之甚○〔罹〕力知反〔吪〕五戈反〔長〕張丈反〔大〕代賀反○有兔爰爰雉離于罦罦覆車也○〔罦〕音孚〔覆〕芳服反〔車〕赤奢反我生之初尚無造造爲也我生之後逢此百憂尚寐無覺○有兔爰爰雉離于罿罿罬也○〔罿〕昌鍾反又上凶反〔罬〕張劣反爾雅謂之罦覆車也我生之初尚無庸庸用也箋云庸勞也我生之後逢此百凶尚寐無聰聰聞也箋云百凶者王構怨連禍之凶

兔爰三章章七句

葛藟王族刺平王也周室道衰棄其九族焉九族者據己上至高祖下及玄孫之親○〔藟〕力軌反藟似葛廣雅云藟藤也○緜緜葛藟在河之

滸興也緜緜長不絶之貌水厓曰滸箋云葛也藟也生於河之厓得其潤澤以長大而不絶興者喻王之同姓得王之恩施以生長其子孫○〔滸〕呼五反〔長〕張丈反下同〔厓〕魚佳反〔施〕始豉反下同終遠兄弟謂他人父兄弟之道已相遠矣箋云兄弟猶言族親也王寡於恩施今已遠棄族親矣是我謂他人爲己父族人尚親親之辭○〔遠〕于萬反又如字下同謂他人父亦莫我顧箋云謂他人爲己父無恩於我亦無顧眷我之意○緜緜葛藟在河之涘涘厓也〔涘〕音俟○終遠兄弟謂他人母王又無母恩謂他人母亦莫我有箋云有識有也○緜緜葛藟在河之漘漘水隒也○〔漘〕順春反〔隒〕魚檢反終遠兄弟謂他人昆昆兄也謂他人昆亦莫我聞箋云不與我相聞命也

葛藟三章章六句

采葛懼讒也桓王之時政事不明臣無大小使出者則爲讒人所毀故懼之○〔使〕所吏反下並同○彼采葛兮一日不見如三月兮興也葛所以爲絺綌也事雖小一日不見於君憂懼於讒矣箋云興者以采葛喻臣以小事使出○彼采蕭兮一日不見如三秋兮蕭所以共祭祀箋云彼采蕭者喻臣以大事使出○〔共〕音恭○彼采艾兮一日不見如三歲兮艾所以療疾箋云彼采艾者喻臣以急事使出○〔艾〕五蓋反

采葛三章章三句

大車刺周大夫也禮義陵遲男女淫奔故陳古以刺今大夫不能聽男女之訟焉○大車檻檻毳衣如菼大車大夫之車檻檻車行聲也毳衣大夫之服菼鵻也蘆之初生者也天子大夫四命其出封五命如子男之服乘其大車檻檻然服毳冕以決訟箋云菼薍也古者天子大夫服毳冕以巡行邦國而決男女之訟則是子男入爲大夫者毳衣之屬衣繢而裳繡皆有五色焉其青者如鵻○〔檻〕胡覽反〔毳〕尺銳反〔菼〕吐敢反〔鵻〕音追〔蘆〕力吳反〔薍〕五患反〔繢〕胡妹反豈不爾思畏子不敢畏子大夫之政終不敢箋云此二句者古之欲淫奔者之辭我豈不思與女以爲無禮與畏子大夫來聽訟將罪我故不敢也子者稱所尊敬之辭○〔與〕音餘○大車啍啍毳衣如璊啍啍重遲之貌璊頳也○〔啍〕他敦反徐徒孫反〔璊〕音門〔頳〕敕貞反豈不爾思畏子不奔○穀則異室死則同穴謂予不信有如皦日穀生皦白也生在於室則外內異死則神合同爲一也箋云穴謂冢壙中也此章言古之大夫聽訟之政非但不敢淫奔乃使夫婦之禮有別今之大夫不能然反謂我言不信我言之信如白日也刺其闇於古禮○〔皦〕古了反〔壙〕苦晃反

大車三章章四句

丘中有麻思賢也莊王不明賢人放逐國人思之而作是詩也思之者思其來己得見之○丘中有麻彼留子嗟留大夫氏子嗟字也丘中墝埆之處盡有麻麥草木乃彼子嗟之所治箋云子嗟放逐於朝去治卑賤之職而有功所在則治理所以爲賢○〔墝〕苦交反〔埆〕苦角反又音學彼留子嗟將其來施施施施難進之意箋云施施舒行伺間獨來見己之貌○〔將〕毛如字鄭七良反〔施〕如字〔伺〕音司〔間〕音閑又如字○丘中有麥彼留子國子國子嗟父箋云言子國使丘中有麥著其世賢彼留子國將其來食子國復來我乃得食箋云言其將來食庶其親己己得厚待之○〔食〕如字鄭音嗣○丘中有李彼留之子箋云丘中而有李又留氏之子所治彼留之子貽我佩玖玖石次玉者言能遺我美寶箋云留氏之子於思者則朋友之子庶其敬己而遺己也○〔貽〕音怡〔玖〕音久說文紀又反〔遺〕唯季反

丘中有麻三章章四句

王國十篇二十八章百六十二句

鄭緇衣詁訓傳第七

國風　鄭氏箋

緇衣美武公也父子並爲周司徒善於其職國人宜之故美其德以明有國善善之功焉父謂武公父桓公也司徒之職掌十二教善善者治之有功也鄭國之人皆謂桓公武公居司徒之官正得其宜○〔緇〕側基反

○緇衣之宜兮敝予又改爲兮緇黑色卿士聽朝之正服也改更也有德君子宜世居卿士之位焉箋云緇衣者居私朝之服也天子之朝服皮弁服也○〔敝〕符世反適子之館兮還予授子之粲兮適之館舍粲餐也諸侯入爲天子卿士受采祿箋云卿士所之之館在天子之宮如今之諸廬也自館還在采地之都我則設餐以授之愛之欲飲食之○〔館〕古亂反〔粲〕七旦反〔飲〕於鴆反〔食〕音嗣○緇衣之好兮敝予又改造兮好猶宜也箋云造爲也適子之館兮還予授子之粲兮○緇衣之蓆兮敝予又改作兮蓆大也箋云作爲也○〔蓆〕音席適子之館兮還予授子之粲兮

緇衣三章章四句

將仲子刺莊公也不勝其母以害其弟弟叔失道而公弗制祭仲諫而公弗聽小不忍以致大亂焉莊公之母謂武姜生莊公及弟叔段段好勇而無禮公不早爲之所而使驕慢○〔將〕七羊反下同〔勝〕音升〔祭〕側界反後放此〔聽〕吐丁反〔好〕呼報反

○將仲子兮無踰我里無折我樹杞將請也仲子祭仲也踰越里居也二十五家爲里杞木名也折言傷害也箋云祭仲驟諫莊公不能用其言故言請固距之無踰我里喻言無干我親戚也無折我樹杞喻言無傷害我兄弟也仲初諫曰君將與之臣請事之君若不與臣請除之○〔折〕之舌反下同〔杞〕音起豈敢愛之畏我父母箋云段將爲害我豈敢愛之而不誅與以父母之故故不爲也○〔將〕如字〔與〕音餘仲可懷也父母之言亦可畏也箋云懷私曰懷言仲子之言可私懷也我迫於父母有言不得從也○將仲子兮無踰我牆無折我樹桑牆垣也桑木之衆也○〔垣〕音袁豈敢愛之畏我諸兄諸兄公族仲可懷也諸兄之言亦可畏也○將仲子兮無踰我園無折我樹檀園所以樹木也檀彊忍之木○〔檀〕徒丹反豈敢愛之畏人之多言仲可懷也人之多言亦可畏也

將仲子三章章八句

叔于田刺莊公也叔處于京繕甲治兵以出于田國人說而歸之繕之言善也甲鎧也○〔繕〕市戰反〔說〕音悅〔鎧〕苦愛反

○叔于田巷無居人叔大叔段也田取禽也巷里塗也箋云叔往田國人注心於叔似如無人處○〔大〕音泰後放此豈無居人不如叔也洵美且仁箋云洵信也言叔信美好而又仁○〔洵〕蘇遵反○叔于狩巷無飲酒冬獵曰狩箋云飲酒謂燕飲也○〔狩〕守又反豈無飲酒不如叔也洵美且好○叔適野巷無服馬箋云適之也郊外曰野服馬猶乘馬也豈無服馬不如叔也洵美且武箋云武有武節

叔于田三章章五句

大叔于田刺莊公也叔多才而好勇不義而得衆也

○大叔于田乘乘馬叔之從公田也○〔乘乘〕上如字下繩證反後同執轡如組兩驂如舞驂之與服和諧中節箋云如組者如織組之爲也在旁曰驂○〔組〕音祖叔在藪火烈具舉藪澤禽之府也烈列具俱也箋云列人持火俱舉言衆同心○〔藪〕素口反襢裼暴虎獻于公所襢裼肉袒也暴虎空手以搏之箋云獻于公所進於君也○〔襢〕音但〔裼〕素歷反〔搏〕音博將叔無狃戒其傷女狃習也箋云狃復也請叔無復者愛也○〔將〕七羊反請也〔狃〕女九反○叔于田乘乘黃四馬皆黃兩服上襄兩驂鴈行箋云兩服中央夾轅者襄駕也上駕者言爲衆馬之最良也鴈行者言與中服相次序○〔上〕〔襄〕並如字〔行〕戶郎反叔在藪火烈具揚揚揚光也叔善射忌又良御忌忌辭也箋云良亦善也忌讀如彼己之子之己○〔忌〕音記下同抑磬控忌抑縱送忌騁馬曰磬止馬曰控發矢曰縱從禽曰送○〔磬〕苦定反〔控〕口貢反〔騁〕勑領反○叔于田乘乘鴇驪白雜毛曰鴇○〔鴇〕音保〔驪〕力馳反兩服齊首馬首齊也兩驂如手進止如御者之手箋云如人左右手之相佐助也叔在藪火烈具阜阜盛也叔馬慢忌叔發罕忌慢遲罕希也箋云田事且畢則其馬行遲發矢希○〔慢〕作嫚莫晏反抑釋掤忌抑鬯弓忌掤所以覆矢鬯弓弢弓箋云射者蓋矢弢弓言田事畢○〔掤〕音冰〔鬯〕勑亮反〔弢〕吐刀反

大叔于田三章章十句

清人刺文公也高克好利而不顧其君文公惡而欲遠之不能使高克將兵而禦狄于竟陳其師旅翱翔河上久而不召衆散而歸高克奔陳公子素惡高克進之不以禮文公退之不以道危國亡師之本故作是詩也好利不顧其君注心於利也禦狄于竟時狄侵衛○〔好〕呼報反〔惡〕烏路反〔遠〕于萬反〔將〕子亮反〔翱〕五羔反

○清人在彭駟介旁旁清邑也彭衛之河上鄭之郊也介甲也箋云清者高克所帥衆之邑也駟四馬也○〔旁〕補彭反二矛重英河上乎翱翔重英矛有英飾也箋云二矛酋矛夷矛也各有畫飾○〔矛〕莫侯反〔英〕如字沈於耕反〔酋〕在由反○清人在消駟介麃麃消河上地也麃麃武貌○〔麃〕表驕反二矛重喬河上乎逍遙重喬累荷也箋云喬矛矜近上及室題所以縣毛羽○〔喬〕毛音橋鄭居橋反雉名○清人在軸駟介陶陶軸河上地也陶陶驅馳之貌○〔軸〕音逐〔陶〕徒報反左旋右抽中軍作好左旋講兵右抽抽矢以射居軍中爲容好箋云左左人謂御者右車右也中軍謂將也高克之爲將久不得歸日使其御者習旋車車右抽刃自居中央爲軍之容好而已兵車之法將居鼓下故御者在左○〔抽〕勑由反〔好〕呼報反

清人三章章四句

羔裘刺朝也言古之君子以風其朝焉言猶道也鄭自莊公而賢者陵遲朝無忠正之臣故刺之○〔朝〕直遙反〔風〕福鳳反

○羔裘如濡洵直且侯如濡潤澤也洵均侯君也箋云緇衣羔裘諸侯之朝服也言古朝廷之臣皆忠直且君也君者言正其衣冠尊其瞻視儼然人望而畏之○〔濡〕音儒彼其之子舍命不渝渝變也箋云舍猶處也之子是子也是子處命不變謂守死善道見危授命之等○〔舍〕音赦沈書者反〔渝〕以朱反○羔裘豹飾孔武有力豹飾緣以豹皮也孔甚也○〔緣〕悅絹反彼其之子邦之司直司主也○羔裘晏兮三英粲兮晏鮮盛貌三英三德也箋云三德剛克柔克正直也粲衆意○〔晏〕於諫反〔粲〕采旦反彼其之子邦之彥兮彥士之美

稱○〔稱〕尺證反

羔裘三章章四句

遵大路思君子也莊公失道君子去之國人思望焉

○遵大路兮摻執子之袪兮遵循路道摻擥袪袂也箋云思望君子於道中見之則欲擥持其袂而留之○〔摻〕所覽反徐所斬反〔袪〕起居反又起據反〔擥〕音覽無我惡兮不寁故也寁速也箋云子無惡我擥持子之袂我乃以莊公不速於先君之道使我然○〔惡〕烏路反〔寁〕市坎反

○遵大路兮摻執子之手兮箋云言執手者思望之甚無我魗兮不寁好也魗棄也箋云魗亦惡也好猶善也子無惡我我乃以莊公不速於善道使我然○〔魗〕市由反鄭音醜〔好〕如字或呼報反

遵大路二章章四句

女曰雞鳴刺不說德也陳古義以刺今不說德而好色也德謂士大夫賓客有德者○〔說〕音悅〔好〕呼報反

○女曰雞鳴士曰昧旦箋云此夫婦相警覺以夙興言不留色也○〔昧〕音妹子興視夜明星有爛言小星已不見也箋云明星尚爛爛然早於別色時○〔爛〕力旦反將翺將翔弋鳧與鴈閑於政事則翺翔習射箋云弋繳射也言無事則往弋射鳧鴈以待賓客為燕具○〔弋〕羊職反〔鳧〕音符〔閑〕音閑〔繳〕音灼

○弋言加之與子宜之宜肴也箋云言我也子謂賓客也所弋之鳧鴈我以為加豆之實與君子共肴也宜言飲酒與子偕老箋云宜乎我燕樂賓客而飲酒之俱至老親愛之言也○〔偕〕音皆琴瑟在御莫不靜好君子無故不徹琴瑟賓主和樂無不安好

○知子之來之雜佩以贈之雜佩者珩璜琚瑀衝牙之類箋云贈送也我若知子之必來我則豫儲雜佩去則以送子也與異國賓客燕時雖無此物猶言之以致其厚意其若有之固將行之士大夫以君命出使主國之臣必以燕禮樂之助君之歡○〔珩〕音衡佩上玉也〔璜〕音黃半璧曰璜〔琚〕音居佩玉名〔瑀〕音禹石次玉也〔衝〕昌容反狀如牙知子之順之雜佩以問之問遺也箋云順謂與己和順○〔遺〕尹季反知子之好之雜佩以報之箋云好謂與己同好○〔好〕呼報反

女曰雞鳴三章章六句

有女同車刺忽也鄭人刺忽之不昏于齊大子忽嘗有功于齊齊侯請妻之齊女賢而不取卒以無大國之助至於見逐故國人刺之忽鄭莊公世子祭仲逐之而立突○〔大〕子音泰〔妻〕七計反〔取〕如字又促句反

○有女同車顏如舜華親迎同車也箋舜木槿也云鄭人刺忽不取齊女親迎與之同車故稱同車之禮齊女之美○〔舜〕尸順反〔華〕胡瓜反又音花〔迎〕魚敬反將翺將翔佩玉瓊琚佩有琚瑀所以納閒彼美孟姜洵美且都孟姜齊之長女都閑也箋云洵信也言孟姜信美好且閑習婦禮○〔洵〕恤旬反

○有女同行顏如舜英行行道英猶華也箋云女始乘車壻御輪三周御者代壻○〔壻〕音細將翺將翔佩玉將將將將鳴玉而後行〔將〕七羊反玉佩聲○彼美孟姜德音不忘箋云不忘者後世傳道其德也

有女同車二章章六句

山有扶蘇刺忽也所美非美然言忽所美之人實非美人○〔蘇〕如字徐音踈

○山有扶蘇隰有荷華興也扶蘇扶胥小木也荷華扶渠也其華菡萏言高下大小各得其宜也箋云興者扶胥之木生于山喻忽置不正之人于上位也荷華生于隰喻忽置有美德者于下位此言其用臣顛倒失其所也○〔菡〕戶感反〔萏〕度感反荷華未開曰菡萏不見子都

乃見狂且子都世之美好者也狂狂人也且辭也箋云人之好美色不往觀子都乃反往觀狂醜之人以興忽好善不任用賢者反任用小人其意同○[且]子餘反[好]美色呼報反下同○山有橋松隰有游龍松木也龍紅草也箋云游龍猶放縱橋松在山上喻忽無恩澤於大臣也紅草放縱支葉於隰中喻忽聽恣小臣此又言養臣顛倒失其所也○[橋]其驕反高也鄭苦老反枯也不見子充乃見狡童子充良人也狡童昭公也箋云人之好忠良之人不往觀子充乃反往觀狡童狡童有貌而無實○[狡]古卯反

山有扶蘇二章章四句

蘀兮刺忽也君弱臣強不倡而和也不倡而和君臣各失其禮不相倡和○[蘀]他洛反[倡]昌亮反[和]胡臥反下同○蘀兮蘀兮風其吹女興也蘀槁也人臣待君倡而後和箋云槁謂木葉也木葉槁待風乃落興者風喻號令也喻君有政教臣乃行之言此者刺今不然○[女]忍與反叔兮伯兮倡予和女叔伯言羣臣長幼也君倡臣和也箋云叔伯羣臣相謂也羣臣無其君而行自以強弱相服女倡矣我則將和之言此者刺其自專也叔伯兄弟之稱○[稱]尺證反○蘀兮蘀兮風其漂女漂猶吹也[漂]匹遙反○叔兮伯兮倡予要女要成也○[要]於遙反

蘀兮二章章四句

狡童刺忽也不能與賢人圖事權臣擅命也權臣擅命祭仲專也○[擅]善戰反○彼狡童兮不與我言兮昭公有壯狡之志箋云不與我言者賢者欲與忽圖國之政事而忽不能受之故云然維子之故使我不能餐兮憂懼不遑餐也○[餐]七丹反○彼狡童兮不與我食兮不與賢人共食祿維子之故使我不能息兮憂不能息也

狡童二章章四句

褰裳思見正也狂童恣行國人思大國之正己也狂童恣行謂突與忽爭國更出更入而無大國正之○[褰]起虔反[恣]資利反[行]下孟反[更]音庚○子惠思我褰裳涉溱惠愛也溱水名也箋云子者斥大國之正卿子若愛而思我我國有突篡國之事而可征而正之我則揭衣渡溱水往告難也○[溱]側巾反[篡]初患反[揭]欺例反又起列反子不我思豈無他人箋云言他人者先鄉齊晉宋衛後之荊楚○[鄉]香亮反狂童之狂也且狂行童昏所化也箋云狂童之人日為狂行故使我言此也○[且]子餘反下同○子惠思我褰裳涉洧洧水名也[洧]于軌反○子不我思豈無他士士事也箋云他士猶他人也大國之卿當天子之上士狂童之狂也且

褰裳二章章五句

丰刺亂也昏姻之道缺陽倡而陰不和男行而女不隨昏姻之道謂嫁取之禮○[丰]芳凶反[倡]昌亮反[和]胡臥反○子之丰兮俟我乎巷兮丰豐滿也巷門外也箋云子謂親迎者我將嫁者有親迎我者面貌丰丰然豐滿善人也我出門而待我於巷中○[迎]魚敬反下同悔予不送兮時有違而不至者箋云悔乎我不送是子而去也時不送則為異人之色後不得耦而思之○[為]于偽反○子之昌兮俟我乎堂兮昌盛壯貌箋云堂當為棖棖門梱上木近邊者○[堂]如字門堂也鄭改作[棖]直庚反[梱]苦本反悔予不將兮將行也箋云將亦送也○衣錦褧衣裳錦褧裳衣錦褧裳嫁者之服箋云褧襌也蓋以襌縠為之中衣裳用錦而上加襌縠焉為其文之大著也庶人之妻嫁服也士妻紂衣纁袡○[衣]如字或於記反下章放此[褧]苦迥反[襌]音丹[縠]戶木反[紂]側基反[纁]許云反[袡]如鹽反叔兮伯兮駕予與行叔伯迎己者箋云言此者以前之悔今則叔也伯也

來迎己者從之志又易也○〔易〕以豉反○裳錦褧裳衣錦褧衣叔兮伯兮駕予與歸

丰四章二章章三句二章章四句

東門之墠刺亂也男女有不待禮而相奔者也○〔墠〕音善

○東門之墠茹藘在阪東門城東門也墠除地町町者茹藘茅蒐也男女之際近而易則如東門之墠遠而難則如茹藘在阪箋云城東門之外有墠墠邊有阪茅蒐生焉茅蒐之為難淺矣易越而出此女欲奔男之辭○〔茹〕音如〔藘〕力於反後篇同〔阪〕音反又符板反〔町〕吐鼎反又徒冷反〔蒐〕所留反其室則邇其人甚遠邇近也得禮則近不得禮則遠箋云其室則近謂所欲奔男之家望其來迎己而不來則為遠○東門之栗有踐家室栗行上栗也踐淺也箋云栗而在淺家室之內言易竊取栗人所啗食而甘耆故女以自喻也○〔行〕如字道也〔啗〕徒覽反〔耆〕常志反豈不爾思子不我即即就也箋云我豈不思望女乎女不就迎我而俱去耳

東門之墠二章章四句

風雨思君子也亂世則思君子不改其度焉○風雨淒淒雞鳴喈喈興也風且雨淒淒然雞猶守時而鳴喈喈然箋云興者喻君子雖居亂世不變改其節度○〔淒〕七西反〔喈〕音皆既見君子云胡不夷胡何夷說也箋云思而見之云何而心不說○〔說〕音悅○風雨瀟瀟雞鳴膠膠瀟瀟暴疾也膠膠猶喈喈也○〔瀟〕音蕭〔膠〕音交既見君子云胡不瘳瘳愈也○〔瘳〕勑留反○風雨如晦雞鳴不已晦昏也箋云已止也雞不為如晦而止不鳴既見君子云胡不喜

風雨三章章四句

子衿刺學校廢也亂世則學校不脩焉鄭國謂學為校言可以校正道藝○〔衿〕音金〔校〕戶孝反沈音教〔校〕正音教○青青子衿悠悠我心青衿青領也學子之所服箋云學子而俱在學校之中已留彼去故隨而思之耳禮父母在衣純以青○〔青〕如字〔純〕章允反又之閏反縱我不往子寧不嗣音嗣習也古者教以詩樂誦之歌之絃之舞之箋云嗣續也女曾不傳聲問我以恩責其忘己○青青子佩悠悠我思佩佩玉也士佩瓀珉而青組綬○〔瓀〕如兗反〔珉〕亡巾反〔組〕音祖縱我不往子寧不來不來者言不一來也○挑兮達兮在城闕兮挑達往來相見貌乘城而見闕箋云國亂人廢學業但好登高見於城闕以候望為樂○〔挑〕他羔反又勑彫反〔達〕他末反〔好〕呼報反一日不見如三月兮言禮樂不可一日而廢箋云君子之學以文會友以友輔仁獨學而無友則孤陋而寡聞故思之甚

子衿三章章四句

揚之水閔無臣也君子閔忽之無忠臣良士終以死亡而作是詩也○揚之水不流束楚揚激揚也激揚之水可謂不能流漂束楚乎箋云激揚之水喻忽政教亂促不流束楚言其政不行於臣下○〔漂〕匹妙反終鮮兄弟維予與女箋云鮮寡也忽兄弟爭國親戚相疑後竟寡於兄弟之恩獨我與女有耳作此詩者同姓臣也○〔鮮〕息淺反下同無信人之言人實迋女迋誑也○〔迋〕求往反徐居望反○揚之水不流束薪終鮮兄弟維予二人二人同心也箋云二人者我身與女忽無信人之言人實不信

揚之水二章章六句

出其東門閔亂也公子五爭兵革不息男女相棄民

人思保其室家焉公子五爭者謂突再也忽子亹子儀各一也○〔爭〕爭鬬之爭〔亹〕亡匪反又音尾莊公子○出其東門有女如雲如雲衆多也箋云有女謂諸見棄者也如雲者如雲從風東西南北心無有定雖則如雲匪我思存思不存乎相救急箋云匪非也此如雲者皆非我思所存也○〔思〕如字沈息嗣反縞衣綦巾聊樂我員縞衣白色男服也綦巾蒼艾色女服也願室家得相樂也箋云縞衣綦巾所爲作者之妻服也時亦棄之迫兵革之難不能相畜心不忍絶故言且留樂我員此思保其室家窮困不得有其妻而以衣巾言之恩不忍斥之綦綦文也○〔縞〕古老反又古報反〔綦〕巨基反〔樂〕音洛一音岳〔員〕音云○出其闉闍有女如荼闉曲城也闍城臺也荼英荼也言皆喪服也箋云闍讀當如彼都人士之都謂國外曲城之中市里也荼茅秀物之輕者飛行無常○〔闉〕音因〔闍〕音都徐止奢反〔荼〕音徒雖則如荼匪我思且箋云匪我思且猶非我思存也○〔且〕音徂舊子徐反縞衣茹藘聊可與娛茹藘茅蒐之染女服也娛樂也箋云茅蒐染巾也聊可與娛且可留與我爲樂心欲留之言也

出其東門二章章六句

野有蔓草思遇時也君之澤不下流民窮於兵革男女失時思不期而會焉不期而會謂不相與期而自俱會○〔蔓〕音萬○野有蔓草零露漙兮興也野四郊之外蔓延也漙漙然盛多也箋云零落也蔓草而有露謂仲春之時草始生霜爲露也周禮仲春之月令會男女之無夫家者○〔漙〕徒端反有美一人清揚婉兮邂逅相遇適我願兮清揚眉目之閒婉然美也邂逅不期而會適其時願○〔婉〕於阮反〔邂〕戶懈反〔逅〕胡豆反○野有蔓草零露瀼瀼瀼瀼盛貌○〔瀼〕如羊反徐乃剛反有美一人婉如清揚邂逅相遇與子偕臧臧善也

野有蔓草二章章六句

溱洧刺亂也兵革不息男女相棄淫風大行莫之能救焉救猶止也亂者士與女合會溱洧之上○〔溱洧〕上側巾反下于軌反○溱與洧方渙渙兮溱洧鄭兩水名渙渙春水盛也箋云仲春之時冰以釋水則渙渙然○〔渙〕呼亂反士與女方秉蕑兮蕑蘭也箋云男女相弃各無匹耦感春氣並出託采芬香之草而爲淫泆之行○〔蕑〕古顏反〔泆〕音逸〔行〕下孟反女曰觀乎士曰既且箋云女曰觀乎欲與士觀於寬閒之處既已也士曰已觀矣未從之也○〔且〕音徂往也徐子胥反下放此〔閒〕音閑且往觀乎洧之外洵訏且樂訏大也箋云洵信也女情急故勸男使往觀於洧之外言其士地信寬大又樂也於是男則往也○〔洵〕息旬反〔訏〕况于反〔樂〕音洛下同○維士與女伊其相謔贈之以勺藥勺藥香草箋云伊因也士與女往觀因相與戲謔行夫婦之事其別則送女以勺藥結恩情也○〔謔〕許略反〔勺〕時灼反○溱與洧瀏其清矣瀏深貌○〔瀏〕音留士與女殷其盈矣殷衆也女曰觀乎士曰既且且往觀乎洧之外洵訏且樂維士與女伊其將謔贈之以勺藥箋云將大也

溱洧二章章十二句

鄭國二十一篇五十三章二百八十三句

毛詩卷第四

齊雞鳴詁訓傳第八

國風　鄭氏箋

雞鳴思賢妃也哀公荒淫怠慢故陳賢妃貞女夙夜警戒相成之道焉○〔慢〕武諫反〔警〕居領反◯雞既鳴矣朝既盈矣雞鳴而夫人作朝盈而君作箋云雞鳴朝盈夫人也君也可以起之常禮○〔朝〕直遙反下同匪雞則鳴蒼蠅之聲蒼蠅之聲有似遠雞之鳴箋云夫人以蠅聲爲雞鳴則起早於常禮敬也○〔蠅〕餘仍反◯東方明矣朝既昌矣東方明則夫人纚笄而朝朝已昌盛則君聽朝箋云東方明朝既昌亦夫人也君也可以朝之常禮君日出而視朝○〔纚〕色蟹反又霜綺反匪東方則明月出之光見月出之光以爲東方明箋云夫人以月光爲東方明則朝亦敬也◯蟲飛薨薨甘與子同夢古之夫人配其君子亦不忘其敬箋云蟲飛薨薨東方且明之時我猶樂與子臥而同夢言親愛之無已○〔薨〕呼肱反會且歸矣無庶予子憎會會於朝也卿大夫朝會於君朝聽政夕歸治其家事無庶予子憎無見惡於夫人箋云庶衆也蟲飛薨薨所以當起者卿大夫朝者且罷歸故也無使衆臣以我故憎惡於子戒之也○〔且〕七也反沈子餘反

雞鳴三章章四句

還刺荒也哀公好田獵從禽獸而無厭國人化之遂成風俗習於田獵謂之賢閑於馳逐謂之好焉荒謂政事廢亂○〔還〕音旋〔好〕呼報反〔厭〕於豔反又平聲〔好〕如字下同◯子之還兮遭我乎峱之閒兮還便捷之貌峱山名箋云子也我也皆士大夫也俱出田獵而相遭也○〔峱〕乃刀反竝驅從兩肩兮揖我謂我儇兮從逐也獸三歲曰肩儇利也箋云竝併也子也我也併驅而逐二獸子則揖耦我謂我儇譽之也譽之者以報前言還也○〔驅〕曲具反下同〔肩〕如字又音牽〔揖〕一入反〔儇〕許全反〔併〕步頂反〔譽〕音餘下同◯子之茂兮遭我乎峱之道兮茂美也竝驅從兩牡兮揖我謂我好兮箋云譽之言好者以報前言茂也○〔牡〕茂后反◯子之昌兮遭我乎峱之陽兮昌盛也箋云昌佼好貌○〔佼〕古卯反竝驅從兩狼兮揖我謂我臧兮狼獸名臧善也

還三章章四句

著刺時也時不親迎也時不親迎故陳親迎之禮以刺之○〔著〕直居反又直據反又音佇協句音直據反〔迎〕魚敬反◯俟我於著乎而充耳以素乎而俟待也門屏之閒曰著素象瑱箋云我嫁者自謂也待我於著謂從君子而出至於著君子揖之時也我視君子則以素爲充耳謂所以懸瑱者或名爲紞織之人君五色臣則三色而已此言素者目所先見而云○〔瑱〕吐遍反〔懸〕音懸下同〔紞〕都覽反尚之以瓊華乎而瓊華美石士之服也箋云尚猶飾也飾之以瓊華者謂懸紞之末所謂瑱也人君以玉爲之瓊華石色似瓊也◯俟我於庭乎而充耳以青乎而青青玉箋云待我於庭謂揖我於庭時青紞之青尚之以瓊瑩乎而瓊瑩石似玉卿大夫之服也箋云石色似瓊似瑩也○〔瑩〕音榮◯俟我於堂乎而充耳以黃乎而黃黃玉箋云黃紞之黃尚之以瓊英乎而瓊英美石似玉者人君之服也箋云瓊英猶瓊華也

著三章章三句

東方之日刺衰也君臣失道男女淫奔不能以禮化也○〔衰〕色追反◯東方之日兮彼姝者子在我室兮興也日出

東方人君明盛無不照察也姝者初昏之貌箋云言東方之日者愬之乎耳有姝姝然美好之子來在我室欲與我為室家我無如之何也日在東方其明未融興者喻君不明○姝赤朱反在我室兮履我即兮履禮也箋云即就也在我室者以禮來我則就之與之去也言今者之子不以禮來也○東方之月兮彼姝者子在我闥兮月盛於東方君明於上若日也臣察於下若月也闥門內也箋云月以興臣月在東方亦言不明○[闥]他達反門屏之閒曰闥在我闥兮履我發兮發行也箋云以禮來則我行而與之去

東方之日二章章五句

東方未明刺無節也朝廷興居無節號令不時挈壺氏不能掌其職焉號令猶召呼也挈壺氏掌漏刻者○[朝]直遙反[挈]苦結反又音結[壺]音胡○東方未明顛倒衣裳上曰衣下曰裳箋云挈壺氏失漏刻之節東方未明而以為明故群臣促遽顛倒衣裳群臣之朝別色始入○[倒]都老反[遽]其慮反顛之倒之自公召之箋云自從也群臣顛倒衣裳而朝人又從君所來而召之漏刻失節君又早興○東方未晞顛倒裳衣晞明之始升○[晞]音希倒之顛之自公令之令告也[令]力證反○○折柳樊圃狂夫瞿瞿柳柔脆之木樊藩也圃菜園也折柳以為藩園無益於禁矣瞿瞿無守之貌古者有挈壺氏以水火分日夜以告時於朝箋云柳木之不可以為藩猶是狂夫不任挈壺氏之事○[折]之舌反[圃]音布又音補[瞿]俱具反[脃]七歲反[藩]方元反不能辰夜不夙則莫辰時夙早莫晚也箋云此言不任其事者恆失節數也○[莫]音暮

東方未明三章章四句

南山刺襄公也鳥獸之行淫乎其妹大夫遇是惡作詩而去之襄公之妹魯桓公夫人文姜也襄公素與淫通及嫁公適之公與夫人如齊夫人愬之襄公襄公使公子彭生乘公而搤殺之夫人久留於齊莊公即位後乃來猶復會齊侯于禚于祝丘又如齊師齊大夫見襄公行惡如是作詩以刺之又非魯桓公不能禁制夫人而去之○[行]下孟反[搤]於革反[復]扶又反下同[禚]音灼○南山崔崔雄狐綏綏興也南山齊南山也崔崔高大也國君尊嚴如南山崔崔然雄狐相隨綏綏然無別失陰陽之匹箋云雄狐行求匹耦於南山之上形貌綏綏然興者喻襄公居人君之尊而為淫泆之行其威儀可恥惡如狐○[崔]子雖反又音佳[惡]烏路反又如字魯道有蕩齊子由歸蕩平易也齊子文姜也箋云婦人謂嫁曰歸言文姜既以禮從此道嫁于魯侯也○[蕩]徒黨反徐勑黨反[易]夷豉反既曰歸止曷又懷止懷思也箋云懷來也言文姜既曰嫁于魯侯矣何復來為乎非其來也○葛屨五兩冠緌雙止葛屨服之賤者冠緌服之尊者箋云葛屨五兩喻文姜與姪娣及傅姆同處冠緌喻襄公也五人為奇而襄公往從而雙之冠屨不宜同處猶襄公文姜不宜為夫婦之道○[屨]九具反[兩]王肅如字沈音亮[緌]如誰反[姆]音茂[奇]居宜反魯道有蕩齊子庸止庸用也既曰庸止曷又從止箋云此言文姜既用此道嫁於魯侯襄公何復送而從之為淫泆之行○蓺麻如之何衡從其畝蓺樹也衡獵之從獵之種之然後得麻箋云樹麻者必先耕治其田然後樹之以言人君取妻必先議於父母○[蓺]魚世反[衡]音橫[從]足容反取妻如之何必告父母必告父母廟箋云取妻之禮議於生者卜於死者此之謂告○[取]七喻反注下皆同既曰告止曷又鞠止鞠窮也箋云鞠盈也魯侯女既告父母而取何復盈從令至于齊乎又非魯桓○[鞠]居六反○析薪如之何匪斧不克克能也箋云此言析薪必待斧乃能也○[析]星歷反取妻如之何匪媒不得箋云此言取妻必待媒乃得也既曰得止曷又極止極至也箋云女既以媒得之矣何不禁制而恣極其邪意令至齊乎又非魯桓

南山四章章六句

甫田，大夫刺襄公也。無禮義而求大功，不脩德而求諸侯，志大心勞，所以求者非其道也。○無田甫田，維莠驕驕。興也。甫，大也。大田過度而無人功，終不能獲。箋云：興者，喻人君欲立功致治，必勤身脩德，積小以成高大。○無田，音佃，下同。莠，羊九反。無思遠人，勞心忉忉。忉忉，憂勞也。箋云：言無德而求諸侯，徒勞其心忉忉耳。○忉，音刀。○無田甫田，維莠桀桀。桀桀，猶驕驕也。無思遠人，勞心怛怛。怛怛，猶忉忉也。○怛，旦末反。○婉兮孌兮，總角丱兮。未幾見兮，突而弁兮。婉孌，少好貌。總角，聚兩髦也。丱，幼穉也。弁，冠也。箋云：人君內善其身，外脩其德，居無幾何，可以立功，猶是婉孌之童子，少自脩飾，丱然而稚，見之無幾何，突耳加冠爲成人也。○婉，於阮反。孌，力轉反。總，子孔反。丱，古患反。幾，居豈反。突，吐活反，又吐訥反。弁，皮卷反。

甫田三章章四句

盧令，刺荒也。襄公好田獵畢弋，而不脩民事，百姓苦之，故陳古以風焉。畢，噣也。弋，繳射也。○令，音零，下同。好，呼報反。風，福鳳反。噣，直角反。繳，音灼。○盧令令，其人美且仁。盧，田犬。令令，纓環聲。言人君能有美德，盡其仁愛，百姓欣而奉之，愛而樂之。順時遊田，與百姓共其樂，同其獲，故百姓聞而說之，其聲令令然。○盧重環，重環，子母環也。○重，直龍反，下同。其人美且鬈。鬈，好貌。箋云：鬈讀當作權。權，勇壯也。○鬈，音權。○盧重鋂，鋂，一環貫二也。○鋂，音梅。其人美且偲。偲，才也。箋云：才，多才也。○偲，七才反。說文云：強也。

盧令三章章二句

敝笱，刺文姜也。齊人惡魯桓公微弱，不能防閑文姜，使至淫亂，爲二國患焉。○敝，婢世反，徐符滅反。笱，古口反，取魚器也。惡，烏路反。○敝笱在梁，其魚魴鰥。興也。鰥，大魚。箋云：鰥，魚子也。魴也，鰥也，魚之易制者，然而敝敗之笱不能制。興者，喻魯桓微弱，不能防閑文姜，終其初時之婉順。○魴，音房。鰥，古頑反，鄭古魂反。齊子歸止，其從如雲。如雲，言盛也。箋云：其從，姪娣之屬。言文姜初嫁于魯桓之時，其從者之心意如雲然。雲之行，順風耳。後知魯桓微弱，文姜遂淫恣，從者亦隨之爲惡。○從，才用反，下同。○敝笱在梁，其魚魴鱮。魴鱮，大魚。箋云：鱮似魴而弱鱗。○鱮，象呂反。齊子歸止，其從如雨。如雨，言多也。箋云：如雨，言無常。天下之則下，天不下則止。以言姪娣之善惡，亦文姜所使止。○敝笱在梁，其魚唯唯。唯唯，出入不制。箋云：唯唯，行相隨順之貌。○唯，維癸反。沈，養水反。齊子歸止，其從如水。水，喻衆也。箋云：水之性可停可行，亦言姪娣之善惡在文姜也。

敝笱三章章四句

載驅，齊人刺襄公也。無禮義，故盛其車服，疾驅於通道大都，與文姜淫，播其惡於萬民焉。故，猶端也。○驅，敷具反，又如字，下同。播，波佐反。○載驅薄薄，簟茀朱鞹。薄薄，疾驅聲也。簟，方文席也。車之蔽曰茀。諸侯之路車有朱革之質而羽飾。箋云：此車，襄公乃乘焉而來與文姜會。○薄，普各反，徐扶各反。茀，音弗。鞹，苦郭反，革也。魯道有蕩，齊子發夕。發夕，自夕發至旦。箋云：襄公既無禮義，乃疾驅其車以入魯竟。魯之道路平易，文姜發夕由之往會焉，會無慙恥之色。○乘，繩證反，或音繩。竟，音境。○四驪濟濟，垂轡瀰瀰。四驪，言物色盛也。濟濟，美貌。垂轡，轡之垂者。瀰瀰，衆也。箋云：此又刺襄公乘是四驪而來，徒爲淫亂之行。○驪，力馳反。濟，子禮反。瀰，乃禮反。魯道有蕩，齊子豈弟言文姜於是樂易然箋云此豈弟猶言發夕也豈讀當為闓弟古文尚書以弟為圛圛明也○[豈]開改反[弟]如字或待易反[闓]音開[圛]音亦○汶水湯湯行人彭彭湯湯大貌彭彭多貌箋云汶水之上蓋有都焉襄公與文姜時所會○[汶]音問[湯]失章反[彭]必旁反魯道有蕩齊子翱翔翱翔猶彷徉也○[彷]音旁[徉]音羊○汶水滔滔行人儦儦滔滔流貌儦儦衆貌[滔]吐刀反[儦]表驕反○魯道有蕩齊子遊敖

載驅四章章四句

猗嗟刺魯莊公也齊人傷魯莊公有威儀技藝然而不能以禮防閑其母失子之道人以為齊侯之子焉○[猗]於宜反[技]其綺反○猗嗟昌兮頎而長兮猗嗟歎辭昌盛也頎長貌箋云昌佼好貌○[頎]音祈[佼]古卯反抑若揚兮抑美色揚廣揚○[抑]於力反美目揚兮好目揚眉巧趨蹌兮射則臧兮蹌巧趨貌箋云臧善也○[趨]七須反又七遇反[蹌]七羊反○猗嗟名兮美目清兮目上為名目下為清儀既成兮終日射侯不出正兮展我甥兮二尺曰正外孫曰甥箋云成猶備也正所以射於侯中者天子五正諸侯三正大夫二正士一正外皆居其侯中參分之一焉展誠也姊妹之子曰甥容貌技藝如此誠我齊之甥言誠者拒時人言齊侯之子○[射]食亦反注同[正]音征[參]七南反又音三○猗嗟孌兮清揚婉兮孌壯好貌婉好眉目也舞則選兮射則貫兮選齊貫中也箋云選者謂於倫等最上貫習也○[選]雪戀反[貫]毛古亂反鄭古患反[中]張仲反四矢反兮以禦亂兮四矢乘矢箋云反復也禮射三而止每射四矢皆得其故處此之謂復射必四矢者象其能禦四方之亂○[禦]魚呂反[乘]繩證反

猗嗟三章章六句

齊國十一篇三十四章百四十三句

魏葛屨詁訓傳第九

國風　鄭氏箋

葛屨刺褊也魏地陿隘其民機巧趨利其君儉嗇褊急而無德以將之儉嗇而無德是其所以見侵削○[屨]俱具反[褊]必淺反[陿]音洽本或作狹依字應作陜[隘]於懈反[巧]如字徐苦孝反[趨]七須反徐七喻反[嗇]音色○糾糾葛屨可以履霜糾糾猶繚繚也夏葛屨冬皮屨葛屨非所以履霜箋云葛屨賤皮屨貴魏俗至冬猶謂葛屨可以履霜利其賤也○[糾]吉黝反沈居酉反[繚]音了沈音遼摻摻女手可以縫裳摻摻猶纖纖也婦人三月廟見然後執婦功箋云言女手者未三月未成為婦裳男子之下服賤又未可使縫魏俗使未三月婦縫裳者利其事也○[摻]所銜反又所感反徐息廉反要之襋之好人服之要褼也襋領也好人好女手之人箋云服整也褼也領也在上好人尚可使整治之謂屬著之○[要]於遙反[襋]紀力反[屬]音燭[著]直略反○好人提提宛然左辟佩其象揥提提安諦也宛辟貌婦至門夫揖而入不敢當尊宛然而左辟象揥所以為飾箋云婦新至慎於威儀如是使之非禮○[提]徒兮反[宛]於阮反[辟]音避一音婢亦反[揥]敕帝反維是褊心是以為刺箋云魏俗所以然者是君心褊急無德教使之耳我是以刺之

葛屨二章一章六句一章五句

汾沮洳刺儉也其君儉以能勤刺不得禮也○[汾]扶云反[沮]子預反[洳]如預反○彼汾沮洳言采其莫汾水也沮洳其漸洳者莫菜也箋云言我也於彼汾水漸洳之中我采其莫以為菜是儉以能勤○[莫]音暮[漸]如字又接廉反彼其之子美無度箋云之子是子也是子之德美無有度言不可尺寸美無度殊異乎

公路路車也箋云是子之德美信無度矣雖然其采莫之事則非公路之禮也公路主君之軞車庶子為之晉趙盾為軞車之族是也○〔軞〕音毛〔盾〕徒本反○彼汾一方言采其桑箋云采桑親蠶事也彼其之子美如英萬人為英美如英殊異乎公行公行從公之行也箋云從公之行者主君兵車之行列○〔行〕戶郎反○彼汾一曲言采其藚藚水蕮也○〔藚〕音續一名牛脣說文其或反彼其之子美如玉美如玉殊異乎公族公族公屬箋云公族主君同姓昭穆也○〔昭〕紹遙反說文作佋

汾沮洳三章章六句

園有桃刺時也大夫憂其君國小而迫而儉以嗇不能用其民而無德教日以侵削故作是詩也○園有桃其實之殽興也園有桃其實之食國有民得其力箋云魏君薄公稅省國用不取於民食園桃而已不施德教民無以戰其侵削之由由是也○〔殽〕音爻〔省〕色領反心之憂矣我歌且謠曲合樂曰歌徒歌曰謠箋云我心憂君之行如此故歌謠以寫我憂矣○〔謠〕音遙不知我者謂我士也驕箋云士事也不知我所為歌謠之意者反謂我於君事驕逸故○所〔為〕于偽反下同彼人是哉子曰何其夫人謂我欲何為乎箋云彼人謂君也曰於也不知我所為憂者既非責我又曰君儉而嗇所行是其道哉子於此憂之何乎○何〔其〕音基下章同心之憂矣其誰知之箋云如是則眾臣無知我憂所為也其誰知之蓋亦勿思箋云無知我憂所為者則宜無復思念之以自止也眾不信我或時謂我謗君使我得罪也○〔復〕符又反〔謗〕博浪反○園有棘其實之食棘棗也〔棘〕紀力反○心之憂矣聊以行國箋云聊且略之辭也聊出行於國中觀民事以寫憂不知我者謂我士也罔極極中也箋云見我聊出行於國中謂我於君事無中正彼人是哉子曰何其心之憂矣其誰知之其誰知之蓋亦勿思

園有桃二章章十二句

陟岵孝子行役思念父母也國迫而數侵削役乎大國父母兄弟離散而作是詩也役乎大國者為大國所徵發○〔岵〕音戶○陟彼岵兮瞻望父兮山無草木曰岵箋云孝子行役思其父之戒乃登彼岵山以遙瞻望其父所在之處○〔處〕昌慮反父曰嗟予子行役夙夜無已箋云子我夙早夜莫也無已無解倦○〔莫〕音暮〔解〕音介上慎旃哉猶來無止旃之猶可也父尚義箋云止者謂在軍事作部列時○〔旃〕之然反○陟彼屺兮瞻望母兮山有草木曰屺箋云此又思母之戒而登屺山而望之也○〔屺〕音起母曰嗟予季行役夙夜無寐季少子也無寐無耆寐也○〔耆〕嗜志反上慎旃哉猶來無棄母尚恩也○陟彼岡兮瞻望兄兮兄曰嗟予弟行役夙夜必偕偕俱也上慎旃哉猶來無死兄尚親也

陟岵三章章六句

十畝之閒刺時也言其國削小民無所居焉○〔畝〕莫后反○十畝之閒兮桑者閑閑兮閑閑然男女無別往來之貌箋云古者一夫百畝今十畝之閒往來者閑閑然削小之甚○〔閒〕音閑〔別〕彼列反行與子還兮或行來者或來還者○〔還〕音旋○十畝之外兮桑者泄泄兮泄泄多人之貌○〔泄〕以世反行與子逝兮箋云逝逮也○〔逮〕徒賚反

十畝之閒二章章三句

伐檀刺貪也在位貪鄙無功而受祿君子不得進仕

爾（○〔檀〕待丹反木名）○坎坎伐檀兮寘之河之干兮河水清且漣猗（坎坎伐檀聲寘置也干厓也風行水成文曰漣伐檀以俟世用若俟河水清且漣箋云是謂君子之人不得進仕也○〔坎〕苦感反〔寘〕之豉反〔漣〕力纏反〔猗〕於宜反）不稼不穡胡取禾三百廛兮不狩不獵胡瞻爾庭有縣貆兮（種之曰稼斂之曰穡一夫之居曰廛貆獸名箋云是謂在位貪鄙無功而受祿也冬獵曰狩宵田曰獵胡何也貉子曰貆○〔廛〕直連反〔縣〕音懸下同〔貆〕音桓徐音暄〔貉〕戶各反）彼君子兮不素餐兮（素空也箋云彼君子者斥伐檀之人仕有功乃肯受祿○〔餐〕七丹反沈音孫）○坎坎伐輻兮寘之河之側兮河水清且直猗（輻檀輻也側猶厓也直直波也○〔輻〕音福）不稼不穡胡取禾三百億兮不狩不獵胡瞻爾庭有縣特兮（萬萬曰億獸三歲曰特箋云十萬曰億三百億禾秉之數）彼君子兮不素食兮○坎坎伐輪兮寘之河之漘兮河水清且淪猗（檀可以為輪漘厓也小風水成文轉如輪也○〔輪〕音倫〔漘〕順倫反〔淪〕音倫文貌）不稼不穡胡取禾三百囷兮不狩不獵胡瞻爾庭有縣鶉兮（圓者為囷鶉鳥也○〔囷〕丘倫反〔鶉〕音純）彼君子兮不素飧兮（熟食曰飧箋云飧讀如魚飧之飧○〔飧〕素門反字林云水澆飯也）

伐檀三章章九句

碩鼠刺重斂也國人刺其君重斂蠶食於民不脩其政貪而畏人若大鼠也（○〔碩〕音石〔斂〕呂驗反下同）○碩鼠碩鼠無食我黍三歲貫女莫我肯顧（貫事也箋云碩大也大鼠大鼠者斥其君也女無復食我黍疾其稅斂之多也我事女三歲矣曾無教令恩德來顧眷我又疾其不脩政也古者三年大比民或於是徙○〔貫〕古亂反徐音宦〔復〕扶又反〔比〕毗志反）逝將去女適彼樂土（箋云逝往也往矣將去女與之訣別之辭樂土有德之國○〔樂〕音洛下同〔土〕他古反沈徒古反〔訣〕古穴反）樂土樂土爰得我所（箋云爰曰也）○碩鼠碩鼠無食我麥三歲貫女莫我肯德（箋云不肯施德於我）逝將去女適彼樂國樂國樂國爰得我直（直得其直道箋云直猶正也）○碩鼠碩鼠無食我苗（苗嘉穀也）三歲貫女莫我肯勞（箋云不肯勞來我○〔勞〕如字又力報反〔來〕力代反）逝將去女適彼樂郊（箋云郭外曰郊）樂郊樂郊誰之永號（號呼也箋云之往也永歌也樂郊之地誰獨當往而歌號者言皆喜說無憂苦○〔永〕音詠〔號〕戶毛反〔呼〕火故反〔說〕音悅）

碩鼠三章章八句

魏國七篇十八章百二十八句

毛詩卷第五

毛詩卷第六

唐蟋蟀詁訓傳第十

國風　　鄭氏箋

蟋蟀刺晉僖公也儉不中禮故作是詩以閔之欲其及時以禮自虞樂也此晉也而謂之唐本其風俗憂深思遠儉而用禮乃有堯之遺風焉憂深思遠謂宛其死矣百歲之後之類也○〔蟋〕上音悉下所律反〔僖〕許其反〔樂〕音洛下同〔思〕息嗣反

◯蟋蟀在堂歲聿其莫今我不樂日月其除蟋蟀蛬也九月在堂聿遂除去也箋云我我僖公也蛬在堂歲時之候是時農功畢君可以自樂矣今不自樂日月且過去不復暇為之謂十二月當復命農計耦耕事○〔聿〕允橘反〔莫〕音暮〔除〕直慮反〔蛬〕俱勇反沈九共反趨織也無已大康職思其居已甚康樂職主也箋云君雖當自樂亦無甚大樂欲其用禮為節也又當主思於所居之事謂國中政令○〔大〕音泰徐勑佐反下同〔居〕如字協韻音據好樂無荒良士瞿瞿荒大也瞿瞿然顧禮義也箋云荒廢亂也良善也君之好樂不當至於廢亂政事當如善士瞿瞿然顧禮義也○〔好〕呼報反下同〔瞿〕俱具反

◯蟋蟀在堂歲聿其逝今我不樂日月其邁邁行也無已大康職思其外外禮樂之外箋云外謂國外至四竟○〔樂〕音岳好樂無荒良士蹶蹶蹶蹶動而敏於事○〔蹶〕俱衛反

◯蟋蟀在堂役車其休箋云庶人乘役車役車休農功畢無事也今我不樂日月其慆慆過也○〔慆〕吐刀反無已大康職思其憂憂可憂也箋云憂者謂鄰國侵伐之憂好樂無荒良士休休休休樂道之心○〔休〕許虯反

蟋蟀三章章八句

山有樞刺晉昭公也不能脩道以正其國有財不能用有鍾鼓不能以自樂有朝廷不能洒埽政荒民散將以危亡四鄰謀取其國家而不知國人作詩以刺之也○〔樞〕烏侯反〔樂〕音洛下注同〔朝〕直遙反〔廷〕徒佞反〔洒〕所懈反沈所寄反下同〔埽〕蘇報反

◯山有樞隰有榆興也樞荎也國君有財貨而不能用如山隰不能自用其財○〔榆〕以朱反〔荎〕田節反沈直黎反子有衣裳弗曳弗婁子有車馬弗馳弗驅婁亦曳也○〔曳〕以世反〔婁〕力俱反宛其死矣他人是愉宛死貌愉樂也箋云愉讀曰偷偷取也○〔宛〕於阮反〔愉〕毛以朱反鄭他侯反

◯山有栲隰有杻栲山樗杻檍也○〔栲〕音考〔杻〕女九反〔樗〕勑書反又他胡反〔檍〕於力反子有廷內弗洒弗埽子有鍾鼓弗鼓弗考洒灑也考擊也○〔廷〕音庭又徒佞反〔灑〕色蟹反又所綺反宛其死矣他人是保保安也箋云保居也

◯山有漆隰有栗子有酒食何不日鼓瑟君子無故琴瑟不離於側○〔漆〕音七木名且以喜樂且以永日永引也宛其死矣他人入室

山有樞三章章八句

揚之水刺晉昭公也昭公分國以封沃沃盛彊昭公微弱國人將叛而歸沃焉封沃者封叔父桓叔于沃也沃曲沃晉之邑也○〔沃〕烏毒反

◯揚之水白石鑿鑿興也鑿鑿然鮮明貌箋云激揚之水波流湍疾洗去垢濁使白石鑿鑿然興者喻桓叔盛彊除民所惡民得以有禮義也○〔鑿〕子洛反〔激〕經歷反〔湍〕吐端反〔洗〕蘇禮反又蘇典反〔去〕羌呂反〔垢〕古口反素衣朱襮從子于沃襮領也諸侯繡黼丹朱中衣沃曲沃也箋云繡當為綃綃黼丹朱中衣中衣以綃黼為領丹朱為純也國人欲進此服去從桓

叔。○[襮]音博，字林方沃反。[繡]音秀，衆家並依字。下同。鄭改爲綃。[黼]音甫。[純]直允反，又直順反。既見君子，云何不樂。箋云：君子謂桓叔。○[樂]音洛。○揚之水，白石皓皓。皓皓，潔白也。○[皓]胡老反。素衣朱繡，從子于鵠。繡，黼也。鵠，曲沃邑也。○[鵠]戶毒反。既見君子，云何其憂。言無憂也。○揚之水，白石粼粼。粼粼，清澈也。○[粼]利新反。[澈]直列反。我聞有命，不敢以告人。聞曲沃有善政命，不敢以告人。箋云：不敢以告人而去者，畏昭公謂己動民心。

揚之水三章，二章章六句，一章四句。

椒聊，刺晉昭公也。君子見沃之盛彊，能脩其政，知其蕃衍盛大，子孫將有晉國焉。椒，木名。聊，辭也。○[蕃]音煩。[衍]延善反。○椒聊之實，蕃衍盈升。興也。椒聊，椒也。箋云：椒之性芬香而少實，今一捄之實蕃衍滿升，非其常也。興者，喻桓叔晉君之支別耳，今其子孫衆多，將日以盛也。○[捄]音求，又其菊反，何音掬，沈居局反。彼其之子，碩大無朋。朋，比也。箋云：之子，是子也，謂桓叔也。碩謂壯貌佼好也，大謂德美廣博也，無朋，平均不朋黨。椒聊且，遠條且。條，長也。箋云：椒之氣日益遠長，似桓叔之德彌廣博。○[且]子餘反，下同。○椒聊之實，蕃衍盈匊。兩手曰匊。○[匊]九六反。彼其之子，碩大且篤。篤，厚也。椒聊且，遠條且。言聲之遠聞也。

椒聊二章，章六句。

綢繆，刺晉亂也。國亂則昏姻不得其時焉。不得其時，謂不及仲春之月。○[綢繆]上直留反，下亡侯反。○綢繆束薪，三星在天。興也。綢繆，猶纏緜也。三星，參也。在天，謂始見東方也。男女待禮而成，若薪芻待人事而後束也。三星在天，可以嫁取矣。箋云：三星謂心星也。心有尊卑，夫婦父子之象，又爲二月之合宿，故嫁取者以爲候焉。昏而火星不見，嫁取之時也。今我束薪於野，乃見其在天，則三月之末，四月之中，見於東方矣，故云不得其時。○[參]所金反。[見]賢遍反，下同。今夕何夕，見此良人。良人，美室也。箋云：今夕何夕者，言此夕何月之夕乎。而女以見良人，言非其時。子兮子兮，如此良人何。子兮者，嗟茲也。箋云：子兮子兮者，斥嫁取者。子取後陰陽交會之月，當如此良人何。○[後]戶豆反。○綢繆束芻，三星在隅。隅，東南隅也。箋云：心星在隅，謂四月之末，五月之中。今夕何夕，見此邂逅。邂逅，解說之貌。○[邂]戶懈反，一戶佳反。[逅]胡豆反，一戶冓反。[解]音蟹。[說]音悅。子兮子兮，如此邂逅何。○綢繆束楚，三星在戶。參星正月中直戶也。箋云：心星在戶，謂五月之末，六月之中。○[直]音值，又如字。今夕何夕，見此粲者。三女爲粲，大夫一妻二妾。○[粲]采旦反，字林作㛑。子兮子兮，如此粲者何。

綢繆三章，章六句。

杕杜，刺時也。君不能親其宗族，骨肉離散，獨居而無兄弟，將爲沃所幷爾。○[杕]徒細反。[幷]必政反。○有杕之杜，其葉湑湑。興也。杕，特生貌。杜，赤棠也。湑湑，枝葉不相比也。○[湑]私敘反。[比]毗志反。獨行踽踽，豈無他人，不如我同父。踽踽，無所親也。箋云：他人謂異姓也。言昭公遠其宗族，獨行於國中，踽踽然，此豈無異姓之臣乎，顧恩不如同姓親親也。○[踽]俱禹反。[遠]于萬反。嗟行之人，胡不比焉。箋云：君所與行之人，謂異姓卿大夫也。比，輔也。此人女何不輔君爲政令。人無兄弟，胡不佽焉。佽，助也。箋云：異姓卿大夫見君無兄弟之親親者，何不相推佽而助之。○[佽]七利反。○有杕之杜，其葉菁菁。菁菁，葉盛也。箋云：菁菁，希少之貌。○[菁]子零反。獨行睘睘，豈無他人，不如我同姓。睘睘，無所依也。同姓，同祖也。○[睘]求營反。嗟行之人，胡不比焉。人無兄弟，胡不佽焉。

杕杜二章章九句

羔裘。刺時也。晉人刺其在位不恤其民也。恤。憂也。○[恤]荀律反。○羔裘豹袪。自我人居居。袪。袂也。本末不同。在位與民異心。自用也。居居。懷惡不相親比之貌。箋云。羔裘豹袪。在位卿大夫之服也。其役使我之民人。其意居居然有悖惡之心。不恤我也。之困苦。○[袪]起居反。又丘據反。[居]如字。又音據。[比]毗志反。[悖]補對反。豈無他人。維子之故。箋云。此民卿大夫采邑之民也。故云豈無他人可歸往者乎。我不去者。乃念子故舊之人。○羔裘豹褎。自我人究究。褎。猶袪也。究究。猶居居也。○[褎]徐究反。又作褏。[究]九又反。○豈無他人。維子之好。箋云。我不去而歸往他人者。乃念子而愛好之也。民之厚如此。亦唐之遺風。○[好]呼報反。

羔裘二章章四句

鴇羽。刺時也。昭公之後。大亂五世。君子下從征役。不得養其父母。而作是詩也。大亂五世者。昭公。孝侯。鄂侯。哀侯。小子侯。○[鴇]音保。似鴈而大。無後指。[養]羊亮反。○肅肅鴇羽。集于苞栩。興也。肅肅。鴇羽聲也。集。止。苞。稹。栩。杼也。鴇之性不樹止。箋云。興者。喻君子當居安平之處。今下從征役。其為危苦。如鴇之樹止然。稹者。根相迫迮梱致也。○[苞]補交反。[栩]況羽反。[稹]之忍反。何之人反。沈音田。又音振。[杼]食汝反。徐治予反。[迮]側百反。[梱]口本反。[致]直置反。下同。王事靡盬。不能蓺稷黍。父母何怙。盬。不攻致也。怙。恃也。箋云。蓺。樹也。我迫王事。無不攻致。故盡力焉。既則罷倦。不能播種五穀。今我父母將何怙乎。○[盬]音古。[蓺]魚世反。[怙]音戶。[罷]音皮。悠悠蒼天。曷其有所。箋云。曷。何也。何時我得其所哉。○肅肅鴇翼。集于苞棘。王事靡盬。不能蓺黍稷。父母何食。悠悠蒼天。曷其有極。箋云。極。已也。○肅肅鴇行。集于苞桑。行。翮也。○[行]戶郎反。[翮]戶革反。王事靡盬。不能蓺稻粱。父母何嘗。悠悠蒼天。曷其有常。

鴇羽三章章七句

無衣。美晉武公也。武公始并晉國。其大夫為之請命乎天子之使。而作是詩也。天子之使。是時使來者。○[并]卑政反。[為]于偽反。[使]所吏反。○豈曰無衣七兮。侯伯之禮七命。冕服七章。箋云。我豈無是七章之衣乎。晉舊有之。非新命之服。不如子之衣。安且吉兮。諸侯不命於天子。則不成為君。箋云。武公初并晉國。心未自安。故以得命服為安。○豈曰無衣六兮。天子之卿六命。車旗衣服以六為節。箋云。變七言六者。謙也。不敢必當侯伯。得受六命之服。列於天子之卿。猶愈乎不。○[愈]羊主反。不如子之衣。安且燠兮。燠。煖也。○[燠]於六反。

無衣二章章三句

有杕之杜。刺晉武公也。武公寡特。兼其宗族。而不求賢以自輔焉。○有杕之杜。生于道左。興也。道左之陽。人所宜休息也。箋云。道東也。日之熱恆在日中之後。道東之杜。人所宜休息也。今人不休息者。以其特生陰寡也。興者。喻武公初兼其宗族。不求賢者與之在位。君子不歸。似乎特生之杜然。○[陰]於鴆反。又如字。彼君子兮。噬肯適我。噬。逮也。箋云。肯。可。適。之也。彼君子之人至於此國。皆可來之我君所。君子之人。義之與比。其不來者。君不求之。○[噬]市世反。[比]毗志反。中心好之。曷飲食之。箋云。曷。何也。言中心誠好之。何但飲食之。當盡禮極歡以待之。○[好]呼報反。下同。[飲]於鴆反。[食]音嗣。下同。○有杕之杜。生于道周。周。曲也。彼君子兮。噬肯來遊。遊。觀也。○[觀]古亂反。中心好之。曷飲食之。

有杕之杜二章章六句

葛生，刺晉獻公也。好攻戰，則國人多喪矣。喪棄亡也夫從征役棄亡不反則其妻居家而怨思○[好]呼報反或如字[攻]音貢又如字[喪]息浪反又如字[思]息嗣反或如字

○葛生蒙楚，蘞蔓于野。興也葛生延而蒙楚蘞生蔓於野喻婦人外成於他家○[蘞]音廉又力恬反又力儉反徐力劍反予美亡此，誰與獨處？箋云予我亡無也言我所美之人無於此謂其君子也吾誰與居乎獨處家耳從軍未還未知死生其今無於此

○葛生蒙棘，蘞蔓于域。域塋域也予美亡此，誰與獨息？息止也

○角枕粲兮，錦衾爛兮。齊則角枕錦衾禮夫不在斂枕篋衾席韣而藏之箋云夫雖不在不失其祭也攝主主婦猶自齊而行事○[齊]側皆反[篋]口牒反[韣]徒木反予美亡此，誰與獨旦？箋云旦明也我君子無於此吾誰與齊乎獨自絜明

○夏之日，冬之夜。言長也箋云思者於晝夜之長時尤甚故極言之以盡情百歲之後，歸于其居。箋云居墳墓也言此者婦人專壹義之至情之盡

○冬之夜，夏之日。百歲之後，歸于其室。室猶居也箋云室猶冢壙○[壙]音曠

葛生五章章四句

采苓，刺晉獻公也。獻公好聽讒焉。○[苓]力丁反[好]呼報反

○采苓采苓，首陽之巔。興也苓大苦也首陽山名也采苓細事也首陽幽辟也細事喻小行也幽辟喻無徵也箋云采苓采苓者言采苓之人衆多非一也皆云采此苓於首陽山之上首陽山之上信有苓矣然而今之采者未必於此山然而人必信之興者喻事有似而非○[辟]匹亦反下同人之爲言，苟亦無信。舍旃舍旃，苟亦無然。苟誠也箋云苟且也爲言謂爲人爲善言以稱薦之欲使見進用也旃之言焉也舍之焉舍之焉謂謗訕人欲使見貶退也此二者且無信受之且無答然○[爲]于僞反或如字下同[舍]音捨下同[旃]之然反[訕]所諫反人之爲言，胡得焉？箋云人以此言來不信受之不答然之從後察之或時見罪何所得

○采苦采苦，首陽之下。苦苦菜也人之爲言，苟亦無與。舍旃舍旃，苟亦無然。無與勿用也人之爲言，胡得焉？

○采葑采葑，首陽之東。葑菜名也[葑]孚容反○人之爲言，苟亦無從。舍旃舍旃，苟亦無然。人之爲言，胡得焉？

采苓三章章八句

唐國十二篇三十三章二百三句

秦車鄰詁訓傳第十一

國風　鄭氏箋

車鄰，美秦仲也。秦仲始大，有車馬禮樂侍御之好焉。○[鄰]栗人反

○有車鄰鄰，有馬白顛。鄰鄰衆車聲也白顛的顙也○[顛]都田反[的]丁歷反[顙]桑黨反未見君子，寺人之令。寺人內小臣也箋云欲見國君者必先令寺人使傳告之時秦仲又始有此臣○[寺]如字又音侍[令]力呈反又力政反沈力丁反

○阪有漆，隰有栗。興也陂者曰阪下濕曰隰箋云興者喻秦仲之君臣所有各得其宜○[阪]音反又扶板反[陂]彼寄反又普羅反又彼皮反既見君子，竝坐鼓瑟。又見其禮樂焉箋云既見既見秦仲也竝坐鼓瑟君臣以閑暇燕飲相安樂也○[閑]音閑[樂]音洛今者不樂，逝者其耋。耋老也八十曰耋箋云今者不於此君之朝自樂謂仕焉而去仕他國其徒自使老言將後寵祿也○[耋]田結反一音大節反[後]胡豆反又如字

○阪有桑，隰有楊。既見君子，竝坐鼓簧。簧笙也[簧]音黄○今者不樂，逝者其亡。亡喪棄也

車鄰三章一章四句二章章六句

駟驖美襄公也始命有田狩之事園囿之樂焉始命命爲諸侯也秦始附庸也○驖田結反又吐結反囿音又沈尤菊反樂音洛

○駟驖孔阜六轡在手驖驪阜大也箋云四馬六轡六轡在手言馬之良也○阜符有反驪力知反公之媚子從公于狩能以道媚於上下者冬獵曰狩箋云媚於上下謂使君臣和合也此人從公往狩言襄公親賢○媚眉冀反從如字○奉時辰牡辰牡孔碩時是辰時也冬獻狼夏獻麋春秋獻鹿豕羣獸箋云奉是時牡者謂虞人也時牡甚肥大言禽獸得其所○麋亡悲反公曰左之舍拔則獲拔矢末也箋云左之者從禽之左射之也拔括也舍拔則獲言公善射○舍音捨拔蒲末反射食亦反括苦活反射音麝

○遊于北園四馬既閑閑習也箋云公所以田則克獲者乃遊於北園之時時則已習其四種之馬○種章勇反輶車鸞鑣載獫歇驕輶輕也獫歇驕田犬也長喙曰獫短喙曰歇驕箋云輕車驅逆之車也置鸞於鑣異於乘車也載始也始田犬者謂達其搏噬始成之也此皆遊於北園時所爲也○輶由九反又音由鸞盧端反鑣彼驕反獫力驗反說文音力劍反歇許謁反說文音火遏反驕許喬反輕遣政反又如字喙況廢反驅丘遇反或丘于反搏音博

駟驖三章章四句

小戎美襄公也備其兵甲以討西戎西戎方彊而征伐不休國人則矜其車甲婦人能閔其君子焉矜夸大也國人夸大其車甲之盛有樂之意也婦人閔其君子恩義之至也作者敘外內之志所以美君政教之功○矜居澄反

○小戎俴收五楘梁輈小戎兵車也俴淺收軫也五五束也楘歷錄也梁輈輈上句衡也一輈五束束有歷錄箋云此羣臣之兵車故曰小戎○俴錢淺反收如字楘音木輈陟留反句古侯反游環脅驅陰靷鋈續游環靷環也游在背上所以禦出也脅驅慎駕具所以止入也陰揜軌也靷所以引也鋈白金也續續靷也箋云游環在背上無常處貫驂之外轡以禁其出脅驅者著服馬之外脅以止驂之入揜軌在軾前垂輈上鋈續白金飾續靷之環○驅起俱反靷音胤鋈音沃舊音惡續如字徐辭屨反文茵暢轂駕我騏馵文茵虎皮也暢轂長轂也騏騏文也左足白曰馵箋云此上六句者國人所矜○茵音因車席也暢敕亮反轂音谷騏音其馵之樹反言念君子溫其如玉箋云言我也念君子之性溫然如玉玉有五德在其板屋亂我心曲西戎板屋箋云心曲心之委曲也憂則心亂也此上四句者婦人所用閔其君子

○四牡孔阜六轡在手騏駵是中騧驪是驂黃馬黑喙曰騧箋云赤身黑鬣曰駵中中服也驂兩騑也○駵音留騧古花反鬣力輒反騑芳非反龍盾之合鋈以觼軜龍盾畫龍其盾也合合而載之軜驂內轡也箋云鋈以觼軜軜之觼以白金爲飾也軜繫於軾前○盾順允反徐音允觼古穴反軜音納言念君子溫其在邑在敵邑也方何爲期胡然我念之箋云方今以何時爲還期乎何以然了不來言望之也

○俴駟孔羣厹矛鋈錞蒙伐有苑俴駟四介馬也孔甚也厹三隅矛也錞鐏也蒙討羽也伐中干也苑文貌箋云俴淺也謂以薄金爲介之札介甲也甚羣者言和調也蒙尨也討雜也畫雜羽之文於伐故曰尨伐○厹音求錞徒對反舊徒猥反一音敦鐏徂寸反又子遜反尨莫江反虎韔鏤膺交韔二弓竹閉緄縢虎虎皮也韔弓室也膺馬帶也交韔交二弓於韔中也閉紲緄繩縢約也箋云鏤膺有刻金飾也○韔敕亮反下同鏤魯豆反膺於澄反閉悲位反緄古本反縢直登反言念君子載寑載興厭厭良人秩秩德音厭厭安靜也秩秩有知也箋云此既閔其君子寑起之勞又思其性與德○厭於鹽反秩陳乙反

小戎三章章十句

蒹葭刺襄公也。未能用周禮，將無以固其國焉。秦處周之舊土，其人被周之德教日久矣。今襄公新爲諸侯，未習周之禮法，故國人未服焉。○蒹葭上古恬反，下音加。

○蒹葭蒼蒼，白露爲霜。興也。蒹，薕；葭，蘆也。蒼蒼，盛也。白露凝戾爲霜，然後歲事成；國家待禮，然後興。箋云：蒹葭在衆草之中蒼蒼然彊，至白露凝戾爲霜則成而黃。興者，喻衆民之不從襄公政令者，得周禮以教之則服。○蒹音廉。所謂伊人，在水一方。伊，維也。一方，難至矣。箋云：伊當作緊，緊猶是也。所謂是知周禮之賢人，乃在大水之一邊，假喻以言遠。○緊於奚反。遡洄從之，道阻且長。逆流而上曰遡洄。逆禮則莫能以至也。箋云：此言不以敬順往求之，則不能得見。○遡蘇路反，洄音回，上時掌反。遡游從之，宛在水中央。順流而涉曰遡游。順禮求濟，道來迎之。箋云：宛，坐見貌。以敬順求之，則近耳，易得見也。○宛紆阮反，易以豉反。

○蒹葭淒淒，白露未晞。淒淒，猶蒼蒼也。晞，乾也。箋云：未晞，未爲霜。○淒七奚反，晞音希。所謂伊人，在水之湄。湄，水隒也。○湄音眉，隒魚檢反，又音檢。遡洄從之，道阻且躋。躋，升也。箋云：升者，言其難至，如升阪。○躋子西反。遡游從之，宛在水中坻。坻，小渚也。○坻直尸反。

○蒹葭采采，白露未已。采采，猶淒淒也。未已，猶未止也。所謂伊人，在水之涘。涘，厓也。○涘音俟。遡洄從之，道阻且右。右，出其右也。箋云：右者，言其迂迴也。○迂音于。遡游從之，宛在水中沚。小渚曰沚。○沚音止。

蒹葭三章章八句

終南戒襄公也。能取周地，始爲諸侯，受顯服，大夫美之，故作是詩以戒勸之。○終南何有？有條有梅。興也。終南，周之名山中南也。條，槄；梅，柟也。宜以戒不宜也。箋云：問何有者，意以爲名山高大，宜有茂木也。興者，喻人君有盛德，乃宜有顯服，猶山之木有大小也。此之謂戒勸。○槄吐刀反，柟如鹽反。君子至止，錦衣狐裘。錦衣，采色也。狐裘，朝廷之服。箋云：至止者，受命服於天子而來也。諸侯狐裘，錦衣以裼之。○裼星歷反。顏如渥丹，其君也哉！箋云：渥，厚漬也。顏色如厚漬之丹，言赤而澤也。其君也哉，儀貌尊嚴也。○渥於角反。

○終南何有？有紀有堂。紀，基也。堂，畢道平如堂也。箋云：畢也，堂也，亦高大之山所宜有也。畢，終南山之道名，邊如堂之牆然。○紀如字，沈音起。君子至止，黻衣繡裳。黑與青謂之黻，五色備謂之繡。○黻音弗。佩玉將將，壽考不忘。○將七羊反。

終南二章章六句

黃鳥哀三良也。國人刺穆公以人從死，而作是詩也。三良，三善臣也，謂奄息、仲行、鍼虎也。從死，自殺以從死。○行戶郎反，下同。鍼其廉反，徐音針。

○交交黃鳥，止于棘。興也。交交，小貌。黃鳥以時往來得其所，人以壽命終亦得其所。箋云：黃鳥止于棘，以求安己也。此棘若不安則移。興者，喻臣之事君亦然。今穆公使臣從死，刺其不得黃鳥止于棘之本意。誰從穆公？子車奄息。子車，氏。奄息，名。箋云：言誰從穆公者，傷之。維此奄息，百夫之特。乃特百夫之德。箋云：百夫之中最雄俊也。臨其穴，惴惴其慄。惴惴，懼也。箋云：穴謂冢壙中也。秦人哀傷此奄息之死，臨視其壙，皆爲之悼慄。○惴之瑞反，慄音栗，壙苦晃反。彼蒼者天，殲我良人！殲，盡；良，善也。箋云：言彼蒼者天，愬之。○殲子廉反，徐息廉反。愬蘇路反。如可贖兮，人百其身。箋云：如此奄息之死，可以他人贖之者，人皆百其身。謂一身百死猶爲之，惜善人之甚。○贖食燭反，又音樹。

○交交黃鳥，止于桑。誰從穆公？子車仲行。箋云：仲行，字也。維此仲行，百夫之防。

防比也箋云防猶當也言此一人當百夫○〔防〕毛音方鄭音房臨其穴惴惴其慄彼蒼者天殲我良人如可贖兮人百其身○交交黃鳥止于楚誰從穆公子車鍼虎維此鍼虎百夫之禦禦當也○〔禦〕魚呂反臨其穴惴惴其慄彼蒼者天殲我良人如可贖兮人百其身

黃鳥三章章十二句

晨風刺康公也忘穆公之業始棄其賢臣焉○鴥彼晨風鬱彼北林興也鴥疾飛貌晨風鸇也鬱積也北林林名也先君招賢人賢人往之駛疾如晨風之飛入北林箋云先君謂穆公○〔鴥〕尹橘反字林于叔反〔鸇〕之然反〔駛〕所吏反未見君子憂心欽欽思望之心中欽欽然箋云言穆公始未見賢者之時思望而憂之如何如何忘我實多今則忘之矣箋云此以穆公之意責康公如何如何乎女忘我之事實多○山有苞櫟隰有六駮櫟木也駮如馬倨牙食虎豹箋云山之櫟隰之駮皆其所宜有也以言賢者亦國家所宜有之○〔櫟〕盧狄反〔駮〕邦角反獸名〔倨〕音據未見君子憂心靡樂如何如何忘我實多○〔樂〕音洛○山有苞棣隰有樹檖棣唐棣也檖赤羅也○〔棣〕音悌〔檖〕音遂未見君子憂心如醉如何如何忘我實多

晨風三章章六句

無衣刺用兵也秦人刺其君好攻戰亟用兵而不與民同欲焉○〔好〕呼報反〔攻〕古弄反又如字〔亟〕欺冀反○豈曰無衣與子同袍興也袍襺也上與百姓同欲則百姓樂致其死箋云此責康公之言也君豈嘗曰女無衣我與女同袍乎言不與民同欲○〔袍〕抱毛反〔襺〕古顯反○王于興師脩我戈矛與子同仇戈長六尺六寸矛長二丈天下有道則禮樂征伐自天子出仇匹也箋云于於也怨耦曰仇君不與我同欲而於王興師則云脩我戈矛與子同仇往伐之刺其好攻戰○〔仇〕音求〔長〕直亮反又如字○豈曰無衣與子同澤澤潤澤也箋云襗褻衣近汙垢○〔澤〕如字〔褻〕仙列反〔襗〕除革反說文袴也〔汙〕音烏王于興師脩我矛戟與子偕作作起也箋云戟車戟常也○豈曰無衣與子同裳王于興師脩我甲兵與子偕行行往也

無衣三章章五句

渭陽康公念母也康公之母晉獻公之女文公遭麗姬之難未反而秦姬卒穆公納文公康公時為大子贈送文公于渭之陽念母之不見也我見舅氏如母存焉及其卽位思而作是詩也○〔渭〕音謂水北曰陽〔麗〕力馳反〔難〕乃旦反〔大〕音泰○我送舅氏曰至渭陽母之昆弟曰舅箋云渭水名也秦是時都雍至渭陽者蓋東行送舅氏於咸陽之地○〔雍〕於用反縣名今屬扶風何以贈之路車乘黃贈送也乘黃四馬也○〔乘〕繩證反○我送舅氏悠悠我思何以贈之瓊瑰玉佩瓊瑰石而次玉○〔思〕息嗣反〔瑰〕古回反

渭陽二章章四句

權輿刺康公也忘先君之舊臣與賢者有始而無終也○〔輿〕音餘○於我乎夏屋渠渠夏大也箋云屋具也渠渠猶勤勤也言君始於我厚設禮食大具以食我其意勤勤然○〔夏〕胡雅反〔屋〕如字〔渠〕其居反〔食〕音嗣○今也每食

無餘。箋云此言君今遇我薄其食我纔足耳。于嗟乎不承權輿。承繼也權輿始也。○於我乎每食四簋。四簋黍稷稻粱○〔簋〕音軌內方外圓曰簋今也每食不飽。于嗟乎不承權輿。

權輿二章章五句

秦國十篇二十七章百八十一句

毛詩卷第六

毛詩卷第七

陳宛丘詁訓傳第十二

國風　鄭氏箋

宛丘刺幽公也淫荒昏亂游蕩無度焉○〔宛〕怨阮反○子之湯兮宛丘之上兮子大夫也湯蕩也四方高中央下曰宛丘箋云子者斥幽公也游蕩無所不為○〔湯〕他郎反洵有情兮而無望兮洵信也箋云此君信有淫荒之情其威儀無可觀望而則傚○〔洵〕音荀○坎其擊鼓宛丘之下坎坎擊鼓聲○〔坎〕苦感反無冬無夏值其鷺羽值持也鷺鳥之羽可以為翳箋云翳舞者所持以指麾○〔值〕直置反〔翳〕於計反○坎其擊缶宛丘之道盎謂之缶○〔缶〕方有反〔盎〕烏浪反無冬無夏值其鷺翿翿翳也○〔翿〕音導

宛丘三章章四句

東門之枌疾亂也幽公淫荒風化之所行男女棄其舊業亟會於道路歌舞於市井爾○〔枌〕符云反〔亟〕音弃○東門之枌宛丘之栩枌白榆也栩杼也國之交會男女之所聚○〔栩〕況浦反〔杼〕常與反子仲之子婆娑其下子仲陳大夫氏婆娑舞也箋云之子男子也○〔婆〕步波反〔娑〕桑何反○穀旦于差南方之原穀善也原大夫氏箋云旦明于曰差擇也朝日善明曰相擇矣以南方原氏之女可以為上處○〔差〕鄭初佳反王音嗟不績其麻市也婆娑箋云績麻者婦人之事也疾其今不為○穀旦于逝越以鬷邁逝往鬷數邁行也箋云越於鬷摠也朝日善明日往矣謂之所會處也於是以摠行欲男女合行○〔鬷〕子公反視爾如荍貽我握椒荍芘芣也椒芬香也箋云男女交會而相說曰我視女之顏色美如芘芣之華然女乃遺我一握之椒交情好也此本淫亂之所由○〔荍〕祁饒反〔芘〕音毗又芳耳反〔芣〕音浮〔說〕音悅〔遺〕唯季反〔好〕呼報反

東門之枌三章章四句

衡門誘僖公也愿而無立志故作是詩以誘掖其君也誘進也掖扶持也○〔衡〕如字衡橫也沈云此古文橫字〔誘〕音酉〔愿〕音願謹也〔掖〕音亦○衡門之下可以棲遲衡門橫木為門言淺陋也棲遲遊息也箋云賢者不以衡門之淺陋則不遊息於其下以喻人君不可以國小則不興治致政化○〔棲〕音西泌之洋洋可以樂飢泌泉水也洋洋廣大也樂飢可以樂道忘飢箋云飢者不足於食也泌水之流洋洋然飢者見之可飲以療飢以喻人君慤愿任用賢臣則政教成亦猶是也○〔泌〕悲位反〔樂〕毛音洛鄭力召反○豈其食魚必河之魴豈其取妻必齊之姜箋云此言何必河之魴然後可食取其美口而已何必大國之女然後可妻亦取貞順而已以喻君任臣何必聖人亦取忠孝而已齊姜姓○〔魴〕音房〔取〕音娶下文同○豈其食魚必河之鯉豈其取妻必宋之子箋云宋子姓

衡門三章章四句

東門之池刺時也疾其君之淫昏而思賢女以配君子也○東門之池可以漚麻興也池城池也漚柔也箋云於池中柔麻使可緝績作衣服興者喻賢女能柔順君子成其德教○〔漚〕烏豆反彼美淑姬可與晤歌晤遇也箋云晤猶對也言淑姬賢女君子宜與對歌相切化也○淑善也〔晤〕五故反○東門之池可以漚紵彼美淑姬可與晤語○〔紵〕直呂反○東門之池可以漚菅彼美淑姬可與晤言言道也○〔菅〕古顏反茅已漚為菅

東門之池三章章四句

東門之楊刺時也昏姻失時男女多違親迎女猶有不至者也○〔迎〕魚敬反○東門之楊其葉牂牂興也牂牂然盛貌言男女失時不逮秋冬箋云楊葉牂牂三月中也興者喻時晚也失仲春之月○〔牂〕子桑反昏以爲期明星煌煌期而不至也箋云親迎之禮以昏時女留他色不肯時行乃至大星煌煌然○〔煌〕音皇○東門之楊其葉肺肺肺肺猶牂牂也○〔肺〕普貝反又蒲貝反昏以爲期明星晢晢晢晢猶煌煌也○〔晢〕之世反

東門之楊二章章四句

墓門刺陳佗也陳佗無良師傅以至於不義惡加於萬民焉○不義者謂弒君而自立○〔佗〕徒多反五父也○墓門有棘斧以斯之興也墓門墓道之門斯析也幽閒希行用生此棘薪維斧可以開析之箋云興者喻陳佗由不覩賢師良傅之訓道至陷於誅絕之罪○〔斯〕所宜反又如字又音梳析也夫也不良國人知之夫傅相也箋云良善也陳佗之師傅不善羣臣皆知之言其罪惡著也○〔相〕息亮反知而不已誰昔然矣昔久也箋云已猶去也誰昔昔也國人皆知其有罪惡而不誅退終致禍難自古昔之時常然○〔去〕羌呂反○墓門有梅有鴞萃止梅柟也鴞惡聲之鳥也萃集也箋云梅之樹善惡自耳徒以鴞集其上而鳴人則惡之樹因惡之矣以喻陳佗之性本未必惡師傅惡而陳佗從之而惡○〔鴞〕戶驕反〔萃〕徂醉反〔柟〕冉鹽反則〔惡〕烏路反夫也不良歌以訊之訊告也箋云歌謂作此詩也既作又使工歌之是謂之告○〔訊〕音信訊予不顧顛倒思予箋云予我也歌以告之汝不顧念我言至於破滅顛倒之急乃思我之言言其晚也

墓門二章章六句

防有鵲巢憂讒賊也宣公多信讒君子憂懼焉○防有鵲巢邛有旨苕興也防邑也邛丘也苕草也箋云防之有鵲巢邛之有美苕處勢自然興者喻宣公信多言之人故致此讒人○〔邛〕其恭反〔苕〕徒凋反誰侜予美心焉忉忉侜張誑也箋云誰誰讒人也女眾讒人誰侜張誑欺我所美之人乎使我心忉忉然所美謂宣公○〔侜〕陟留反靡蔽也〔忉〕都勞反憂也○中唐有甓邛有旨鷊中中庭也唐堂塗也甓瓴甋也鷊綬草也○〔甓〕薄歷反〔鷊〕五歷反〔瓴〕音零〔甋〕都歷反誰侜予美心焉惕惕惕惕猶忉忉也○〔惕〕吐歷反

防有鵲巢二章章四句

月出刺好色也在位不好德而說美色焉○〔好〕呼報反〔說〕音悅○月出皎兮興也皎月光也箋云興者喻婦人有美色之白皙佼人僚兮舒窈糾兮僚好貌舒遲也窈糾舒之姿也○〔佼〕古卯反方言云自關而東河濟之閒凡好謂之姣〔僚〕音了〔窈〕烏了反〔糾〕其趙反又其小反勞心悄兮悄憂也箋云思而不見則憂○〔悄〕七小反○月出皓兮佼人懰兮舒懮受兮勞心慅兮○〔皓〕胡老反〔懰〕音柳好貌〔懮〕於久反舒貌〔慅〕七老反憂也○月出照兮佼人燎兮舒夭紹兮勞心慘兮○〔燎〕力召反又力弔反〔夭〕於表反

月出三章章四句

株林刺靈公也淫乎夏姬驅馳而往朝夕不休息焉夏姬陳大夫妻夏徵舒之母鄭女也徵舒字子南夫字御叔○〔夏〕戶雅反下同〔御〕魚呂反○胡爲乎株林從夏南株林夏氏邑也夏南夏徵舒也箋云陳人責靈公君何爲之株林從夏氏子南之母爲淫泆之行○〔行〕下孟反匪適株林從夏南箋云匪非也言我非之株林從

夏南之母爲淫泆之行自之他耳觝拒之辭○觝都禮反○駕我乘馬說于株野
乘我乘駒朝食于株大夫乘駒箋云我國人我君也君親乘君乘馬乘君乘駒變易車乘以至株林或說舍焉或朝食焉又責之也馬六尺以下曰駒○乘繩證反下乘駒註君乘車乘並同餘平聲說音稅

株林二章章四句

澤陂刺時也言靈公君臣淫於其國男女相說憂思感傷焉君臣淫於國謂與孔寧儀行父也感傷謂涕泗滂沱○陂彼皮反思息嗣反父音甫涕他第反下同○彼澤之陂有蒲與荷興也陂澤障也荷芙蕖也箋云蒲柔滑之物芙蕖之莖曰荷生而佼大興者蒲以喻所說男之性荷以喻所說女之容體也正以陂中二物興者喻淫風由同姓生有美一人傷如之何傷無禮也箋云傷思也我思此美人當如之何而得見之寤寐無爲涕泗滂沱自目曰涕自鼻曰泗箋云寤覺也○覺音教○彼澤之陂有蒲與蕑蕑蘭也箋云蕑當作蓮蓮芙蕖實也蓮以喻女之言信○蕑毛古顏反鄭練田反有美一人碩大且卷卷好貌○卷其員反○寤寐無爲中心悁悁悁悁猶悒悒也○悁烏懸反○彼澤之陂有蒲菡萏菡萏荷華也箋云華以喻女之顏色○菡戶感反萏大感反有美一人碩大且儼儼矜莊貌○儼魚檢反寤寐無爲輾轉伏枕

澤陂三章章六句

陳國十篇二十六章百二十四句

檜羔裘詁訓傳第十三

國風　　鄭氏箋

羔裘大夫以道去其君也國小而迫君不用道好絜其衣服逍遙遊燕而不能自強於政治故作是詩也以道去其君者三諫不從待放於郊得玦乃去○好呼報反○羔裘逍遙狐裘以朝羔裘以遊燕狐裘以適朝箋云諸侯之朝服緇衣羔裘大蜡而息民則有黃衣狐裘今以朝服燕祭服朝是其好絜衣服也先言燕後言朝見君之志不能自強於政治○朝直遙反蜡仕詐反見賢遍反豈不爾思勞心忉忉國無政令使我心勞箋云爾女也三諫不從待放而去思君如是心忉忉然○忉音刀○羔裘翱翔狐裘在堂堂公堂也箋云翱翔猶逍遙也豈不爾思我心憂傷○羔裘如膏日出有曜日出照曜然後見其如膏○膏古報反○豈不爾思中心是悼悼動也箋云悼猶哀傷也

羔裘三章章四句

素冠刺不能三年也喪禮子爲父父卒爲母皆三年時人恩薄禮廢不能行也○爲于僞反下同○庶見素冠兮棘人欒欒兮庶幸也素冠練冠也棘急也欒欒瘠貌箋云喪禮既祥祭而縞冠素紕時人皆解緩無三年之恩於其父母而廢其喪禮故覬幸一見素冠急於哀感之人形貌欒欒然膄瘠也○欒力端反紕婢移反解佳賣反膄所救反○勞心慱慱兮慱慱憂勞也箋云勞心者憂不得見○慱徒端反○庶見素衣兮素冠故素衣也箋云除成喪者其祭也朝服縞冠朝服緇衣素裳然則此言素衣者謂素裳也我心傷悲兮聊與子同歸兮願見有禮之人與之同歸箋云聊猶且也且與子同歸欲之其家觀其居處○庶見素韠兮箋云祥祭朝服素韠者韠從裳色○韠音畢我心蘊結兮聊與子如一兮子夏三年之喪畢見於夫子援琴而絃衎衎而樂作而曰先王制禮不敢不及也夫子曰君子也閔子騫三年之喪畢見於夫子援琴而絃切切而哀作而曰先王制禮不敢

過也夫子曰君子也子路曰敢問何謂也夫子曰子夏哀已盡能引而致之於禮故曰君子也閔子騫哀未盡能自割以禮故曰君子也夫三年之喪賢者之所輕不肖者之所勉箋云聊與子如一且欲與之居處觀其行也○〔蘊〕紆粉反〔衎〕苦旦反

素冠三章章三句

隰有萇楚，疾恣也。國人疾其君之淫恣，而思無情慾者也。恣謂狡獪淫戲不以禮也○〔萇〕丈羊反〔獪〕古快反○隰有萇楚，猗儺其枝。興也萇楚銚弋也猗儺柔順也箋云銚弋之性始生正直及其長大則其枝猗儺而柔順不妄尋蔓草木興者喻人少而端愨則長大無情慾○〔猗〕於可反〔儺〕乃可反〔銚〕音遙〔長〕張丈反下同○夭之沃沃，樂子之無知。夭少也沃沃壯佼也箋云知匹也疾君之恣故於人年少沃沃之時樂其無妃匹之意○〔夭〕於驕反〔沃〕烏毒反〔樂〕音洛下同〔妃〕音配○隰有萇楚，猗儺其華。夭之沃沃，樂子之無家。箋云無家謂無夫婦室家之道○隰有萇楚，猗儺其實。夭之沃沃，樂子之無室。

隰有萇楚三章章四句

匪風，思周道也。國小政亂，憂及禍難，而思周道焉。○〔難〕乃旦反○匪風發兮，匪車偈兮。發發飄風非有道之風偈偈疾驅非有道之車○〔偈〕起揭反〔驅〕去聲顧瞻周道，中心怛兮。怛傷也下國之亂周道滅也箋云周道周之政令也迴首曰顧○〔怛〕都達反○匪風飄兮，匪車嘌兮。迴風為飄嘌嘌無節度也○〔飄〕符遙反又必遙反〔嘌〕匹遙反顧瞻周道，中心弔兮。弔傷也○誰能亨魚，溉之釜鬵。溉滌也鬵釜屬亨魚煩則碎治民煩則散知亨魚則知治民矣箋云誰能者言人偶能割亨者○〔亨〕普耕反〔溉〕古愛反〔鬵〕音尋誰將西歸，懷之好音。周道在乎西懷歸也箋云誰將者亦言人偶能輔周道治民者也檜在周之東故言西歸有能西仕於周者我則懷之以好音謂周之舊政令

匪風三章章四句

檜國四篇十二章四十五句

曹蜉蝣詁訓傳第十四

國風　鄭氏箋

蜉蝣，刺奢也。昭公國小而迫，無法以自守，好奢而任小人，將無所依焉。○〔蜉〕音浮〔蝣〕音由○蜉蝣之羽，衣裳楚楚。興也蜉蝣渠略也朝生夕死猶有羽翼以自脩飾楚楚鮮明貌箋云興者喻昭公之朝其羣臣皆小人也徒整飾其衣裳不知國之將迫脅君臣死亡無日如渠略然心之憂矣，於我歸處。箋云歸依歸君當於何依歸乎言有危亡之難將無所就往○〔難〕乃旦反○蜉蝣之翼，采采衣服。采采衆多也心之憂矣，於我歸息。息止也○蜉蝣掘閱，麻衣如雪。掘閱容閱也如雪言鮮絜箋云掘閱掘地解閱謂其始生時也以解閱喻君臣朝夕變易衣服也麻衣深衣諸侯之朝朝服朝夕則深衣也○〔掘〕求勿反〔閱〕音悅〔解〕音蟹下同心之憂矣，於我歸說。箋云說猶舍息也○〔說〕音稅協韻如字

蜉蝣三章章四句

候人，刺近小人也。共公遠君子而好近小人焉。○〔近〕附近之近〔共〕音恭〔遠〕于萬反下注同〔好〕呼報反○彼候人兮，何戈與祋。候人道路送賓客者何揭祋殳也言賢者之官不過候人箋云是謂遠君子也○〔何〕何可反〔祋〕都外反〔殳〕市朱反彼其之子，三百赤芾。彼彼曹朝也芾韠也一命縕芾黝珩再命赤芾黝珩三命赤芾葱珩

大夫以上赤芾乘軒箋云之子是子也佩赤芾者三百人○其音記下皆同芾音弗朝直遙反下在朝同〔縕〕音温又烏本反〔鶘〕於糾反

○維鵜在梁不濡其翼鵜洿澤鳥也梁水中之梁鵜在梁可謂不濡其翼乎箋云鵜在梁當濡其翼而不濡者非其常也以喻小人在朝亦非其常○〔鵜〕徒低反〔洿〕音烏彼其之子不稱其服箋云不稱者言德薄而服尊○〔稱〕尺證反注同

○維鵜在梁不濡其咮咮喙也○〔咮〕陟救反〔喙〕虛穢反烏口也彼其之子不遂其媾媾厚也箋云遂猶久也不久其厚言終將薄於君也○〔媾〕古豆反

○薈兮蔚兮南山朝隮薈蔚雲興貌南山曹南山也隮升雲也箋云薈蔚之小雲朝升於南山不能為大雨以喻小人雖見任於君終不能成其德教○〔薈〕烏會反〔蔚〕於貴反〔隮〕子兮反婉兮孌兮季女斯飢婉少貌孌好貌季人之少子也女民之弱者箋云天無大雨則歲不熟而幼弱者飢猶國之無政令則下民困病○〔婉〕於阮反〔孌〕力轉反〔少〕詩照反下同

候人四章章四句

鳲鳩刺不壹也在位無君子用心之不壹也○〔鳲〕音尸

○鳲鳩在桑其子七兮興也鳲鳩秸鞠也鳲鳩之養其子朝從上下莫從下上平均如一箋云興者喻人君之德當均一於下也以刺今在位之人不如鳲鳩○〔秸〕居八反〔鞠〕居六反〔莫〕音暮〔上〕時掌反淑人君子其儀一兮箋云淑善儀義也善人君子其執義當如一也其儀一兮心如結兮言執義一則用心固

○鳲鳩在桑其子在梅飛在梅也淑人君子其帶伊絲其帶伊絲其弁伊騏騏騏文也弁皮弁也箋云其帶伊絲謂大帶也大帶用素絲有雜色飾焉騏當作璂以玉為之言此帶弁者刺不稱其服○〔弁〕皮彥反〔騏〕音其

○鳲鳩在桑其子在棘淑人君子其儀不忒忒疑也○〔忒〕他得反其儀不忒正是四國正長也箋云執義不疑則可為四國之長言任為侯伯○〔長〕張丈反下同〔任〕音壬

○鳲鳩在桑其子在榛淑人君子正是國人正是國人胡不萬年箋云正長也能長人則人欲其壽考○〔榛〕側巾反

鳲鳩四章章六句

下泉思治也曹人疾共公侵刻下民不得其所憂而思明王賢伯也○〔共〕音恭

○洌彼下泉浸彼苞稂興也洌寒也下泉泉下流也苞本也稂童梁非溉草得水而病也箋云興者喻共公之施政教徒困病其民稂當作涼涼草蕭蓍之屬○〔洌〕音列〔浸〕子鴆反〔稂〕音郎愾我寤嘆念彼周京箋云愾嘆息之意寤覺也念周京者思其先王之明者○〔愾〕苦愛反

○洌彼下泉浸彼苞蕭蕭蒿也愾我寤嘆念彼京周

○洌彼下泉浸彼苞蓍蓍草也愾我寤嘆念彼京師

○芃芃黍苗陰雨膏之芃芃美貌○〔芃〕薄工反〔膏〕古報反四國有王郇伯勞之郇伯郇侯也諸侯有事二伯述職箋云有王謂朝聘於天子也郇侯文王之子為州伯有治諸侯之功○〔郇〕音荀〔勞〕力報反

下泉四章章四句

曹國四篇十五章六十八句

毛詩卷第七

毛詩卷第八

豳七月詁訓傳第十五

國風　　鄭氏箋

七月，陳王業也。周公遭變，故陳后稷先公風化之所由致，王業之艱難也。周公遭變者，管蔡流言，辟居東都。○〔王〕去聲，又如字。〔辟〕音避。

○七月流火，九月授衣。火，大火也。流，下也。九月霜始降，婦功成，可以授冬衣矣。箋云：大火者，寒暑之候也。火星中而寒暑退，故將言寒，先著火所在。一之日觱發，二之日栗烈。無衣無褐，何以卒歲？一之日，十之餘也。一之日，周正月也。觱發，風寒也。二之日，殷正月也。栗烈，寒氣也。箋云：褐，毛布也。卒，終也。此二正之月，人之貴者無衣，賤者無褐，將何以終歲乎？是故八月則當績也。○〔觱〕音必。三之日于耜，四之日舉趾。同我婦子，饁彼南畝，田畯至喜。三之日，夏正月也。豳土晚寒。于耜，始脩耒耜也。四之日，周四月也。民無不舉足而耕矣。饁，饋也。田畯，田大夫也。箋云：同，猶俱也。喜讀爲饎。饎，酒食也。耕者之婦子俱以饟來至於南畝之中，其見田大夫，又爲設酒食焉。言勸其事，又愛其吏也。此章陳人以衣食爲急，餘章廣而成之。○〔耜〕音似。〔饁〕炎輒反。〔畯〕音俊。〔喜〕如字，又音熾。〔饟〕餉同。

○七月流火，九月授衣。箋云：將言女功之始，故又本於此。春日載陽，有鳴倉庚。女執懿筐，遵彼微行，爰求柔桑。倉庚，離黃也。懿筐，深筐也。微行，牆下徑也。五畝之宅，樹之以桑。箋云：載之言則也。陽，溫也。溫而倉庚又鳴，可蠶之候也。柔桑，穉桑也。蠶始生，宜穉桑。○〔離〕力知反。春日遲遲，采蘩祁祁。女心傷悲，殆及公子同歸。遲遲，舒緩也。蘩，白蒿也，所以生蠶。祁祁，衆多也。傷悲，感事苦也。春女悲，秋士悲，感其物化也。殆，始。及，與也。豳公子躬率其民，同時出，同時歸也。箋云：春女感陽氣而思男，秋士感陰氣而思女，是其物化，所以悲也。悲則始有與公子同歸之志，欲嫁焉。女感事苦而生此志，是謂豳風。○〔祁〕巨之反。〔殆〕音待。

○七月流火，八月萑葦。薍爲萑，葭爲葦。豫畜萑葦，可以爲曲也。箋云：將言女功自始至成，故亦又本於此。○〔萑〕戶官反。〔葦〕韋鬼反。〔薍〕五患反。蠶月條桑，取彼斧斨，以伐遠揚，猗彼女桑。斨，方銎也。遠，枝遠也。揚，條揚也。角而束之曰猗。女桑，荑桑也。箋云：條桑，枝落之，采其葉也。女桑，少枝長條，不枝落者，束而采之。○〔條〕徒彫反。〔斨〕七羊反。〔猗〕於綺反，徐於宜反。〔銎〕曲容反。〔荑〕徒兮反。七月鳴鵙，八月載績。載玄載黃，我朱孔陽，爲公子裳。鵙，伯勞也。載績，絲事畢而麻事起矣。玄，黑而有赤也。朱，深纁也。陽，明也。祭服玄衣纁裳。箋云：伯勞鳴，將寒之候也。五月則鳴，豳地晚寒，鳥物之候從其氣焉。凡染者，春暴練，夏纁玄，秋染夏。爲公子裳，厚於其所貴者說也。○〔鵙〕圭覓反。〔暴〕蒲卜反。

○四月秀葽，五月鳴蜩。八月其穫，十月隕蘀。不榮而實曰秀。葽，葽草也。蜩，螗也。穫，禾可穫也。隕，墜。蘀，落也。箋云：夏小正：四月王萯秀。葽其是乎？秀葽也，鳴蜩也，穫禾也，隕蘀也，四者皆物成而將寒之候，物成自秀葽始。○〔葽〕於遙反。〔蜩〕徒彫反。〔穫〕戶郭反，下同。〔隕〕于敏反。〔蘀〕音託。〔萯〕音婦。一之日于貉，取彼狐狸，爲公子裘。于貉，謂取狐狸皮也。狐貉之厚以居，孟冬天子始裘。箋云：于貉，往搏貉以自爲裘也。狐狸以共尊者。言此者，時寒宜助女功。○〔貉〕戶各反。二之日其同，載纘武功。言私其豵，獻豜于公。纘，繼。功，事也。豕一歲曰豵，三歲曰豜。大獸公之，小獸私之。箋云：其同者，君臣及民因習兵俱出田也。不用仲冬，亦豳地晚寒也。豕生三日豵。○〔纘〕子管反。〔豵〕子公反。〔豜〕古牽反，又音牽。

○五月斯螽動股，六月莎雞振羽。七月在野，八月在宇，九月在戶，十月蟋蟀入我牀下。斯螽，蚣蝑也。莎雞羽成而振訊之。箋云：自七月在野至十月入我牀下，皆謂蟋蟀也。言此三物之如此，著將寒有漸，非卒來也。○〔螽〕音終。〔莎〕素何反。〔蟋〕音悉。〔蟀〕所律反。〔蚣〕相容反。〔蝑〕相魚反。穹窒熏鼠，塞向墐戶。穹，窮。窒，塞也。向，北出牖也。

墐塗也庶人蓽戶箋云為此四者以備寒○[穹]起弓反[窒]珍悉反[向]如字[墐]音覲嗟我婦子。曰為改歲入此室處。箋云曰為改歲者歲終而一之日觱發二之日栗烈當避寒氣而入所穹窒墐戶之室而居之至此而女功止○[為]于偽反○六月食鬱及薁。七月亨葵及菽。八月剝棗。十月穫稻。為此春酒。以介眉壽。鬱棣屬薁蘡薁也剝擊也春酒凍醪也眉壽豪眉也箋云介助也既以鬱下及棗助男功又穫稻而釀酒以助其養老之具是謂豳雅○[薁]於六反[亨]普庚反[菽]音叔[剝]普卜反七月食瓜。八月斷壺。九月叔苴。采荼薪樗。食我農夫。壺瓠也叔拾也苴麻子也樗惡木也箋云瓜瓠之畜麻實之糝乾荼之菜惡木之薪亦所以助男養農夫之具○[苴]七餘反[荼]音徒[樗]勑書反[食]音嗣○九月築場圃。春夏為圃秋冬為場箋云場圃同地耳物生之時耕治之以種菜茹至物盡成熟築堅以為場○[場]直羊反下同[圃]布古反十月納禾稼。黍稷重穋。禾麻菽麥。後熟曰重先熟曰穋箋云納內也治於場而內之囷倉也○[重]直容反[穋]音六嗟我農夫。我稼既同。上入執宮功。入為上出為下箋云既同言已聚也可以上入都邑之宅治宮中之事矣於是時男之野功畢○[上]時掌反晝爾于茅。宵爾索綯。宵夜綯絞也箋云爾女也女當晝日往取茅歸夜作絞索以待時用○[索]素洛反[綯]徒刀反[絞]古卯反亟其乘屋。其始播百穀。乘升也箋云亟急乘治也十月定星將中急當治野廬之屋其始播百穀謂祈來年百穀于公社○[亟]紀力反[定]都佞反○二之日鑿冰沖沖。三之日納于凌陰。四之日其蚤。獻羔祭韭。冰盛水腹則命取冰於山林沖沖鑿冰之意凌陰冰室也箋云古者日在北陸而藏冰西陸朝覿而出之祭司寒而藏之獻羔而啓之其出之也朝之祿位賓食喪祭於是乎用之月令仲春天子乃獻羔開冰先薦寢廟周禮凌人之職夏頒冰掌事秋刷上章備寒故此章備暑后稷先公禮教備也○[鑿]在洛反[沖]直弓反[凌]力證反又音陵[蚤]音早[韭]音九九月肅霜。十月滌場。朋酒斯饗。曰殺羔羊。肅縮也霜降而收縮萬物滌埽也場功畢入也兩樽曰朋饗者鄉人以狗大夫加以羔羊箋云十月民事男女俱畢無飢寒之憂國君閑於政事而饗群臣○[滌]直歷反[閑]音閑躋彼公堂。稱彼兕觥。萬壽無疆。公堂學校也觥所以誓衆也疆竟也箋云於饗而正齒位故因時而誓焉飲酒既樂欲大壽無竟是謂豳頌○[躋]子兮反升也[兕]徐履反[觥]虢彭反[疆]居良反

七月八章章十一句

鴟鴞。周公救亂也。成王未知周公之志。公乃為詩以遺王。名之曰鴟鴞焉。未知周公之志者未知其欲攝政之意○[鴟]尺之反[鴞]于嬌反[遺]唯季反○鴟鴞鴟鴞。既取我子。無毀我室。興也鴟鴞鸋鴂也無能毀我室者攻堅之故也寧亡二子不可以毀我周室箋云重言鴟鴞者將述其意之所欲言丁寧之也室猶巢也鴟鴞言已取我子者幸無毀我巢我巢積日累功作之甚苦故愛惜之也時周公竟武王之喪欲攝政成周道致大平之功管叔蔡叔等流言云公將不利於孺子成王不知其意而多罪其屬黨興者喻此諸臣乃世臣之子孫其父祖以勤勞有此官位土地今若誅殺之無絕其位奪其土地王意欲誚公此之由然○[鸋]乃丁反[鴂]音決恩斯勤斯。鬻子之閔斯。恩愛鬻稚閔病也稚子成王也箋云鴟鴞之意殷勤於此稚子當哀閔之此取鴟鴞子者指稚子也以喻諸臣之先臣亦殷勤於此成王亦宜哀閔之○[鬻]由六反○迨天之未陰雨。徹彼桑土。綢繆牖戶。迨及徹剝也桑土桑根也箋云綢繆猶纏綿也此鴟鴞自說作巢至苦如是以喻諸臣之先臣亦及文武未定天下積日累功以固定此官位與土地○[迨]音待又勑改反[土]音杜[綢]直留反[繆]莫侯反今女下民。或敢侮予。箋云我至苦矣今女我巢下之民寧有敢侮慢欲毀之者乎意欲恚怒之以喻諸臣之先臣固定此官位土地亦不欲見其絕奪○[恚]於季反○予手拮据。予所

捋荼。予所蓄租。予口卒瘏。拮据撠挶也荼萑苕也租爲瘏病也手病口病故能免乎大鳥之難箋云此言作之至苦故能攻堅人不得取其子○〔拮〕音吉又音結〔据〕音居韓詩云口足爲事曰拮据〔捋〕力活反〔荼〕音徒〔租〕子胡反〔瘏〕音徒〔撠〕京劇反〔挶〕俱局反曰予未有室家。謂我未有室家箋云我作之至苦如是者曰我未有室家之故○予羽譙譙。予尾翛翛。譙譙殺也翛翛敝也箋云手口既病羽尾又殺敝言己勞苦甚○〔譙〕在消反〔翛〕素彫反〔殺〕色界反予室翹翹。風雨所漂搖。予維音嘵嘵。翹翹危也嘵嘵懼也箋云巢之翹翹而危以其所託枝條弱也以喻今我子孫不肖故使我家道危也風雨喻成王也音嘵嘵然恐懼告愬之意○〔翹〕祁消反〔漂〕匹遙反〔嘵〕呼堯反〔愬〕音素

鴟鴞四章章五句

東山。周公東征也。周公東征三年而歸。勞歸士大夫美之。故作是詩也。一章言其完也。二章言其思也。三章言其室家之望女也。四章樂男女之得及時也。君子之於人。序其情而閔其勞。所以說也。說以使民。民忘其死。其唯東山乎。成王既得金縢之書親迎周公周公歸攝政三監及淮夷叛周公乃東伐之三年而後歸耳分別章意者周公於是志伸美而詳之○〔勞〕歸力報反〔思〕息嗣反〔女〕音汝〔樂〕音洛〔說〕音悅下同○我徂東山。慆慆不歸。我來自東。零雨其濛。慆慆言久也濛雨貌箋云此四句者序歸士之情也我往之東山既久勞矣歸又道遇雨濛濛然是尤苦也○〔慆〕徒刀反又吐刀反〔濛〕莫紅反我東曰歸。我心西悲。公族有辟公親素服不擧樂爲之變如其倫之喪箋云我在東山常曰歸也我心則念西而悲○〔爲〕于僞反制彼裳衣。勿士行枚。士事枚微也箋云勿猶無也女制彼裳衣而來謂兵服也亦初無行陳銜枚之

事言前定也春秋傳曰善用兵者不陳○〔行〕音衡鄭音銜〔枚〕莫杯反枚如箸橫銜之於口爲繣挈於項中無〔行〕戶剛反〔陳〕直震反蜎蜎者蠋。烝在桑野。蜎蜎蠋貌蠋桑蟲也烝寘也箋云蠋蜎蜎然特行久處桑野有似勞苦者古者聲寘塡塵同也○〔蜎〕烏懸反〔蠋〕音蜀〔烝〕之承反〔寘〕音田敦彼獨宿。亦在車下。箋云敦敦然獨宿於車下此誠有勞苦之心○〔敦〕都回反○我徂東山。慆慆不歸。我來自東。零雨其濛。果臝之實。亦施于宇。伊威在室。蠨蛸在戶。町畽鹿場。熠燿宵行。果臝栝樓也伊威委黍也蠨蛸長踦也町畽鹿迹也熠燿燐也燐螢火也箋云此五物者家無人則然令人感思○〔臝〕力果反〔施〕羊豉反〔伊〕〔威〕並如字〔蠨〕音蕭〔蛸〕所交反〔町〕他頂反〔畽〕他短反〔熠〕以執反〔燿〕以照反〔踦〕起宜反不可畏也。伊可懷也。箋云伊當作繄繄猶是也懷思也室中久無人故有此五物是不足可畏乃可爲憂思○我徂東山。慆慆不歸。我來自東。零雨其濛。鸛鳴于垤。婦歎于室。洒埽穹窒。我征聿至。垤螘冢也將陰雨則穴處先知之矣鸛好水長鳴而喜也箋云鸛水鳥也將陰雨則鳴行者於陰雨尤苦婦念之則歎於室也穹窮窒塞洒灑埽拚也穹窒鼠穴也而我君子行役述其日月今且至矣言婦望也○〔鸛〕古玩反〔垤〕田節反〔洒〕所懈反〔埽〕素報反〔拚〕甫問反有敦瓜苦。烝在栗薪。敦猶專專也烝衆也言我心苦事又苦也箋云此又言婦人思其君子之居處專專如瓜之繫綴焉瓜之瓣有苦者以喻其心苦也烝塵栗析也言君子又久見使析薪於事尤苦也古者聲栗裂同也○〔敦〕徒丹反〔栗〕毛如字鄭音列〔專〕徒端反自我不見。于今三年。○我徂東山。慆慆不歸。我來自東。零雨其濛。箋云凡先著此四句者皆爲序歸士之情○〔爲〕于僞反倉庚于飛。熠燿其羽。箋云倉庚仲春而鳴嫁取之候也熠燿其羽羽鮮明也歸士始行之時新合昏禮今還故極序其情以樂之之子于歸。皇駁其馬。黃白曰皇騂白

日駁。箋云：之子于歸，謂始嫁時也。皇駁其馬，車服盛也。○[駁]邦角反。親結其縭，九十其儀。縭，婦人之禕也。母戒女施衿結帨。九十其儀，言多儀也。箋云：女嫁，父母既戒之，庶母又申之。九十其儀，喻丁寧之多。○[禕]許韋反。其新孔嘉，其舊如之何。言久長之道也。箋云：嘉，善也。其新來時甚善，至今則久矣，不知其如何也。又極序其情樂而戲之。

東山四章，章十二句

破斧，美周公也。周大夫以惡四國焉。惡四國者，惡其流言毀周公也。○[惡]烏路反。○既破我斧，又缺我斨。隋銎曰斧。斧斨，民之用也；禮義，國家之用也。箋云：四國流言，既破毀我周公，又損傷我成王，以此二者為大罪。○[斨]七羊反。[隋]徒禾反。[銎]曲容反。周公東征，四國是皇。四國，管、蔡、商、奄也。皇，匡也。箋云：周公既反，攝政，東伐此四國，誅其君罪，正其民人而已。哀我人斯，亦孔之將。將，大也。箋云：此言周公之哀我民人，其德亦甚大也。○既破我斧，又缺我錡。鑿屬曰錡。○[錡]音奇。○周公東征，四國是吪。吪，化也。○[吪]五戈反。哀我人斯，亦孔之嘉。箋云：嘉，善也。○既破我斧，又缺我銶。木屬曰銶。○[銶]音求。周公東征，四國是遒。遒，固也。箋云：遒，斂也。○[遒]在羞反。哀我人斯，亦孔之休。休，美也。

破斧三章，章六句

伐柯，美周公也。周大夫刺朝廷之不知也。成王既得雷雨大風之變，欲迎周公，而朝廷羣臣猶惑於管蔡之言，不知周公之聖德，疑於王迎之禮，是以刺之。○[柯]古何反。[朝]直遙反。○伐柯如何？匪斧不克。柯，斧柄也。禮義者，亦治國之柄。箋云：克，能也。伐柯之道，唯斧乃能之。此以類求其類也。以喻成王欲迎周公，當使賢者先往。取妻如何？匪媒不得。媒，所以用禮也。治國不能用禮則不安。箋云：媒者，能通二姓之言，定人室家之道。以喻王欲迎周公，當先使曉王與周公之意者又先往。○[取]七喻反。○伐柯伐柯，其則不遠。以其所願乎上交乎下，以其所願乎下事乎上，不遠求也。箋云：則，法也。伐柯者必用柯，其大小長短近取法於柯，所謂不遠求也。王欲迎周公，使還其道亦不遠，人心足以知之。我覯之子，籩豆有踐。踐，行列貌。箋云：覯，見也。之子，是子也，斥周公也。王欲迎周公，當以饗燕之饌行至，則歡樂以說之。○[覯]古豆反。[踐]賤淺反。[行]戶郎反。

伐柯二章，章四句

九罭，美周公也。周大夫刺朝廷之不知也。○[罭]于逼反。○九罭之魚，鱒魴。興也。九罭，緵罟，小魚之網也。鱒魴，大魚也。箋云：設九罭之罟，乃後得鱒魴之魚，言取物各有器也。興者，喻王欲迎周公之來，當有其禮。○[鱒]才損反。[魴]音房。[緵]子弄反，又子公反。我覯之子，衮衣繡裳。所以見周公也。衮衣，卷龍也。箋云：王迎周公，當以上公之服往見之。○[衮]古本反。[卷]眷冕反。○鴻飛遵渚。鴻不宜循渚也。箋云：鴻，大鳥也，不宜與凫鷖之屬飛而循渚，以喻周公今與凡人處東都之邑，失其所也。○[凫]音符。[鷖]烏兮反。公歸無所，於女信處。周公未得禮也。再宿曰信。箋云：信，誠也。時東都之人欲周公留不去，故曉之云：公西歸無所居，則可就女誠處是東都也。今公當歸復其位，不得留也。○鴻飛遵陸。陸非鴻所宜止。公歸不復，於女信宿。宿，猶處也。○是以有衮衣兮，無以我公歸兮。無與公歸之道也。箋云：是，是東都也。東都之人欲周公留之為君，故云是以有衮衣，謂成王所齎來衮衣，願其封周公於此，以衮衣命留之，無以公西歸。○[齎]子西反。無使我心悲兮。箋云：周公西歸，而東都之人心悲，恩德之愛至深也。

九罭四章，一章四句，三章章三句

狼跋，美周公也。周公攝政，遠則四國流言，近則王不知周大夫美其不失其聖也。不失其聖者，聞流言不惑，王不知不怨，終立其志，成周之王功，致大平，復成王之位，又爲之大師，終始無愆，聖德著焉。○〔狼〕音郎，獸名。〔跋〕卜末反，又蒲末反。

○狼跋其胡，載疐其尾。興也。跋，躐；疐，跲也。老狼有胡，進則躐其胡，退則跲其尾，進退有難，然而不失其猛。箋云：興者，喻周公進則躐其胡，猶始欲攝政，四國流言，辟之而居東都也；退則跲其尾，謂後復成王之位而老，成王又留之。其如是，聖德無玷缺。○〔疐〕丁四反，又陟値反。〔跲〕其劫反。

公孫碩膚，赤舃几几。公孫，成王也，豳公之孫也。碩，大；膚，美也。赤舃，人君之盛屨也。几几，絇貌。箋云：公，周公也。孫讀當如公孫于齊之孫。孫之言孫遁也。周公攝政七年，致大平，復成王之位，孫遁辟此成功之大美，欲老，成王又留之以爲大師，履赤舃几几然。○〔孫〕毛如字，鄭音遜。〔舃〕音昔。〔絇〕其俱反。

○狼疐其尾，載跋其胡。公孫碩膚，德音不瑕。瑕，過也。箋云：不瑕，言不可疵瑕也。○〔疵〕才斯反。

狼跋二章，章四句。

豳國七篇，二十七章，二百三句。

毛詩卷第八

毛詩卷第九

鹿鳴之什詁訓傳第十六

小雅　　鄭氏箋

鹿鳴燕羣臣嘉賓也既飲食之又實幣帛筐篚以將其厚意然後忠臣嘉賓得盡其心矣飲之而有幣酬幣也食之而有幣侑幣也○[飲]於鴆反[食]音嗣

◯呦呦鹿鳴食野之苹興也苹蓱也鹿得蓱呦呦然鳴而相呼懇誠發乎中以興嘉樂賓客當有懇誠相招呼以成禮也箋云苹藾蕭○[呦]音幽[苹]音平我有嘉賓鼓瑟吹笙吹笙鼓簧承筐是將簧笙也吹笙而鼓簧矣筐篚屬所以行幣帛也箋云承猶奉也書曰篚厥玄黄○[簧]音黄人之好我示我周行周至行道也箋云示當作寘寘置也周行周之列位也好猶善也人有以德善我者我則置之於周之列位言己維賢是用○[好]呼報反[示]如字鄭之豉反[行]如字鄭胡郎反

◯呦呦鹿鳴食野之蒿蒿菣也○[菣]去刃反我有嘉賓德音孔昭視民不恌君子是則是傚恌愉也是則是傚言可法傚也箋云德音先王道德之教也孔甚昭明也視古示字也飲酒之禮於旅也語嘉賓之語先王德教甚明可以示天下之民使之不愉於禮義是乃君子所法傚言其賢也○[視]音示[恌]他彫反[傚]胡教反[愉]他侯反我有旨酒嘉賓式燕以敖敖遊也

◯呦呦鹿鳴食野之芩芩草也○[芩]其今反我有嘉賓鼓瑟鼓琴鼓瑟鼓琴和樂且湛湛樂之久○[樂]音洛注同[湛]都南反我有旨酒以燕樂嘉賓之心燕安也夫不能致其樂則不能得其志不能得其志則嘉賓不能竭其力

鹿鳴三章章八句

四牡勞使臣之來也有功而見知則說矣文王爲西伯之時三分天下有其二以服事殷使臣以王事往來於其職於其來也陳其功苦以歌樂之○[勞]力報反[使]所吏反[說]音悅[樂]音洛

◯四牡騑騑周道倭遲騑騑行不止之貌周道岐周之道也倭遲歷遠之貌文王率諸侯撫叛國而朝聘乎紂故周公作樂以歌文王之道爲後世法○[騑]芳非反[倭]於危反豈不懷歸王事靡盬我心傷悲盬不堅固也思歸者私恩也靡盬者公義也傷悲者情思也箋云無私恩非孝子也無公義非忠臣也君子不以私害公不以家事辭王事○[盬]音古情[思]也去聲

◯四牡騑騑嘽嘽駱馬嘽嘽喘息之貌馬勞則喘息白馬黑鬣曰駱○[嘽]他丹反[駱]音洛豈不懷歸王事靡盬不遑啓處遑暇啓跪處居也臣受命舍幣于禰乃行○[跪]求毀反[舍]音釋

◯翩翩者鵻載飛載下集于苞栩鵻夫不也箋云夫不鳥之慤謹者人皆愛之可以不勞猶則飛則下止於栩木喻人雖無事其可獲安乎感厲之○[翩]音篇[鵻]音隹[栩]況甫反[夫]方于反[不]方浮反王事靡盬不遑將父將養也○[養]以尚反

◯翩翩者鵻載飛載止集于苞杞杞枸檵也○[枸]音茍[檵]音計王事靡盬不遑將母◯駕彼四駱載驟駸駸駸駸驟貌○[驟]助救反[駸]音侵豈不懷歸是用作歌將母來諗諗念也父兼尊親之道母至親而尊不至箋云諗告也君勞使臣述序其情女曰我豈不思歸乎誠思歸也故作此詩之歌以養父母之志來告於君也人之思恆思親者再言將母亦其情也○[諗]音審

四牡五章章五句

皇皇者華君遣使臣也送之以禮樂言遠而有光華也言臣出使能揚君之美延其譽於四方則爲不辱命也○[使]所吏反

◯皇皇者華于彼原隰皇皇猶煌煌也高平曰原下濕曰隰忠臣奉使能光君命無遠無近如華不以高下易其

色。箋云：無遠無近，維所之則然。駪駪征夫，每懷靡及。駪駪，衆多之貌。征夫，行人也。每，雖。懷，和也。箋云：春秋外傳曰：懷私為每懷也。和當為私。衆行夫既受君命，當速行，每人懷其私相稽留，則於事將無所及。○駪，所巾反。○我馬維駒，六轡如濡。箋云：如濡，言鮮澤也。○駒音俱。濡，如朱反。載馳載驅，周爰咨諏。忠信為周。訪問於善為咨。咨事為諏。箋云：爰，於也。大夫出使，馳驅而行，見忠信之賢人，則於之訪問，求善道也。○諏，子須反。○我馬維騏，六轡如絲。言調忍也。○騏音其。忍音刃。載馳載驅，周爰咨謀。咨事之難易為謀。○易，以豉反。○我馬維駱，六轡沃若。載馳載驅，周爰咨度。咨禮義所宜為度。○沃，烏毒反。度，待洛反。○我馬維駰，六轡既均。陰白雜毛曰駰。均，調也。○駰音因。載馳載驅，周爰咨詢。親戚之謀為詢。兼此五者，雖有中和，當自謂無所及，成於六德也。箋云：中和謂忠信也。五者，咨也，諏也，謀也，度也，詢也。雖得此於忠信之賢人，猶當云己將無所及於事，則成六德，言慎其事。

皇皇者華五章章四句

常棣，燕兄弟也。閔管蔡之失道，故作常棣焉。周公弔二叔之不咸，而使兄弟之恩疏，召公為作此詩而歌之以親之。○棣，大計反，下同。此○常棣之華，鄂不韡韡。興也。常棣，棣也。鄂猶鄂鄂然，言外發也。韡韡，光明也。箋云：承華者曰鄂。不當作拊，拊，鄂足也。鄂足得華之光明，則韡韡然盛。興者，喻弟以敬事兄，兄以榮覆弟，恩義之顯亦韡韡然。古聲不拊同。○鄂，五各反。不，如字。韡，韋鬼反。凡今之人，莫如兄弟。聞常棣之言為今也。箋云：聞常棣之言，始聞常棣華鄂之說也。如此，則人之恩親無如兄弟之最厚。○死喪之威，兄弟孔懷。威，畏。懷，思也。箋云：死喪可畏怖之事，維兄弟之親甚相思念。原隰裒矣，兄弟求矣。裒，聚也。求矣，言求兄弟也。箋云：原也，隰也，以相與聚居之故，故能定高下之名，猶兄弟相求，故能立榮顯之名。○裒，薄侯反。○脊令在原，兄弟急難。脊令，雝渠也。飛則鳴，行則搖，不能自舍耳。急難，言兄弟之相救於急難。箋云：雝渠，水鳥，而今在原，失其常處，則飛則鳴，求其類，天性也。猶兄弟之於急難。○脊，井益反。令音零。雝，如字，又乃旦反。處，昌慮反。每有良朋，況也永歎。況，茲。永，長也。箋云：每，雖也。良，善也。當急難之時，雖有善同門來，茲對之長歎而已。○歎，吐丹反。又吐旦反，以協上句韻。○兄弟鬩于牆，外禦其務。鬩，很也。箋云：禦，禁。務，侮也。兄弟雖內鬩而外禦侮也。○鬩，許歷反。禦，魚呂反。務，如字，又音侮。每有良朋，烝也無戎。烝，填。戎，相也。箋云：當急難之時，雖有善同門來久也，猶無相助己者。古聲填、寘、塵同。○烝，之承反。○喪亂既平，既安且寧。雖有兄弟，不如友生。兄弟尚恩，怡怡然。朋友以義，切切然。箋云：平，猶正也。安寧之時，以禮義相琢磨，則友生急。○儐爾籩豆，飲酒之飫。儐，陳。飫，私也。不脫屨升堂謂之飫。箋云：私者，圖非常之事，若議大疑於堂，則有飫禮焉。聽朝為公。○儐，賓酳反。飫，於慮反。朝，直遙反。兄弟既具，和樂且孺。九族會曰和。孺，屬也。王與親戚燕則尚毛。箋云：九族，從己上至高祖，下及玄孫之親也。屬者，以昭穆相次序。○樂音洛，下同。○妻子好合，如鼓瑟琴。箋云：好合，志意合也。合者，如鼓瑟琴之聲相應和也。王與族人燕，則宗婦內宗之屬亦從后於房中。○好，呼報反。和，胡臥反。兄弟既翕，和樂且湛。翕，合也。○翕，許急反。湛，荅南反。○宜爾家室，樂爾妻帑。帑，子也。箋云：族人和，則得保樂其家中之大小。○帑音奴。是究是圖，亶其然乎。究，深。圖，謀。亶，信也。箋云：女深謀之，信其如是。○亶，都但反。

常棣八章章四句

伐木，燕朋友故舊也。自天子至于庶人，未有不須友以成者。親親以睦，友賢不棄，不遺故舊，則民德歸厚矣。○伐木丁丁，鳥鳴嚶嚶。興也。丁丁，伐木聲也。嚶嚶，驚懼也。箋云：丁丁、嚶嚶，相切直也。言昔日未居位在農之時，與友生於山巖伐木，為勤苦之事，猶以道德相切正也。嚶嚶，兩鳥聲也。其鳴之志似於有友道然，故連言之。○丁，陟耕反。嚶，於耕反。出自幽谷，遷于喬木。幽，深。喬，高也。箋云：遷，徙也。謂鄉時之鳥出從深谷，今移處高木。○喬，其驕反。鄉，許亮反。嚶其鳴矣，求其友聲。君子雖遷於高位，不可以忘其朋友。箋云：嚶其鳴矣，遷處高木者，求其友聲，求其尚在深谷者，其相得則復鳴嚶嚶然。○復，扶又反。○相彼鳥矣，猶求友聲。矧伊人矣，不求友生。矧，況也。箋云：相，視也。鳥尚知居高木呼其友，況是人乎，可不求之。○〔相〕息亮反。〔矧〕尸忍反。神之聽之，終和且平。箋云：以可否相增減曰和，平，齊等也。此言心誠求之，神若聽之，使得如志，則友終相與和而齊功也。○伐木許許，釃酒有藇。許許，柹貌。以筐曰釃，以藪曰湑。藇，美貌。箋云：此言前者伐木許許之人，今則有酒而釃之，本其故也。○〔許〕呼古反。〔釃〕所宜反。〔藇〕音敘。〔柹〕孚廢反。既有肥羜，以速諸父。羜，未成羊也。天子謂同姓諸侯，諸侯謂同姓大夫，皆曰父，異姓則稱舅。國君友其賢臣，大夫士友其宗族之仁者。箋云：速，召也。有酒有羜，今以召族人飲酒。○〔羜〕直呂反。寧適不來，微我弗顧。微，無也。箋云：寧召之，適自不來，無使言我不顧念也。○於粲洒埽，陳饋八簋。粲，鮮明貌。圓曰簋，天子八簋。箋云：粲然已灑糞矣，陳其黍稷矣，謂為食禮。○於如字，舊音烏。〔粲〕采旦反。〔洒〕所懈反。〔埽〕素報反。〔饋〕其位反。〔簋〕居偉反。〔灑〕所蟹反。〔糞〕甫問反。〔食〕音嗣。既有肥牡，以速諸舅。寧適不來，微我有咎。咎，過也。○伐木于阪，釃酒有衍。衍，美貌。箋云：此言伐木于阪，亦本之也。籩豆有踐，兄弟無遠。箋云：踐，陳列貌。兄弟，父之黨、母之黨。民之失德，乾餱以愆。餱，食也。箋云：失德，謂見謗訕也。民尚以乾餱之食獲愆過於人，況天子之饌，反可以恨兄弟乎？故不當遠之。○〔餱〕音侯。〔愆〕起虔反。○有酒湑我，無酒酤我。湑，茜之也。酤，一宿酒也。箋云：酤，買也。此族人陳王之恩也。王有酒則泲茜之，王無酒酤買之，要欲厚於王族人。○〔湑〕思敘反。〔酤〕音戶，鄭音顧，又音沽。〔茜〕所六反。〔泲〕子禮反。坎坎鼓我，蹲蹲舞我。蹲蹲，舞貌。箋云：為我擊鼓坎坎然，為我興舞蹲蹲然，謂以樂樂己。○〔坎〕如字。〔蹲〕七旬反。〔為〕于偽反。〔樂樂〕上音岳，下音洛。迨我暇矣，飲此湑矣。箋云：迨，及也。此又述王意也。王曰：及我今之閒暇，共飲此湑酒，欲其無不醉之意。○〔迨〕音待。〔閒〕音閑。

伐木六章，章六句

天保，下報上也。君能下下以成其政，臣能歸美以報其上焉。下下，謂鹿鳴至伐木，皆君所以下臣也。臣亦宜歸美於王，以崇君之尊而福祿之，以荅其歌。○〔下下〕俱戶嫁反。○天保定爾，亦孔之固。固，堅也。箋云：保，安。爾，女也。女，王也。天之安定女，亦甚堅固。俾爾單厚，何福不除。俾，使。單，信也。或曰：單，厚也。除，開也。箋云：單，盡也。天使女盡厚天下之民，何福而不開，皆開出以予之。○〔單〕都但反，鄭音丹。〔除〕治慮反。俾爾多益，以莫不庶。庶，眾也。箋云：莫，無也。使女每物益多，以是故無不眾也。○天保定爾，俾爾戩穀。罄無不宜，受天百祿。戩，福。穀，祿。罄，盡也。箋云：天使女所福祿之人，謂羣臣也，其舉事盡得其宜，受天之多祿。○〔戩〕子踐反。降爾遐福，維日不足。箋云：遐，遠也。天又下予女以廣遠之福，使天下溥蒙之，汲汲然如日且不足也。○天保定爾，以莫不興。箋云：興，盛也。無不盛者，使萬物皆盛，草木暢茂，禽獸碩大。如山如阜，如岡如陵。言廣厚也。高平曰陸，大陸曰阜，大阜曰陵。箋云：此言其福祿委積高大也。如川之方至，以莫不增。箋云：川之方至，謂其水縱長之時也。萬物收皆增多也。○〔長〕張丈反。○吉蠲為饎，是用孝享。吉，善。蠲，絜也。饎，酒食也。享，獻也。箋云：謂將祭祀也。○〔蠲〕古懸反。〔饎〕尺志反。禴祠烝嘗，于公先王。春曰祠，夏曰禴，秋曰嘗，冬曰烝。公，事也。箋云：公先公謂后稷至諸盩○[禴]餘若反[盩]直留反周大王父名君曰卜爾萬壽無疆君先君也尸所以象神卜予也箋云君曰卜爾者尸嘏主人傳神辭也○[嘏]古雅反○神之弔矣詒爾多福弔至詒遺也箋云神至者宗廟致敬鬼神著矣此之謂也○[弔]都歷反[詒]音怡民之質矣日用飲食質成也箋云成平也民事平以禮飲食相燕樂而已羣黎百姓徧爲爾德百姓百官族姓也箋云黎衆也羣衆百姓徧爲女之德言則而象之○如月之恆如日之升恆弦升出也言俱進也箋云月上弦而就盈日始出而就明○[恆]古鄧反如南山之壽不騫不崩騫虧也○[騫]起虔反如松柏之茂無不爾或承箋云或之言有也如松柏之枝葉常茂盛青青相承無衰落也

天保六章章六句

采薇遣戍役也文王之時西有昆夷之患北有玁狁之難以天子之命命將率遣戍役以守衛中國故歌采薇以遣之出車以勞還杕杜以勤歸也文王爲西伯服事殷之時也昆夷西戎也天子殷王也戍守也西伯以殷王之命命其屬爲將率將戍役禦西戎及北狄之難歌采薇以遣之杕杜勤歸者以其勤勞之故於其歸歌杕杜以休息之○[昆]古門反[玁]音險[狁]音允[難]乃旦反[將]子亮反[率]所類反後篇同[勞]力報反後篇同[杕]大計反○采薇采薇薇亦作止薇菜作生也箋云西伯將遣戍役先與之期以采薇之時今薇生矣先輩可以行也重言采薇者丁寧行期也○[重]去聲曰歸曰歸歲亦莫止箋云莫晚也曰女何時歸乎亦歲晚之時乃得歸也又丁寧歸期定其心也○[莫]音暮靡室靡家玁狁之故不遑啓居玁狁之故玁狁北狄也箋云北狄今匈奴也靡無遑暇啓跪也古者師出不踰時今薇生而行歲晚乃得歸使女無室家夫婦之道不暇跪居者有玁狁之難故曉之也○采薇采薇薇亦柔止柔始生也箋云柔謂脆脕之時○[脆]七歲反[脕]音問曰歸曰歸心亦憂止箋云憂止者憂其歸期將晚憂心烈烈載飢載渴箋云烈烈憂貌則飢則渴言其苦也我戍未定靡使歸聘聘問也箋云定止也我方守於北狄未得止息無所使歸問言所以憂○采薇采薇薇亦剛止少而剛也箋云剛謂少堅忍時○[少]詩照反曰歸曰歸歲亦陽止陽歷陽月也箋云十月爲陽時坤用事嫌於無陽故以名此月爲陽王事靡盬不遑啓處箋云盬不堅固也處猶居也憂心孔疚我行不來疚病來至也箋云我戍役自我也來猶反也據家曰來○[疚]久又反○彼爾維何維常之華爾華盛貌常常棣也箋云此言彼爾者乃常棣之華以興將率車馬服飾之盛○[爾]乃禮反彼路斯何君子之車箋云斯此也君子謂將率戎車既駕四牡業業業業然壯也豈敢定居一月三捷捷勝也箋云定止也將率之志往至所征之地不敢止而居處自安也往則庶乎一月之中三有勝功謂侵也伐也戰也○[三]息蹔反又如字○駕彼四牡四牡騤騤君子所依小人所腓騤騤彊也腓辟也箋云腓當作芘此言戎車者將率之所依乘戍役之所芘倚○[騤]求龜反[腓]符非反四牡翼翼象弭魚服翼翼閑也象弭弓反末也所以解紒也魚服魚皮也箋云弭弓反末彆者以象骨爲之以助御者解轡紒宜滑也服矢服也○[弭]彌氏反[紒]音計又音結[彆]音鼈豈不日戒玁狁孔棘箋云戒警勑軍事也孔甚棘急也言君子小人豈不日相警戒乎誠日相警戒也玁狁之難甚急豫述其苦以勸之○[日]音越又人栗反○昔我往矣楊柳依依今我來思雨雪霏霏楊柳蒲柳也霏霏甚也箋云我來戍止而謂始反時也上三章言戍役次二章言將率之行故此章重序其往反之時極言其苦以說之○[雨]于付反[說]音悅行道遲遲載渴載飢遲遲長遠也箋云行反在於道路猶飢猶渴言至苦

也。我心傷悲，莫知我哀。君子能盡人之情故人忘其死

采薇六章章八句

出車勞還率也。遣將率及戍役同歌同時欲其同心也反而勞之異歌異日殊尊卑也禮記曰賜君子小人不同日此其義也○〔勞〕力報反〔還〕音旋○我出我車，于彼牧矣。出車就馬於牧地箋云上我我殷王也下我將率自謂也西伯以天子之命出我戎車於所牧之地將使我出征伐自天子所，謂我來矣。箋云自從也有人從王所來謂我來矣謂以王命召己將使爲將率也先出戍車乃召將率將率尊也召彼僕夫，謂之載矣。王事多難，維其棘矣。僕夫御夫也箋云棘急也王命召己即召御夫使裝載物而往王之事多難其召我必急欲疾趨之此序其忠敬也○〔難〕乃旦反○我出我車，于彼郊矣。設此旐矣，建彼旄矣。龜蛇曰旐旄干旄箋云設旐者屬之於干旄而建之戎車將率既受命行乃乘焉牧地在遠郊○〔旐〕音兆〔旄〕音毛〔屬〕音燭彼旟旐斯，胡不旆旆。鳥隼曰旟旆旆旒垂貌○〔旟〕音餘〔旆〕蒲貝反○憂心悄悄，僕夫況瘁。箋云況茲也將率既受命行而憂臨事而懼也御夫則茲益憔悴憂其馬之不正○〔悄〕七小反〔瘁〕似醉反○王命南仲，往城于方。出車彭彭，旂旐央央。王殷王也南仲文王之屬方朔方近玁狁之國也彭彭四馬貌交龍爲旂央央鮮明也箋云王使南仲爲將率往築城于朔方爲軍壘以禦北狄之難○〔央〕於京反又於良反天子命我，城彼朔方。赫赫南仲，玁狁于襄。朔方北方也赫赫盛貌襄除也箋云此我我戍役也戍役築壘而美其將率自此出征也○昔我往矣，黍稷方華。今我來思，雨雪載塗。王事多難，不遑啟居。塗凍釋也箋云黍稷方華朔方之地六月時也以此時始出壘征伐玁狁因伐西戎至春凍始釋而來反其間非有休息○〔雨〕于付反又如字豈不懷歸，畏此簡書。簡書戒命也鄰國有急以簡書相告則奔命救之○喓喓草蟲，趯趯阜螽。箋云草蟲鳴阜螽躍而從之天性也喻近西戎之諸侯聞南仲既征玁狁將伐西戎之命則跳躍而鄉望之如阜螽之聞草蟲鳴焉草蟲鳴晚秋之時也此以其時所見而興之○〔喓〕於遙反〔趯〕吐歷反〔螽〕音終未見君子，憂心忡忡。既見君子，我心則降。箋云君子斥南仲也降下也○〔忡〕勑中反〔降〕戶江反赫赫南仲，薄伐西戎。○春日遲遲，卉木萋萋。倉庚喈喈，采蘩祁祁。執訊獲醜，薄言還歸。卉草也訊辭也箋云訊言醜眾也伐西戎以凍釋時反朔方之壘息戍役至此時而歸京師稱美時物以及其事喜而詳之也執其可言問所獲之眾以歸者當獻之也○〔卉〕許貴反〔萋〕七西反赫赫南仲，玁狁于夷。夷平也箋云平者平之於王也此時亦伐西戎獨言平玁狁者玁狁大故以爲始以爲終

出車六章章八句

杕杜，勞還役也。役戍役也○有杕之杜，有睆其實。興也睆實貌杕杜猶得其時蕃滋役夫勞苦不得盡其天性○〔睆〕華版反王事靡盬，繼嗣我日。箋云嗣續也王事無不堅固我行役續嗣其日言常勞苦無休息日月陽止，女心傷止，征夫遑止。箋云十月爲陽遑暇也婦人思望其君子陽月之時已憂傷矣征夫如今已閒暇且歸也而尚不得歸故序其男女之情以說之陽月而思望之者以初時云歲亦莫止○有杕之杜，其葉萋萋。王事靡盬，我心傷悲。箋云傷悲者念其君子於今勞苦卉木萋止，女心悲止，征夫歸止。室家踰時則思○陟彼北山，言采其杞。王事靡盬，憂我父母。箋云杞非常菜也而升北山采之託有事以望君子檀車幝幝，四牡痯痯，征夫不遠。檀車役車也幝幝敝貌痯痯罷貌箋云不遠者言其來喻路近○〔幝〕尺善反又勑丹反〔痯〕古緩反〔罷〕音皮○匪載匪來，憂

心孔疚。箋云匪非疚病也君子至期不裝載意不為來我念之憂心甚病○〔疚〕居又反期逝
不至而多為恤。逝往恤憂也遠行不必如期室家之情以期望之卜筮偕止。
會言近止征夫邇止。卜之筮之會人占之邇近也箋云偕俱會合也或卜之或筮之
俱占之合言於繇為近征夫如今近耳○〔繇〕直又反

杕杜四章章七句

魚麗。美萬物盛多能備禮也。文武以天保以上治內。
采薇以下治外。始於憂勤。終於逸樂。故美萬物盛多。
可以告於神明矣。內謂諸夏也外謂夷狄也告於神明者於祭祀而歌之○〔麗〕力馳反
〔上〕時掌反○魚麗于罶鱨鯊。麗歷也罶曲梁也寡婦之笱也鱨揚也鯊鮀也大平而後
微物眾多取之有時用之有道則物莫不多矣古者不風不暴不行火草木不折不操斧斤不入山林豺
祭獸然後殺獺祭魚然後漁鷹隼擊然後罻羅設是以天子不合圍諸侯不掩羣大夫不麛不卵士不隱
塞庶人不數罟罟必四寸然後入澤梁故山不童澤不竭鳥獸魚鼈皆得其所然○〔罶〕音柳〔鱨〕音嘗〔鯊〕音
沙〔暴〕蒲卜反〔罻〕音畏〔塞〕蘇代反〔數〕七欲反君子有酒旨且多。箋云酒美而此魚又多也
○有酒旨絕句○魚麗于罶魴鱧。鱧鯛也君子有酒多且旨。箋云
酒多而此魚又美也○魚麗于罶鰋鯉。鰋鮎也〔鰋〕音偃○君子有酒旨
且有。箋云酒美而此魚又有○物其多矣。維其嘉矣。箋云魚既多又善
○物其旨矣。維其偕矣。箋云魚既美又齊等○物其有矣。維其
時矣。箋云魚既有又得其時

魚麗六章三章章四句三章章二句

南陔。孝子相戒以養也。○〔陔〕古哀反〔養〕餘尚反○白華。孝子之
絜白也。○華黍。時和歲豐。宜黍稷也。有其義而亡其
辭。此三篇者鄉飲酒燕禮用焉曰笙入立于縣中奏南陔白華華黍是也孔子論詩雅頌各得其所時
俱在耳篇第當在於此遭戰國及秦之世而亡之其義則與眾篇之義合編故存至毛公為詁訓傳乃分
眾篇之義各置於其篇端云又闕其亡者以見在為數故推改什首遂通耳而下非孔子之舊○〔縣〕音懸

鹿鳴之什十篇五十五章三百一十五句

毛詩卷第九

毛詩卷第十

南有嘉魚之什詁訓傳第十七

小雅　　鄭氏箋

南有嘉魚，樂與賢也。大平之君子至誠樂與賢者共之也。樂得賢者與共立於朝相燕樂也。○〔樂〕音洛。〔大〕音泰。

○南有嘉魚，烝然罩罩。江漢之間魚所產也。罩罩，篧也。箋云：烝，塵也。塵然猶言久如也。言南方水中有善魚，人將久如而俱罩之，遲之也。喻天下有賢者，在位之人將久如而竝求致之於朝，亦遲之也。遲之者，謂至誠也。○〔罩〕張教反。〔篧〕助角反。〔遲〕直異反。君子有酒，嘉賓式燕以樂。箋云：君子斥時在位者也。式，用也。用酒與賢者燕飲而樂也。○〔樂〕音洛，協句五教反。

○南有嘉魚，烝然汕汕。汕汕，樔也。箋云：樔者，今之撩罟也。○〔汕〕所諫反。〔樔〕側交反。〔撩〕力條反。君子有酒，嘉賓式燕以衎。衎，樂也。○〔衎〕苦旦反。

○南有樛木，甘瓠纍之。興也。纍，蔓也。箋云：君子下其臣，故賢者歸往也。○〔樛〕居虯反。〔瓠〕音護。君子有酒，嘉賓式燕綏之。箋云：綏，安也。與嘉賓燕飲而安之。鄉飲酒曰：賓以我安。

○翩翩者鵻，烝然來思。鵻，壹宿之鳥。箋云：壹宿者，壹意於其所宿之木也。喻賢者有專壹之意於我，我將久如而來，遲之也。○〔翩〕音篇。〔鵻〕音隹。君子有酒，嘉賓式燕又思。箋云：又，復也。以其壹意，欲復與燕，加厚之。○〔復〕扶又反。

南有嘉魚四章章四句

南山有臺，樂得賢也。得賢則能爲邦家立大平之基矣。人君得賢則其德廣大堅固，如南山之有基趾。

○南山有臺，北山有萊。興也。臺，夫須也。萊，草也。箋云：興者，山之有草木以自覆蓋，成其高大，喻人君有賢臣以自尊顯。○〔夫〕音符。樂只君子，邦家之基。樂只君子，萬壽無期。基，本也。箋云：只之言是也。人君既得賢者，置之於位，又尊敬以禮樂樂之，則能爲國家之本，得壽考之福。○〔樂〕音洛。

○南山有桑，北山有楊。樂只君子，邦家之光。樂只君子，萬壽無疆。箋云：光，明也。政教明，有榮曜。

○南山有杞，北山有李。樂只君子，民之父母。樂只君子，德音不已。箋云：已，止也。不止者，言長見稱頌也。

○南山有栲，北山有杻。栲，山樗。杻，檍也。○〔栲〕音考。〔杻〕女九反。〔樗〕敕居反。〔檍〕音憶。樂只君子，遐不眉壽。樂只君子，德音是茂。眉壽，秀眉也。箋云：遐，遠也。遠不眉壽者，言其近眉壽也。茂，盛也。

○南山有枸，北山有楰。枸，枳枸。楰，鼠梓。○〔枸〕俱甫反。〔楰〕音庾。樂只君子，遐不黃耇。樂只君子，保艾爾後。黃，黃髮也。耇，老。艾，養。保，安也。○〔耇〕音苟。〔艾〕五蓋反。

南山有臺五章章六句

由庚，萬物得由其道也。○崇丘，萬物得極其高大也。○由儀，萬物之生各得其宜也。有其義而亡其辭。此三篇者，鄉飲酒、燕禮亦用焉，曰：乃間歌魚麗，笙由庚；歌南有嘉魚，笙崇丘；歌南山有臺，笙由儀。亦遭世亂而亡之。燕禮又有升歌鹿鳴，下管新宮，新宮亦詩篇名也。辭義皆亡，無以知其篇第之處。○〔間〕古莧反。

蓼蕭，澤及四海也。九夷、八狄、七戎、六蠻，謂之四海。國在九州之外，雖有大者，爵不過子。虞書曰：州十有二師，外薄四海，咸建五長。○〔蓼〕音六。〔薄〕音博。

○蓼彼蕭斯，零露湑兮。興也。蓼，長大貌。蕭，蒿也。湑湑然，蕭上露貌。箋云：興者，蕭，香物之微者，喻四海之諸侯亦國君之賤者。露者，天所以潤萬物，喻王者恩澤不爲遠國則不及也。○〔湑〕息敘反。既見君子，我心寫兮。輸寫其心也。箋云：既見君子者，遠國之君朝見於天子也。我心寫者，舒其情意，無留恨也。燕笑語。令是以有譽處兮。箋云天子與之燕而笑語則遠國之君各得其所是以稱揚德美使聲譽常處天子。○蓼彼蕭斯。零露瀼瀼。瀼瀼露蕃貌○[瀼]如羊反既見君子。爲龍爲光。龍寵也箋云爲龍爲光言天子恩澤光耀被及己也其德不爽。壽考不忘。爽差也○蓼彼蕭斯。零露泥泥。泥泥霑濡也○[泥]乃禮反既見君子。孔燕豈弟。豈樂弟易也箋云孔甚燕安也○[豈]開在反[弟]如字後放此宜兄宜弟。令德壽豈。爲兄亦宜爲弟亦宜○蓼彼蕭斯。零露濃濃。濃濃厚貌○[濃]奴同反又女龍反既見君子。鞗革忡忡。和鸞雝雝。萬福攸同。鞗轡也革轡首也忡忡垂飾貌在軾曰和在鑣曰鸞箋云此說天子之車飾者諸侯燕見天子天子必乘車迎于門是以云然攸所也○[鞗]徒彫反[忡]直弓反

蓼蕭四章章六句

湛露。天子燕諸侯也。燕謂與之燕飲酒也諸侯朝覲會同天子與之燕所以示慈惠○湛湛露斯。匪陽不晞。興也湛湛露茂盛貌陽日也晞乾也湛露雖湛湛然見陽則乾箋云興者露之在物湛湛然使物柯葉低垂喻諸侯受燕爵其儀有似醉之貌諸侯旅酬之則猶然唯天子賜爵則貌變肅敬承命有似露見日而晞厭厭夜飲。不醉無歸。厭厭安也夜飲私燕也宗子將有事則族人皆侍不醉而出是不親也醉而不出是渫宗也箋云天子燕諸侯之禮亡此假宗子與族人燕爲說爾族人猶羣臣也其醉不出不醉而出猶諸侯之儀也飲酒至夜猶云不醉無歸此天子於諸侯之儀燕飲之禮宵則兩階及庭門皆設大燭焉○[厭]於鹽反○湛湛露斯。在彼豐草。厭厭夜飲。在宗載考。豐茂也夜飲必於宗室箋云豐草喻同姓諸侯也載之言則也考成也夜飲之禮在宗室同姓諸侯則成之於庶姓其讓之則止昔者陳敬仲飲桓公酒而樂桓公命以火繼之敬仲曰臣卜其晝未卜其夜於是乃止此之謂不成也○[飲]桓於鴆反○湛湛露斯。在彼杞棘。顯允君子。莫不令德。箋云杞也棘也異類喻庶姓諸侯也令善也無不善其德言飲酒不至於醉○其桐其椅。其實離離。豈弟君子。莫不令儀。離離垂也箋云桐也椅也同類而異名喻二王之後也其實離離喻其薦俎禮物多於諸侯也飲酒不至於醉徒善其威儀而已謂陔節也○[椅]於宜反[陔]古哀反

湛露四章章四句

彤弓。天子錫有功諸侯也。諸侯敵王所愾而獻其功王饗禮之於是賜彤弓一彤矢百旅弓矢千凡諸侯賜弓矢然後專征伐○[彤]徒冬反[愾]苦愛反又火既反[旅]音盧○彤弓弨兮。受言藏之。彤弓朱弓也以講德習射弨弛貌言我也箋云言者謂王策命也王賜朱弓必策其功以命之受出藏之乃入也○[弨]尺昭反我有嘉賓。中心貺之。貺賜也箋云貺者欲加恩惠也王意殷勤於賓故歌序之鐘鼓既設。一朝饗之。箋云大飲賓曰饗一朝猶早朝○[飲]於鴆反○彤弓弨兮。受言載之。載以歸也箋云出載之車也我有嘉賓。中心喜之。喜樂也鐘鼓既設。一朝右之。右勸也箋云右之者主人獻之賓受爵奠于薦右既祭俎乃席未坐卒爵之謂也○[右]音又鄭如字○彤弓弨兮。受言櫜之。櫜韜也○[櫜]古刀反我有嘉賓。中心好之。好說也○[好]呼報反[說]音悅鐘鼓既設。一朝醻之。醻報也箋云飲酒之禮主人獻賓賓酢主人主人又飲而酌賓謂之醻醻猶厚也勸也○[醻]市由反

彤弓三章章六句

菁菁者莪。樂育材也。君子能長育人材。則天下喜樂之矣。樂育材者歌樂人君教學國人秀士選士俊士進士養之以漸至於官之○[菁]子丁反[莪]五何反[長]張丈反○菁菁者莪。在彼中阿。興也菁菁盛貌莪蘿蒿也中阿阿中

也。大陵曰阿。君子能長育人材，如阿之長莪菁菁然。箋云：長育之者，既教學之，又不征役也。既見君子，樂且有儀。箋云：既見君子者，官爵之而得見也。見則心既喜樂，又以禮儀見接。○菁菁者莪，在彼中沚。中沚，沚中也。○〔沚〕音止。既見君子，我心則喜。喜，樂也。○菁菁者莪，在彼中陵。中陵，陵中也。既見君子，錫我百朋。箋云：古者貨貝，五貝爲朋。賜我百朋，得祿多，言得意也。○汎汎楊舟，載沈載浮。楊木爲舟，載沈亦沈，載浮亦浮。箋云：舟者沈物亦載，浮物亦載，喻人君用士，文亦用，武亦用，於人之材無所廢。既見君子，我心則休。箋云：休者，休休然。

菁菁者莪四章，章四句

六月，宣王北伐也。○從此至無羊十四篇，是宣王之變小雅。鹿鳴廢則和樂缺矣。○〔樂〕音洛。四牡廢則君臣缺矣。皇皇者華廢則忠信缺矣。常棣廢則兄弟缺矣。伐木廢則朋友缺矣。天保廢則福祿缺矣。采薇廢則征伐缺矣。出車廢則功力缺矣。杕杜廢則師衆缺矣。魚麗廢則法度缺矣。南陔廢則孝友缺矣。白華廢則廉恥缺矣。華黍廢則蓄積缺矣。由庚廢則陰陽失其道理矣。南有嘉魚廢則賢者不安，下不得其所矣。崇丘廢則萬物不遂矣。南山有臺廢則爲國之基隊矣。○〔隊〕直類反。由儀廢則萬物失其道理矣。蓼蕭廢則恩澤乖矣。湛露廢則萬國離矣。彤弓廢則諸夏衰矣。○〔夏〕戶雅反。菁菁者莪廢則無禮儀矣。小雅盡廢則四夷交侵，中國微矣。六月言周室微而復興，美

宣王之北伐也。○六月棲棲，戎車既飭。四牡騤騤，載是常服。棲棲，簡閱貌。飭，正也。日月爲常。服，戎服也。箋云：記六月者，盛夏出兵，明其急也。戎車，革輅之等也，其等有五。戎車之常服，韋弁服也。○〔棲〕音西。〔騤〕求龜反。玁狁孔熾，我是用急。熾，盛也。箋云：此序吉甫之意也。北狄來侵甚熾，故王以是急遣我。○〔玁〕音險。〔狁〕庾準反。王于出征，以匡王國。箋云：于，曰。匡，正也。王曰：今女出征玁狁，以正王國之封畿。○比物四驪，閑之維則。物，毛物也。則，法也。言先教戰，然後用師。○〔比〕毗志反。維此六月，既成我服。我服既成，于三十里。師行三十里。箋云：王既成我戎服，將遣之，戒之曰：日行三十里，可以舍息。王于出征，以佐天子。出征以佐其爲天子也。箋云：王曰：今女出征伐，以佐助我天子之事，禦北狄也。○四牡脩廣，其大有顒。脩，長。廣，大也。顒，大貌。○〔顒〕玉容反。薄伐玁狁，以奏膚公。奏，爲。膚，大。公，功也。有嚴有翼，共武之服。嚴，威嚴也。翼，敬也。箋云：服，事也。言今師之羣帥，有威嚴者，有恭敬者，而共典是兵事，言文武之人備。○〔共〕如字，又音恭。共武之服，以定王國。箋云：定，安也。○玁狁匪茹，整居焦穫。侵鎬及方，至于涇陽。焦穫，周地，接于玁狁者。箋云：匪，非。茹，度也。鎬也，方也，皆北方地名。言玁狁之來侵，非其所當度爲也，乃自整齊而處周之焦穫，來侵至涇水之北，言其大恣也。○〔茹〕如豫反。〔穫〕音護。〔度〕徒洛反。織文鳥章，白旆央央。鳥章，錯革鳥爲章也。白旆，繼旐者也。央央，鮮明貌。箋云：織，徽織也。鳥章，鳥隼之文章，將帥以下衣皆著焉。○〔織〕音志。〔旆〕蒲貝反。〔央〕音英，或於良反，下篇同。元戎十乘，以先啓行。元，大也。夏后氏曰鉤車，先正也。殷曰寅車，先疾也。周曰元戎，先良也。箋云：鉤鞶，行曲直有正也。寅，進也。二者及元戎，皆可以先前啓突敵陳之前行。其制同異未聞。○〔乘〕繩證反。〔先〕去聲。〔行〕音航，前行同。〔陳〕去聲。○戎車既安，如輊如軒。四牡既佶，既佶且閑。輊，摯。佶，正也。箋云：戎車之安，從後視之如摯，從前視

之如軒然後適調也佶壯健之貌○〔輊〕竹二反〔佶〕其乙反薄伐玁狁至于大原言逐出之而已○〔大〕音泰文武吉甫萬邦為憲吉甫尹吉甫也有文有武憲法也箋云吉甫此時大將也○吉甫燕喜既多受祉祉福也箋云吉甫既伐玁狁而歸天子以燕禮樂之則歡喜矣又多受賞賜也來歸自鎬我行永久飲御諸友炰鼈膾鯉御進也箋云御侍也王以吉甫遠從鎬地來又日月長久今飲之酒使其諸友恩舊者侍之又加其珍美之饌所以極勸之也○〔飲〕於鴆反〔炰〕白交反侯誰在矣張仲孝友侯維也張仲賢臣也善父母為孝善兄弟為友使文武之臣征伐與孝友之臣處內箋云張仲吉甫之友其性孝友

六月六章章八句

采芑宣王南征也○〔芑〕音起○薄言采芑于彼新田于此菑畝興也芑菜也田一歲曰菑二歲曰新田三歲曰畬宣王能新美天下之士然後用之箋云興者新美之喻和治其家養育其身也士軍士也○〔菑〕側其反〔畬〕音餘方叔涖止其車三千師干之試方叔卿士也受命而為將也涖臨師眾干扞試用也箋云方叔臨視此戎車三千乘其士卒皆有佐師扞敵之用爾司馬法兵車一乘甲士三人步卒七十二人宣王承亂羨卒盡起○〔涖〕音利〔羨〕延面反餘也方叔率止乘其四騏四騏翼翼箋云率者率此戎車士卒而行也翼翼壯健貌路車有奭簟茀魚服鉤膺鞗革奭赤貌鉤膺樊纓也箋云茀之言蔽也車之蔽飾象席文也魚服矢服也鞗革轡首垂也○〔奭〕許力反〔鞗〕音條〔樊〕步干反○薄言采芑于彼新田于此中鄉鄉所也箋云中鄉美地名方叔涖止其車三千旂旐央央箋云交龍為旂龜蛇為旐此言軍眾將帥之車皆備方叔率止約軝錯衡八鸞瑲瑲軝長轂之軝也朱而約之錯衡文衡也瑲瑲聲也○〔軝〕祁支反轂篆也〔錯〕如字又七故反〔瑲〕七羊反服其命服朱芾斯皇有瑲葱珩朱芾黃朱芾也皇猶煌煌也瑲珩聲也葱蒼也三命葱珩言周室之強車服之美也言其強美斯劣矣箋云命服者命為將受王命之服也天子之服韋弁服朱衣裳也○〔芾〕音弗〔瑲〕七羊反〔珩〕音衡○鴥彼飛隼其飛戾天亦集爰止戾至也箋云隼急疾之鳥也飛乃至天喻士卒勁勇能深攻入敵也爰於也亦集於其所止喻士卒須命乃行也○〔鴥〕唯必反方叔涖止其車三千師干之試箋云三稱此者重師也方叔率止鉦人伐鼓陳師鞠旅伐擊也鉦以靜之鼓以動之鞠告也箋云鉦也鼓也各有人焉言鉦人伐鼓互言爾二千五百人為師五百人為旅此言將戰之日陳列其師旅誓告之也陳師告旅亦互言之○〔鉦〕音征〔鞠〕居六反顯允方叔伐鼓淵淵振旅闐闐淵淵鼓聲也入曰振旅復長幼也箋云伐鼓淵淵謂戰時進士眾也至戰止將歸又振旅伐鼓闐闐然振猶止也旅眾也春秋傳曰出曰治兵入曰振旅其禮一也○〔闐〕音田○蠢爾蠻荊大邦為讎蠢動也蠻荊荊州之蠻也箋云大邦列國之大也○〔蠢〕尺允反方叔元老克壯其猶元大也五官之長出於諸侯曰天子之老壯大猶道也箋云猶謀也謀兵謀也方叔率止執訊獲醜箋云方叔率其士眾執其可言問所獲敵人之眾以還歸也戎車嘽嘽嘽嘽焞焞如霆如雷嘽嘽眾也焞焞盛也箋云言戎車既眾盛其威又如雷霆言雖久在外無罷勞也○〔嘽〕吐丹反〔焞〕吐雷反〔罷〕音皮顯允方叔征伐玁狁蠻荊來威箋云方叔先與吉甫征伐玁狁今特往伐蠻荊皆使來服於宣王之威美其功之多也

采芑四章章十二句

車攻宣王復古也宣王能內脩政事外攘夷狄復文武之竟土脩車馬備器械復會諸侯於東都因田獵

而選車徒焉東都王城也○[攘]如羊反除也却也[竟]音境[械]戶戒反[復]會扶又反

○我車既攻我馬既同攻堅同齊也宗廟齊毫尚純也戎事齊力尚強也田獵齊足尚疾也四牡龐龐駕言徂東龐龐充實也東洛邑也○[龐]鹿同反又扶公反

○田車既好四牡孔阜東有甫草駕言行狩甫大也田者大艾草以為防或舍其中褐纏旃以為門裘纏質以為槸閑容握驅而入擊則不得入左者之左右者之右然後焚而射焉天子發然後諸侯發諸侯發然後大夫士發天子發抗大綏諸侯發抗小綏獻禽於其下故戰不出頃田不出防不逐奔走古之道也箋云甫草者甫田之草也鄭有甫田○[甫]如字鄭音補[槸]魚列反

○之子于苗選徒囂囂之子有司也夏獵曰苗囂囂聲也維數車徒者為有聲也箋云于曰也○[囂]五刀反建旐設旄搏獸于敖敖地名箋云獸田獵搏獸也敖鄭地今近滎陽

○駕彼四牡四牡奕奕言諸侯來會也赤芾金舄會同有繹諸侯赤芾金舄舄達屨也時見曰會殷見曰同繹陳也箋云金舄黃朱色也○[舄]音昔[繹]音亦

○決拾既佽弓矢既調決鉤弦也拾遂也佽利也箋云佽謂手指相次比也調謂弓強弱與矢輕重相得○[決]古穴反[佽]音次[比]毗志反射夫既同助我舉柴柴積也箋云既同已射同復將射之位也雖不中必助中者舉積禽也○[柴]子智反

○四黃既駕兩驂不猗言御者之良也○[猗]於寄反又於綺反不失其馳舍矢如破言習於射御法也箋云御者之良得舒疾之中射者之工矢發則中如椎破物也○[舍]音捨

○蕭蕭馬鳴悠悠旆旌言不讙譁也○[讙]音歡徒御不驚大庖不盈徒輦也御御馬也不驚驚也不盈盈也一曰乾豆二曰賓客三曰充君之庖故自左膘而射之達于右腢為上殺射右耳本次之射左髀達于右䯚為下殺面傷不獻踐毛不獻不成禽不獻禽雖多擇取三十焉其餘以與大夫士以習射於澤宮田雖得禽射不中不得取禽田雖不得禽射中則得取禽古者以辭讓取不以勇力取箋云不驚驚也不盈盈也反其言美之也射右耳本射當為達三十者每禽三十也○[庖]蒲茅反[膘]頻小反[腢]音愚又五厚反[䯚]餘繞反又胡了反

○之子于征有聞無聲有善聞而無讙譁之聲箋云晉人伐鄭陳成子救之舍於柳舒之上去穀七里穀人不知可謂有聞無聲○[聞]音問允矣君子展也大成箋云允信展誠也大成謂致太平也

車攻八章章四句

吉日美宣王田也能慎微接下無不自盡以奉其上焉

○吉日維戊既伯既禱維戊順類乘牡也伯馬祖也重物慎微將用馬力必先為之禱其祖禱禱獲也箋云戊剛日也故乘牡為順類也○[禱]丁老反田車既好四牡孔阜升彼大阜從其羣醜箋云醜衆也田而升大阜從禽獸之羣衆也

○吉日庚午既差我馬外事以剛日差擇也獸之所同麀鹿麌麌鹿牝曰麀麌麌衆多也箋云同猶聚也麕牡曰麌麌復麌言多也○[麀]音憂[麌]愚甫反漆沮之從天子之所漆沮之水麀鹿所生也從漆沮驅禽而至天子之所○[沮]七徐反

○瞻彼中原其祁孔有祁大也箋云祁當作麎麎麋牝也中原之野甚有之○[祁]巨私反鄭音辰儦儦俟俟或羣或友趨則儦儦行則俟俟獸三曰羣二曰友○[儦]表嬌反[俟]音士悉率左右以燕天子驅禽之左右以安待天子箋云率循也悉驅禽順其左右之宜以安待王之射也○[射]食亦反

○既張我弓既挾我矢發彼小豝殪此大兕殪壹發而死言能中微而制大也箋云豕牝曰豝○[挾]子洽反又子協反又戶頰反[豝]音巴[殪]於計反[兕]徐履反[中]張仲反以御賓客且以酌醴饗醴天子之飲酒也箋云御賓客者給賓客之御也賓客謂諸侯也酌醴酌而飲羣臣以為俎實也

吉日四章章六句

南有嘉魚之什十篇四十六章二百七十二句

毛詩卷第十

毛詩卷第十一

鴻鴈之什詁訓傳第十八

小雅　鄭氏箋

鴻鴈，美宣王也。萬民離散，不安其居，而能勞來還定安集之，至于矜寡，無不得其所焉。宣王承厲王衰亂之敝，而起興復先王之道，以安集衆民爲始也。書曰：天將有立父母，民之有政有居。宣王之爲是務。○[勞]力報反。[來]力代反。[矜]古頑反。

○鴻鴈于飛，肅肅其羽。興也。大曰鴻，小曰鴈。肅肅，羽聲也。箋云：鴻鴈知辟陰陽寒暑，興者，喻民知去無道就有道。之子于征，劬勞于野。之子，侯伯卿士也。劬勞，病苦也。箋云：侯伯卿士，謂諸侯之伯與天子卿士也。是時民既離散，邦國有壞滅者，侯伯久不述職，王使廢於存省諸侯，於是始復之，故美焉。○[劬]其俱反。爰及矜人，哀此鰥寡。矜，憐也。老無妻曰鰥，偏喪曰寡。箋云：爰，曰也。王之意不徒使此爲諸侯之事，與安集萬民而已，王曰當及此可憐之人，謂貧窮者，欲令賙餼之。鰥寡則哀之，其孤獨者收斂之，使有所依附。○[矜]蘇泳反。

○鴻鴈于飛，集于中澤。中澤，澤中也。箋云：鴻鴈之性，安居澤中，今飛又集于澤中，猶民去其居而離散。今見還定安集。之子于垣，百堵皆作。一丈爲版，五版爲堵。箋云：侯伯卿士又於壞滅之國，徵民起屋舍，築牆壁，百堵同時而起，言趨事也。春秋傳曰：五版爲堵，五堵爲雉，雉長三丈，則版六尺。○[垣]音袁。雖則劬勞，其究安宅。究，窮也。箋云：此勸萬民之辭。女今雖病勞，終有安居。○[究]居又反。

○鴻鴈于飛，哀鳴嗸嗸。未得所安集則嗸嗸然。箋云：此之子所未至者。○[嗸]五刀反。維此哲人，謂我劬勞。箋云：此哲人謂知王之意及之子之事者。我，之子自我也。維彼愚人，謂我宣驕。宣，示也。箋云：謂我役作衆民爲驕奢。

鴻鴈三章章六句

庭燎，美宣王也。因以箴之。諸侯將朝，宣王以夜未央之時問夜早晚。美者，美其能自勤以政事；因以箴者，王有雞人之官，凡國事爲期，則告之以時。王不正其官而問夜早晚。○[燎]力照反。[箴]之金反。

○夜如何其？箋云：此宣王以諸侯將朝，夜起曰：夜如何其？問早晚之辭。○[其]音基，辭也。夜未央，庭燎之光。君子至止，鸞聲將將。央，旦也。庭燎，大燭也。君子，諸侯也。將將，鸞鑣聲也。箋云：夜未央，猶言夜未渠央也。而於庭設大燭，使諸侯早來朝，聞鸞聲將將然。○[央]於良反，盡也。[將]七羊反。

○夜如何其？夜未艾，庭燎晣晣。君子至止，鸞聲噦噦。艾，久也。晣晣，明也。噦噦，徐行有節也。箋云：芟末曰艾，以言夜先雞鳴時。○[艾]音刈。[晣]之世反。[噦]呼會反。

○夜如何其？夜鄉晨，庭燎有煇。君子至止，言觀其旂。煇，光也。箋云：晨，明也。上二章聞鸞聲，爾今夜鄉明，我見其旂，是朝之時也。朝禮別色始入。○[鄉]許亮反。[旂]音祈。

庭燎三章章五句

沔水，規宣王也。規者，正圓之器也。規主仁恩也。以恩親正君曰規。春秋傳曰：近臣盡規。○[沔]緜善反。

○沔彼流水，朝宗于海。興也。沔，水流滿也。水猶有所朝宗。箋云：興者，水流而入海，小就大也。喻諸侯朝天子，亦猶是也。諸侯春見天子曰朝，夏見曰宗。○[朝]直遙反。[見]賢遍反。鴥彼飛隼，載飛載止。箋云：載之言則也。言隼欲飛則飛，欲止則止，喻諸侯之自驕恣，欲朝不朝，自由無所在心也。○[鴥]惟必反。[隼]息尹反。嗟我兄弟，邦人諸友，莫肯念亂，誰無父母？邦人諸友，謂諸侯也。兄弟，同姓臣也。京師者，諸侯之父母也。箋云：我，我王也。莫，無也。我同姓異姓之諸侯，女自恣聽，不朝，無肯念此。於禮法爲亂者，女誰無父母乎？言皆生於父母也。臣之道，資於事父以事君。

○沔彼流水，其流湯湯。言放縱無所入也。箋云：湯湯，波流盛貌，喻諸侯奢僭，既不朝天子，復不事侯伯。○[湯]失羊反。鴥彼飛隼，載飛載

揚 言無所定止也箋云則飛則揚喻諸侯出兵妄相侵伐 念彼不蹟 載起載行 心之憂矣 不可弭忘 不蹟不循道也弭止也箋云彼彼諸侯也諸侯不循法度妄興師出兵我念之憂不能忘也○〔蹟〕井亦反〔弭〕彌氏反 ○鴥彼飛隼 率彼中陵 箋云率循也隼之性待鳥雀而食飛循陵阜者是其常也喻諸侯之守職順法度者亦是其常也 民之訛言 寧莫之懲 懲止也箋云訛僞也言時不令小人好詐僞爲交易之言使見怨咎安然無禁止 我友敬矣 讒言其興 疾王不能察讒也箋云我我天子也友謂諸侯也言諸侯有敬其職順法度者讒人猶興其言以毀惡之王與侯伯不當察之○〔惡〕烏路反

沔水三章 二章章八句 一章六句

鶴鳴 誨宣王也 誨教也教宣王求賢人之未仕者 ○鶴鳴于九皋 聲聞于野 興也皋澤也言身隱而名著也箋云皋澤中水溢出所爲坎自外數至九喻深遠也鶴在中鳴焉而野聞其鳴聲興者喻賢者雖隱居人咸知之○〔皋〕音羔〔聞〕音問 魚潛在淵 或在于渚 良魚在淵小魚在渚箋云此言魚之性寒則逃於淵溫則見於渚喻賢者世亂則隱治平則出在時君也 樂彼之園 爰有樹檀 其下維蘀 何樂於彼園之觀乎蘀落也尚之以其樹檀而下其蘀箋云之往爰日也言所以之彼園而觀者人日有樹檀檀下有蘀此猶朝廷之尚賢者而下小人是以往也○〔樂〕音洛〔蘀〕音託 它山之石 可以爲錯 錯石也可以琢玉舉賢用滯則可以治國箋云它山喻異國○〔錯〕七落反 ○鶴鳴于九皋 聲聞于天 箋云天高遠也 魚在于渚 或潛在淵 箋云時寒則魚去渚逃於淵 樂彼之園 爰有樹檀 其下維穀 穀惡木也〔穀〕工木反 ○它山之石 可以攻玉 攻錯也

鶴鳴二章章九句

祈父 刺宣王也 刺其用祈父不得其人也官非其人則職廢祈父之職掌大軍之事有九伐之法祈圻畿同○〔祈〕勤衣反 ○祈父 祈父司馬也職掌封圻之兵甲箋云此司馬也時人以其職號之故曰祈父書曰若疇圻父謂司馬司馬掌祿士故司士屬焉又有司右主勇力之士 予王之爪牙 胡轉予于恤 靡所止居 恤憂也宣王之末司馬職廢羌戎爲敗箋云予我轉移也此勇力之士責司馬之辭也我乃王之爪牙爪牙之士當爲王閑守之衛女何移我於憂使我無所止居乎謂見使從軍與羌戎戰於千畝而敗之時也六軍之士出自六鄉法不取於王之爪牙之士○〔爲〕于僞反 ○祈父 予王之爪士 士事也 胡轉予于恤 靡所厎止 厎至也○〔厎〕之履反 ○祈父 亶不聰 亶誠也○〔亶〕都但反 ○胡轉予于恤 有母之尸饔 尸陳也熟食曰饔箋云己從軍而母爲父陳饌飲食之具自傷不得供養也

祈父三章章四句

白駒 大夫刺宣王也 刺其不能留賢也 ○皎皎白駒 食我場苗 縶之維之 以永今朝 宣王之末不能用賢賢者有乘白駒而去者縶絆維繫也箋云永久也願此去者乘其白駒而來使食我場中之苗我則絆之繫之以久今朝愛之欲留之○〔皎〕古了反〔場〕直良反〔縶〕陟立反 所謂伊人 於焉逍遙 箋云伊當作緊緊猶是也所謂是乘白駒而去之賢人今於何遊息乎思之甚也○〔焉〕於虔反又如字 ○皎皎白駒 食我場藿 縶之維之 以永今夕 藿猶苗也夕猶朝也○〔藿〕火郭反 所謂伊人 於焉嘉客 ○皎皎白駒 賁然來思 賁飾也箋云願其來而得見之易卦曰山下有火賁賁黃白色也○〔賁〕彼義反 爾公爾侯 逸豫無期 爾公爾侯邪何爲逸樂無期以反也 慎爾優游 勉爾遁思 慎誠也箋云誠女優遊使待時也勉女遁

思度己終不得見自訣之辭○[遁]徒遜反○皎皎白駒在彼空谷空大也生芻一束其人如玉箋云此戒之也女行所舍主人之餼雖薄要就賢人其德如玉然○[芻]楚俱反毋金玉爾音而有遐心箋云毋愛女聲音而有遠我之心以恩責之也○[毋]音無

白駒四章章六句

黃鳥刺宣王也刺其以陰禮教親而不至聯兄弟之不固○黃鳥黃鳥無集于穀無啄我粟興也黃鳥宜集木啄粟者喻天下室家不以其道而相去是失其性此邦之人不肯我穀穀善也箋云不肯以善道與我言旋言歸復我邦族宣王之末天下室家離散妃匹相去有不以禮者箋云言我復反也○黃鳥黃鳥無集于桑無啄我粱此邦之人不可與明不可與明夫婦之道箋云明當為盟盟信也言旋言歸復我諸兄婦人有歸宗之義箋云宗謂宗子也○黃鳥黃鳥無集于栩無啄我黍此邦之人不可與處處居也○[栩]況甫反[處]上聲言旋言歸復我諸父諸父猶諸兄也

黃鳥三章章七句

我行其野刺宣王也刺其不正嫁取之數而有荒政多淫昏之俗○我行其野蔽芾其樗昏姻之故言就爾居樗惡木也箋云樗之蔽芾始生謂仲春之時嫁取之月婦之父壻之父相謂昏姻言我也我乃以此二父之命故我就女居我豈其無禮來乎責之也○[蔽]必制反[芾]方味反[樗]勑書反爾不我畜復我邦家畜養也箋云宣王之末男女失道以求外昏棄其舊姻而相怨○[畜]吁玉反○我行其野言采其蓫昏姻之故言就爾宿蓫惡菜也箋云蓫牛蘈也亦仲春時生可采也○[蓫]勑六反爾不我畜言歸斯復復反也○我行其野言采其葍不思舊姻求爾新特葍惡菜也新特外昏也箋云葍葍也亦仲春時生可采也壻之父曰姻我采葍之時以禮來嫁女女不思女老父之命而棄我而求女新外昏特來之女責之也不以禮嫁必無肯媵之○[葍]音福[葍]音富○成不以富亦祇以異祇適也箋云女不以禮為室家成事不足以得富也女亦適以此自異於人道言可惡也○[祇]音支[惡]烏路反

我行其野三章章六句

斯干宣王考室也考成也德行國富人民殷眾而皆佼好骨肉和親宣王於是築宮廟羣寢既成而釁之歌斯干之詩以落之此謂成室宗廟成則又祭先祖○[佼]古卯反○秩秩斯干幽幽南山興也秩秩流行也干澗也幽幽深遠也箋云興者喻宣王之德如澗水之源秩秩流出無極已也國以饒富民取足焉如於深山○[秩]直乙反如竹苞矣如松茂矣苞本也箋云言時民殷眾如竹之本生矣其佼好又如松柏之暢茂矣兄及弟矣式相好矣無相猶矣猶道也箋云猶當作瘉瘉病也言時人骨肉用是相愛好無相詬病也○[好]呼報反[猶]如字鄭羊主反○似續妣祖似嗣也箋云似讀如巳午之巳巳續妣祖者謂已成其宮廟也妣先妣姜嫄也祖先祖也○[妣]必履反築室百堵西南其戶西鄉戶南鄉戶也箋云此築室者謂築燕寢也百堵百堵一時起也天子之寢有左右房西其戶者異於一房者之室戶也又云南其戶者宗廟及路寢制如明堂每室四戶是室一南戶爾○[鄉]許亮反爰居爰處爰笑爰語箋云爰於也於是居於是處於是笑於是語言諸寢之中皆可安樂○約之閣閣椓之橐橐約束也閣閣猶歷歷也橐橐用力也箋云約謂縮板也椓謂擣土也○[閣]音各[椓]陟角反[橐]音託[擣]丈牛反風雨攸除鳥鼠攸去君子攸芋芋大也箋云芋當作幠幠覆也寢廟既成其牆屋弘殺則風雨之所除也其堅致則鳥鼠之所

去也其堂室相稱則君子之所覆蓋○〔除〕直慮反去也〔芋〕香于反○如跂斯翼如人之跂竦翼爾○〔跂〕音企○如矢斯棘如鳥斯革棘稜廉也革翼也箋云棘戟也如人挾弓矢戟其肘如鳥夏暑希革張其翼時○〔棘〕居力反〔革〕如字如翬斯飛君子攸躋躋升也箋云伊洛而南素質五色皆備成章曰翬此章四如者皆謂廉隅之正形貌之顯也翬者鳥之奇異者也故以成之焉此章主於宗廟君子所升祭祀之時○〔翬〕音輝○殖殖其庭有覺其楹殖殖言平正也有覺言高大也箋云覺直也噲噲其正噦噦其冥正長也冥幼也箋云噲噲猶快快也正晝也噦噦猶煟煟也冥夜也言居之晝日則快快然夜則煟煟然皆寬明之貌○〔噲〕音快〔正〕音政〔噦〕呼會反〔冥〕莫形反〔煟〕音謂君子攸寧箋云此章主於寢君子所安燕息之時○下莞上簟乃安斯寢箋云莞小蒲之席也竹葦曰簟寢既成乃鋪席與羣臣安燕爲歡以落之○〔莞〕音官乃寢乃興乃占我夢言善之應人也箋云興夙興也有善夢則占之吉夢維何維熊維羆維虺維蛇箋云熊羆之獸虺蛇之蟲此四者夢之吉祥也○〔熊〕回弓反〔羆〕彼宜反〔虺〕許鬼反〔蛇〕市奢反○大人占之維熊維羆男子之祥維虺維蛇女子之祥箋云大人占之謂以聖人占夢之法占之也熊羆在山陽之祥也故爲生男虺蛇穴處陰之祥也故爲生女○〔大〕音泰○乃生男子載寢之牀載衣之裳載弄之璋半珪曰璋裳下之飾也璋臣之職也箋云男子生而臥於牀尊之也裳晝日衣也衣以裳者明當主於外事也玩以璋者欲其比德焉正以璋者明成之有漸○〔衣〕於既反下同其泣喤喤朱芾斯皇室家君王箋云皇猶煌煌也芾者天子純朱諸侯黃朱室家一家之內宜王所生之子或且爲諸侯或且爲天子皆將佩朱芾煌煌然○〔喤〕音橫聲也○乃生女子載寢之地載衣之裼載弄之瓦裼褓也瓦紡塼也箋云臥於地卑之也褓夜衣也明當主於內事紡塼習其所有事也○〔裼〕他計反○無非無儀唯酒食是議無父母詒罹婦人質無威儀也罹憂也箋云儀善也婦人無所專於家事有非非婦人也有善亦非婦人也婦人之事惟議酒食爾無遺父母之憂○〔詒〕以之反〔罹〕力馳反

斯干九章四章章七句五章章五句

無羊宣王考牧也厲王之時牧人之職廢宣王始興而復之至此而成謂復先王牛羊之數○誰謂爾無羊三百維羣誰謂爾無牛九十其犉黃牛黑脣曰犉箋云爾女也女宣王也宣王復古之牧法汲汲於其數故歌此詩以解之也誰謂女無羊今乃三百頭爲一羣誰謂女無牛今乃犉者九十頭言其多矣足如古也○〔犉〕而純反爾羊來思其角濈濈聚其角而息濈濈然箋云言此者美畜產得其所○〔濈〕莊立反〔畜〕許又反爾牛來思其耳濕濕呞而動其耳濕濕然○〔濕〕始立反〔呞〕丑之反○或降于阿或飲于池或寢或訛訛動也箋云言此者美其無所驚畏也○〔訛〕五戈反爾牧來思何蓑何笠或負其餱何揭也蓑所以備雨笠所以禦暑箋云言此者美牧人寒暑飲食有備○〔何〕何可反〔蓑〕素戈反〔笠〕音立〔餱〕音侯三十維物爾牲則具黑毛色者三十也箋云牛羊之色異者三十則女之祭祀索則有之○爾牧來思以薪以蒸以雌以雄箋云此言牧人有餘力則取薪蒸搏禽獸以來歸也麤曰薪細曰蒸爾羊來思矜矜兢兢不騫不崩矜矜兢兢以言堅彊也騫虧也崩羣疾也○〔兢〕其冰反〔騫〕起虔反麾之以肱畢來既升肱臂也升升入牢也箋云此言擾馴從人意也○〔麾〕毀皮反〔肱〕古閎反○牧人乃夢衆維魚矣旐維旟矣箋云牧人乃夢見人衆相與捕魚又夢見旐旟占夢之官得而獻之於宣王將以占國事也大人占之衆維魚矣實維豐年陰陽和則魚衆多矣箋云魚者庶人之所以養也今人衆

相與捕魚，則是歲熟相供養之祥也。易中孚卦曰：豚魚吉。○（養）羊亮反。旐維旟矣。室家溱溱。溱溱，衆也。旐旟所以聚衆也。箋云：溱溱，子孫衆多也。○（溱）側巾反。

無羊四章章八句

鴻鴈之什十篇三十二章二百三十三句

毛詩卷第十一

毛詩卷第十二

節南山之什詁訓傳第十九

小雅　鄭氏箋

節南山，家父刺幽王也。家父字，周大夫也。○[節]在切反，又如字。父音甫。

○節彼南山，維石巖巖。興也。節，高峻貌。巖巖，積石貌。箋云：興者，喻三公之位，人所尊嚴。赫赫師尹，民具爾瞻。憂心如惔，不敢戲談。赫赫，顯盛貌。師，大師，周之三公也。尹，尹氏，為大師。具，俱。瞻，視。惔，燔也。箋云：此言尹氏，女居三公之位，天下之民俱視女之所為，皆憂心如火灼爛之矣。又畏女之威，不敢相戲而言語，疾其貪暴，脅下以刑辟也。○[赫]許百反。[惔]徒藍反。國既卒斬，何用不監。卒，盡。斬，斷。監，視也。箋云：天下之諸侯日相侵伐，其國已盡絕滅，女何用為職，不監察之？○[卒]子律反。[監]古銜反，注同。

○節彼南山，有實其猗。實，滿。猗，長也。箋云：猗，倚也。言南山既能高峻，又以草木平滿其旁，倚之畎谷，使之齊均也。○[猗]於宜反。赫赫師尹，不平謂何。箋云：責三公之不均平，不如山之為也。謂何，猶云何也。天方薦瘥，喪亂弘多。薦，重。瘥，病。弘，大也。箋云：天氣方今又重以疫病，長幼相亂而死，喪甚大多也。○重[薦]祖殿反。[瘥]才何反。民言無嘉，憯莫懲嗟。憯，曾也。箋云：懲，止也。天下之民皆以災害相弔唁，無一嘉慶之言，曾無以恩德止之者，嗟乎奈何！○[憯]七感反。

○尹氏大師，維周之氐。秉國之均，四方是維。天子是毗，俾民不迷。氐，本。均，平。毗，厚也。箋云：氐當作桎鎋之桎。毗，輔也。言尹氏作大師之官，為周之桎鎋，持國政之平，維制四方，上輔天子，下教化天下，使民無迷惑之憂，言任至重。○[氐]丁禮反。[毗]婢尸反。不弔昊天，不宜空我師。弔，至。空，窮也。箋云：至猶善也。不善乎昊天，愬之也。不宜使此人居尊官，困窮我之眾民也。○[弔]如字，又丁歷反。[空]苦貢反。

○弗躬弗親，庶民弗信。弗問弗仕，勿罔君子。庶民之言不可信，勿罔上而行也。箋云：仕，察也。勿當作末。此言王之政不躬而親之，則恩澤不信於眾民矣。不問而察之，則下民未罔其上矣。○[勿]如字，鄭音末。式夷式已，無小人殆。式，用。夷，平也。用平則已，無以小人之言至於危殆也。箋云：殆，近也。為政當用平正之人，用能紀理其事者，無小人近。○[已]音以，鄭音紀。瑣瑣姻亞，則無膴仕。瑣瑣，小貌。兩壻相謂曰亞。膴，厚也。箋云：壻之父曰姻。瑣瑣昏姻妻黨之小人，無厚任用之，置之大位，重其祿也。○[瑣]素火反。[膴]音武。

○昊天不傭，降此鞠訩。昊天不惠，降此大戾。傭，均。鞠，盈。訩，訟也。箋云：盈猶多也。戾，乖也。昊天乎，師氏為政不均，乃下此多訟之俗；又為不和順之行，乃下此乖爭之化。疾時民傚為之，愬之於天。○[傭]勑龍反。[訩]音凶。君子如屆，俾民心闋。君子如夷，惡怒是違。屆，極。闋，息。夷，易。違，去也。箋云：屆，至也。君子斥在位者。如行至誠之道，則民鞠訩之心息；如行平易之政，則民乖爭之情去。言民之失由於上，可反復也。○[屆]音戒。[闋]苦穴反。[易]以豉反。

○不弔昊天，亂靡有定。式月斯生，俾民不寧。憂心如酲，誰秉國成。病酒曰酲。成，平也。箋云：弔，至也。至猶善也。定，止。式，用也。不善乎昊天，天下之亂無肯止之者，用月此生。言月月益甚也，使民不得安。我今憂之，如病酒之酲矣。觀此君臣，誰能持國之平。言無有也。○[酲]音呈。不自為政，卒勞百姓。箋云：卒，終也。昊天不自出政教，則終窮苦百姓，欲使昊天出圖書，有所授命，民乃得安。

○駕彼四牡，四牡項領。項，大也。箋云：四牡者，人君所乘駕，今但養大其領，不肯為用，喻大臣自恣，王不能使也。我瞻四方，蹙蹙靡所騁。騁，極也。箋云：蹙蹙，縮小之貌。我視四方，土地日見侵削於夷狄，蹙蹙然雖欲馳騁，無所之也。○[蹙]子六反。[騁]勑領反。

○方茂爾惡，相爾矛矣。茂，勉也。箋云：相，視也。方爭訟自勉於惡之時，則視女矛矣。言欲戰鬭相殺傷也。○[相]息亮反。既夷既懌，如相醻矣。懌，服也。箋云：夷，說也。言大臣之乖爭，本無大讎，其已相和順而說懌，則如賓主之飲酒相醻酢也。

○[懌]音亦[讎]市由反○昊天不平，我王不寧。不懲其心，覆怨其正。正長也。箋云：昊天乎，師尹爲政不平，使我王不得安寧。女不懲止女之邪心，而反怨憎其正也。○[覆]芳服反○家父作誦，以究王訩。家父，大夫也。箋云：究，窮也。大夫家父作此詩，而爲王誦之，以窮極王之政所以致多訩之本意。○[爲]于僞反式訛爾心，以畜萬邦。箋云：訛，化。畜，養也。

節南山十章，六章章八句，四章章四句

正月，大夫刺幽王也。○[正]音政○正月繁霜，我心憂傷。正月，夏之四月。繁，多也。箋云：四月建巳之月，純陽用事，而霜多，急恒寒若之異，傷害萬物，故心爲之憂傷。○[繁]扶袁反民之訛言，亦孔之將。將，大也。箋云：訛，僞也。人以僞言相陷入，使王行酷暴之刑，致此災異，故言亦甚大也。念我獨兮，憂心京京。哀我小心，癙憂以痒。京京，憂不去也。癙、痒皆病也。箋云：念我獨兮者，言我獨憂此政也。○[癙]音鼠[痒]音羊○父母生我，胡俾我瘉。不自我先，不自我後。父母謂文武也。我，我天下。瘉，病也。箋云：自，從也。天使父母生我，何故不長遂我，而使我遭此暴虐之政而病？此何不出我之前，居我之後？窮苦之情，苟欲免身。○[瘉]音庾好言自口，莠言自口。莠，醜也。箋云：自，從也。此疾訛言之人，善言從女口出，惡言亦從女口出。女口一爾，善也惡也同出其中，謂其可賤。○[莠]餘九反憂心愈愈，是以有侮。愈愈，憂懼也。箋云：我心憂政如是，是與訛言者殊塗，故用是見侵侮也。○憂心惸惸，念我無祿。惸惸，憂意也。箋云：無祿者，言不得天祿，自傷值今生也。○[惸]其營反民之無辜，并其臣僕。古者有罪，不入於刑，則役之圜土，以爲臣僕。箋云：辜，罪也。人之尊卑有十等，僕第九，臺第十。言王既刑殺無罪，并及其家賤者，不止於所罪而已。書曰：越茲麗刑并制。○[并]必正反哀我人斯，于何從祿。箋云：斯，此。于，於也。哀乎今我民人，見遇天如此，當於何從得祿，免於是難。瞻烏爰止，于誰之屋。富人之屋，烏所集也。箋云：視烏集於富人之屋，以言今民亦當求明君而歸之。○瞻彼中林，侯薪侯蒸。中林，林中也。薪蒸，言似而非。箋云：侯，維也。林中大木之處，而維有薪蒸爾，喻朝廷宜有賢者，而但聚小人。民今方殆，視天夢夢。王者爲亂夢夢然。箋云：方，且也。民今且危亡，視王之所爲，反夢夢然而亂，無統理安人之意。○[夢]莫紅反既克有定，靡人弗勝。勝，乘也。箋云：王既能有所定，尚復事之小者爾，無人而不勝。言凡人所定，皆勝王也。○[勝]音升有皇上帝，伊誰云憎。皇，君也。箋云：伊讀當爲緊，緊猶是也。有君上帝者，以情告天也。使王暴虐如是，是憎惡也，誰乎？欲天指害其所憎而已。○謂山蓋卑，爲岡爲陵。在位非君子乃小人也。箋云：此喻爲君子賢者之道，人尚謂之卑，況爲凡庸小人之行。○[卑]本音婢，又必支反民之訛言，寧莫之懲。箋云：小人在位，曾無欲止衆民之爲僞言相陷害也。召彼故老，訊之占夢。故老，元老。訊，問也。箋云：君臣在朝，侮慢元老，召之不問政事，但問占夢，不尚道德而信徵祥之甚。○[訊]音信具曰予聖，誰知烏之雌雄。君臣俱自謂聖也。箋云：時君臣賢愚適同，如烏雌雄相似，誰能別異之乎？○謂天蓋高，不敢不局。謂地蓋厚，不敢不蹐。維號斯言，有倫有脊。局，曲也。蹐，累足也。倫，道。脊，理也。箋云：局蹐者，天高而有雷霆，地厚而有陷淪也。此民疾苦王政，上下皆可畏怖之言也。維民號呼而發此言，皆有道理，所以至然者，非徒苟妄爲誣辭。○[局]其欲反[脊]井亦反[號]音豪哀今之人，胡爲虺蜴。蜴，螈也。箋云：虺蜴之性，見人則走。哀哉今之人，何爲如是，傷時政也。○[虺]暉鬼反[蜴]星歷反[螈]音元○瞻彼阪田，有菀其特。言朝廷曾無桀臣。箋云：阪田，崎嶇墝埆之處，而有菀然茂特之苗，喻賢者在閒辟隱居之時。○[阪]音反[菀]音鬱天之扤我，如不我克。扤，動也。箋云：我，我特苗也。天以風雨動搖我，如將不勝我，謂其迅疾也。○[扤]五忽反彼求我則，如不我得。箋云：

彼彼王也王之始徵求我如恐不得我言其禮命之繁多執我仇仇亦不我力仇仇猶謷謷也箋云王既得我執留我其禮待我謷謷然亦不問我在位之功力言其有貪賢之名無用賢之實○心之憂矣如或結之今茲之正胡然厲矣厲惡也箋云茲此正長也心憂如有結之者憂今此之君臣何一然為惡如是燎之方揚寧或滅之滅之以水也箋云火田為燎燎之方盛之時炎熾熛怒寧有能滅息之者言無有也以無有喻有之者為甚也○〔燎〕力詔反〔熛〕必遙反赫赫宗周褒姒威之宗周鎬京也褒國也姒姓也威滅也有褒國之女幽王惑焉而以為后詩人知其必滅周也○〔褒〕補毛反〔姒〕音似〔威〕呼悅反○終其永懷又窘陰雨窘困也箋云窘仍也終王之所行其長可憂傷矣又將仍憂於陰雨陰雨喻君有泥陷之難○〔窘〕求殞反〔泥〕乃計反其車既載乃棄爾輔大車重載又棄其輔箋云以車之載物喻王之任國事也棄輔喻遠賢也載輸爾載將伯助予將請伯長也箋云輸墮也棄女車輔則墮女之載乃請長者見助以言國危而求賢者已晚矣○〔爾載〕才再反〔將〕七羊反○無棄爾輔員于爾輻員益也〔員〕音云○屢顧爾僕箋云屢數也僕將車者也顧猶視也念也○〔屢〕力注反不輸爾載終踰絕險曾是不意箋云女不棄車之輔數顧女僕終用是踰度陷絕之險女曾不以是為意乎以商事是喻治國也○魚在于沼亦匪克樂潛雖伏矣亦孔之炤沼池也箋云池魚之所樂而非能樂其潛伏於淵又不足以逃甚炤炤易見以喻時賢者在朝廷道不行無所樂退而窮處又無所止也○〔沼〕之紹反〔炤〕音灼憂心慘慘念國之為虐慘慘猶戚戚也○〔慘〕七感反○彼有旨酒又有嘉殽言禮物備也箋云彼彼尹氏大師也洽比其鄰昏姻孔云洽合鄰近云旋也是言王者不能親親以及遠箋云云猶友也言尹氏富獨與兄弟相親友為朋黨也○〔比〕毗志反念我獨兮憂心慇慇慇慇然痛也箋

云此賢者孤特自傷也○〔慇〕音殷○佌佌彼有屋蔌蔌方有穀佌佌小也蔌蔌陋也箋云穀祿也此言小人富而窶陋將貴也○〔佌〕音此〔蔌〕音速民今之無祿天夭是椓君夭之在位椓之箋云民於今而無祿者天以薦瘥夭殺之是王者之政又復椓破之言遇害甚也○〔夭〕於兆反〔椓〕陟角反哿矣富人哀此惸獨哿可獨單也箋云此言王政如是富人已可惸獨將困也○〔哿〕哥我反

正月十三章八章章八句五章章六句

十月之交大夫刺幽王也當為刺厲王作詁訓傳時移其篇第因改之耳節刺師尹不平亂靡有定此篇譏皇父擅恣日月告凶正月惡褒姒滅周此篇疾豔妻煽方處又幽王時司徒乃鄭桓公友非此篇之所云番也是以知然○十月之交朔月辛卯日有食之亦孔之醜之交日月之交會醜惡也箋云周之十月夏之八月也八月朔日日月交會而日食陰侵陽臣侵君之象日辰之義日為君辰為臣辛金也卯木也又以卯侵辛故甚惡也彼月而微此日而微月臣道日君道箋云微謂不明也彼月則有微今此日反微非其常為異尤大也今此下民亦孔之哀箋云君臣失道災害將起故下民亦甚可哀○日月告凶不用其行四國無政不用其良箋云告凶告天下以凶亡之徵也行道度也不用之者謂相干犯也四方之國無政治者由天子不用善人也彼月而食則維其常此日而食于何不臧箋云臧善也○爗爗震電不寧不令爗爗震電貌震雷也箋云雷電過常天下不安政教不善之徵○〔爗〕于輒反百川沸騰山冢崒崩沸出騰乘也山頂曰冢箋云崒者崔嵬百川沸出相乘陵者由貴小人也山頂崔嵬者崩君道壞也○〔沸〕甫味反〔崒〕徂恤反高岸為谷深谷為陵言易位也箋云易位者君子居下小人處上之謂也哀今之人胡憯莫懲箋云

僭曾懲止也變異如此禍亂方至哀哉今在位之人何曾無以道德止之○僭七感反◯皇父
卿士番維司徒家伯冢宰仲允膳夫棸子內史蹶維
趣馬楀維師氏豔妻煽方處豔妻褒姒美色曰豔煽熾也箋云皇父家伯仲
允皆字番棸蹶楀皆氏厲王淫於色七子皆用后嬖寵方熾之時並處位言妻黨盛女謁行之甚也敵夫
曰妻司徒之職掌天下土地之圖人民之數冢宰掌建邦之六典皆卿也膳夫上士也掌王之飲食膳羞
內史中大夫也掌爵祿廢置殺生予奪之法趣馬中士也掌王馬之政師氏亦中大夫也掌司朝得失之
事六人之中雖官有尊卑權寵相連朋黨於朝是以疾焉皇父則爲之端首兼擅羣職故但目以卿士云
○棸側留反蹶俱衛反趣七走反楀音矩◯抑此皇父豈曰不時胡爲我
作不卽我謀徹我牆屋田卒汙萊時是也下則汙高則萊箋云抑之言
噫噫是皇父疾而呼之女豈曰我所爲不是乎言其不自知惡也女何爲役作我不先就與我謀使我得
遷徙乃反徹毀我牆屋令我不得趨農田卒爲汙萊乎此皇父所築邑人之怨辭○汙音烏曰予
不戕禮則然矣箋云戕殘也言皇父既不自知不是反云我不殘敗女田業禮下供上役
其道當然言文過也○戕在良反◯皇父孔聖作都于向擇三有事
亶侯多藏皇父甚自謂聖向邑也擇三有事有司國之三卿信維貪淫多藏之人也箋云專權
足己自比聖人作都立三卿皆取聚斂之臣言不知厭也禮畿內諸侯二卿○向式亮反下同亶都但反
藏才浪反不憖遺一老俾守我王箋云憖者心不欲自彊之辭也言盡將舊在位
之人與之皆去無留衞王○憖魚覲反擇有車馬以居徂向箋云又擇民之富有
車馬者以往居于向也◯黽勉從事不敢告勞箋云詩人賢者見時如是自勉
以從王事雖勞不敢自謂勞畏刑罰也○黽民允反無罪無辜讒口囂囂箋云囂囂
眾多貌時人非有辜罪其被讒口見椓譖囂囂然○囂五刀反下民之孽匪降自天

噂沓背憎職競由人噂猶噂噂沓猶沓沓職主也箋云孽妖孽謂相爲災害也下民
有此言非從天隋也噂噂沓沓相對談語背則相憎逐爲此者主由人也○孽魚列反噂子損反沓徒荅
反背蒲妹反隋徒火反◯悠悠我里亦孔之痗悠悠憂也里居也痗病也箋云
里居也悠悠乎我居今之世亦甚困病○痗莫背反又音悔四方有羨我獨居憂
羨餘也箋云四方之人盡有饒餘我獨居此而憂○羨錢箭反民莫不逸我獨不敢
休箋云逸逸豫也天命不徹我不敢傚我友自逸徹道也親屬之臣心
不能已箋云不道者言王不循天之政教○傚戶教反

十月之交八章章八句

雨無正大夫刺幽王也雨自上下者也衆多如雨而
非所以爲政也亦當爲刺厲王王之所下教令甚多而無正也○正音政◯浩浩
昊天不駿其德降喪饑饉斬伐四國駿長也不熟曰饑蔬不熟曰
饉箋云此言王不能繼長昊天之德至使昊天下此死喪饑饉之災而天下諸侯於是更相侵伐○浩古
老反又胡老反昊胡老反駿音峻饉其靳反昊天疾威弗慮弗圖箋云慮圖皆謀
也王既不駿昊天之德今昊天又疾其政以刑罰威恐天下而不慮不圖○昊或作旻非舍彼有
罪既伏其辜若此無罪淪胥以鋪舍除淪率也箋云胥相鋪徧也言王
使此無罪者見牽率相引而徧得罪也○舍音赦鋪普烏反◯周宗既滅靡所止
戾戾定也箋云周宗鎬京也是時諸侯不朝王民不堪命王流于彘無所安定也正大夫離
居莫知我勩勩勞也箋云正長也長官之大夫於王流于彘而皆散處無復知我民之見罷
勞也○勩夷世反罷音皮三事大夫莫肯夙夜邦君諸侯莫肯朝
夕箋云王流在外三公及諸侯隨王而行者皆無君臣之禮不肯晨夜朝莫省王也○朝直遙反舊張

遙反。庶曰式臧。覆出爲惡。覆，反也。箋云：人見王之失所，庶幾其自改悔而用善人，反出教令復爲惡也。○覆，芳服反。◯如何昊天。辟言不信。如彼行邁。則靡所臻。辟，法也。箋云：如何乎昊天，痛而愬之也。爲陳法度之言不信之也，我之言不見信，如行而無所至也。凡百君子。各敬爾身。胡不相畏。不畏于天。箋云：凡百君子，謂衆在位者。各敬愼女之身，正君臣之禮，何爲上下不相畏乎？上下不相畏，是不畏于天。◯戎成不退。飢成不遂。曾我暬御。憯憯日瘁。戎，兵。遂，安也。暬御，侍御也。瘁，病也。箋云：兵成而不退，謂王見流于彘，無御止之者。飢成而不安，謂王在彘，乏於飲食之蓄，無輸粟歸餼者。此二者，曾但侍御左右小臣憯憯憂之，大臣無念之者。○暬，思列反。憯，千感反。曾，在登反。凡百君子。莫肯用訊。聽言則荅。譖言則退。以言進退人也。箋云：訊，告也。衆在位無肯用此相告語者，言不憂王之事也。荅猶距也。有可聽用之言，則共以辭距而違之；有譖毀之言，則共爲排退之。羣臣並爲不忠，惡直醜正。○訊音信。◯哀哉不能言。匪舌是出。維躬是瘁。哀賢人不得言，不得出是舌也。箋云：瘁，病也。不能言，言之拙也。言非可出於舌，其身旋見困病。○出，尺遂反。哿矣能言。巧言如流。俾躬處休。哿，可也。可矣，世所謂能言也。巧言從俗，如水轉流。箋云：巧猶善也。謂以事類風切剴微之言，如水之流，忽然而過，故不悖逆，使身居安休休然。亂世之言，順說爲上。○哿，哥我反。風，福鳳反。剴，古愛反。逆音悟。◯維曰于仕。孔棘且殆。云不可使。得罪于天子。亦云可使。怨及朋友。于，往也。箋云：棘，急也。不可使者，不正不從也；可使者，雖不正從也。居今衰亂之世，云往仕乎？甚急迮且危，急迮且危以此二者也。○迮，側格反。◯謂爾遷于王都。曰予未有室家。賢者不肯遷于王都也。箋云：王流于彘，正大夫離居，同姓之臣從王，思其友而呼之，謂曰：女今可還居王都。謂彘也。其友辭之云：我未有室家於王都可居也。鼠思泣血。無言不疾。無聲曰泣血。無所言而不見疾也。箋云：鼠，憂也。既辭之以無室家，爲其意恨，又患不能距止之，故云我憂思泣血，欲遷王都見女，今我無一言而不道疾者，言己方困於病，故未能也。○思，息嗣反。昔爾出居。誰從作爾室。遭亂世，義不得去，思其友而不肯反者也。箋云：往始離居之時，誰隨爲女作室？女猶自作之爾，今反以無室家距我，恨之辭。

雨無正七章，二章章十句，二章章八句，三章章六句。

小旻。大夫刺幽王也。所刺列於十月之交、雨無正爲小，故曰小旻，亦當爲刺厲王。○旻，武巾反，下同。◯旻天疾威。敷于下土。敷，布也。箋云：旻天之德，疾王者以刑罰威恐萬民，其政教乃布於下土，言天下徧知。謀猶回遹。何日斯沮。回，邪。遹，辟。沮，壞也。箋云：猶，道。沮，止也。今王謀爲政之道，回辟不循旻天之德，己甚矣。心猶不悛，何日此惡將止？○遹音聿。沮，在呂反。辟，匹亦反。悛，七全反。謀臧不從。不臧覆用。我視謀猶。亦孔之卬。卬，病也。箋云：臧，善也。謀之善者不從，其不善者反用之。我視王謀爲政之道，亦甚病天下。○覆，芳服反。卬，其凶反。◯潝潝訿訿。亦孔之哀。潝潝然患其上，訿訿然思不稱乎上。箋云：臣不事君，亂之階也，甚可哀也。○潝，許急反。訿音紫。謀之其臧。則具是違。謀之不臧。則具是依。我視謀猶。伊于胡厎。厎，至也。箋云：于，往。厎，至也。謀之善者俱背違之，其不善者依就之。我視今君臣之謀道，往行之將何所至乎？言必至於亂。○厎，之履反。◯我龜既厭。不我告猶。猶，道也。箋云：猶，圖也。卜筮數而瀆龜，龜靈厭之，不復告其所圖之吉凶，言雖得兆，占繇不中。○厭，於豔反。繇音胄。中，丁仲反。謀夫孔多。是用不集。集，就也。箋云：謀事者衆，而非賢者，是非相奪，莫適可從，故所爲不成。○適音的。發言盈庭。誰敢執其咎。謀人之國，國危則死之，古之道也。箋云：謀事者衆，訩訩滿庭，而無敢決當是非，事若不成誰云已當其咎責者言小人爭知而讓過○〔諉〕許容反決〔當〕丁浪反如匪行邁謀是用。不得于道。箋云匪非也君臣之謀事如此與不行而坐圖遠近是於道路無進於跬步何以異乎。

○哀哉爲猶。匪先民是程。匪大猶是經。維邇言是聽。維邇言是爭。古曰在昔昔日先民程法經常猶道邇近也爭爲近言箋云哀哉今之君臣謀事不用古人之法不循大道之常而徒聽順近言之同者爭近言之異者言見動軔則泥陷不至於遠也如彼築室于道謀。是用不潰于成。潰遂也箋云如當路築室得人而與之謀所爲路人之意不同故不得遂成也○〔潰〕戶對反

○國雖靡止。或聖或否。民雖靡膴。或哲或謀。或肅或艾。靡止言小也人有通聖者有不能者亦有明哲者有聰謀者艾治也有恭肅者有治理者箋云靡無止禮膴法也言天下諸侯今雖無禮其心性猶有通聖者有賢者民雖無法其心之性猶有知者有謀者有肅者有艾者王何不擇焉置之於位而任之爲治乎書曰睿作聖明作哲聰作謀恭作肅從作乂詩人之意欲王敬用五事以明天道故云然○否方九反〔膴〕火吳反鄭音謨〔艾〕音刈如彼泉流。無淪胥以敗。箋云淪率也王之爲政當如源泉之流行則清無相牽率爲惡以自濁敗

○不敢暴虎。不敢馮河。人知其一。莫知其他。馮陵也徒涉曰馮河徒搏曰暴虎一非也他不敬小人之危殆也箋云人皆知暴虎馮河立至之害而無知當畏慎小人能危亡也○馮皮冰反戰戰兢兢。戰戰恐也兢兢戒也如臨深淵。恐隊也如履薄冰。恐陷也

小旻六章三章章八句三章章七句

小宛。大夫刺幽王也。亦當爲厲王○宛於阮反

○宛彼鳴鳩。翰飛戾天。興也宛小貌鳴鳩鶻鵰翰高戾至也行小人道責高明之功終不可得○翰胡旦反鶻音骨我心憂傷。念昔先人。先人文武也明發不寐。有懷二人。明發發夕至明

○人之齊聖。飲酒溫克。齊正克勝也箋云中正通知之人飲酒雖醉猶能溫藉自持以勝○溫如字鄭於運反彼昏不知。壹醉日富。醉日而富矣箋云童昏無知之人飲酒一醉自謂日益富夸淫自恣以財驕人各敬爾儀。天命不又。又復也箋云今女君臣各敬慎威儀天命所去不復來也

○中原有菽。庶民采之。中原原中也菽藿也力采者則得之箋云藿生原中非有主也以喻王位無常家也勤於德者則得之○菽音叔螟蛉有子。蜾蠃負之。螟蛉桑蟲也蜾蠃蒲盧也負持也箋云蒲盧取桑蟲之子負持而去煦嫗養之以成其子喻有萬民不能治則能治者將得之○〔螟〕音冥〔蛉〕音零〔蜾〕音果〔蠃〕力果反教誨爾子。式穀似之。箋云式用穀善也今有教誨女之萬民用善道者亦似蒲盧言將得而子也

○題彼脊令。載飛載鳴。題視也脊令不能自舍君子有取節爾箋云題之爲言視睇也載之言則也飛則鳴翼也口也不肯止息○〔題〕大計反〔令〕音零〔舍〕音捨我日斯邁。而月斯征。箋云我我王也邁征皆行也王日此行謂日視朝也而月此行謂月視朔也先王制此禮使君與羣臣議政事日有所決月有所行亦無時止息夙興夜寐。無忝爾所生。忝辱也

○交交桑扈。率場啄粟。交交小貌桑扈竊脂也言上爲亂政而求下之治終不可得也箋云竊脂肉食今無肉而循場啄粟失其天性不能以自活○〔扈〕音戶〔場〕丈良反哀我填寡。宜岸宜獄。握粟出卜。自何能穀。填盡岸訟也箋云仍得曰宜自從穀生也可哀哉我窮盡寡財之人仍有獄訟之事無可以自救但持粟行卜求其勝負從何能得生○〔填〕徒典反〔岸〕如字〔握〕於角反

○溫溫恭人。溫溫和柔貌如集于木。恐隊也惴惴小心。如臨于谷。恐隕也○〔惴〕之瑞反戰戰兢兢。如履薄冰。箋云衰亂之世賢人君子雖無罪猶恐懼

小宛六章章六句

小弁刺幽王也大子之傅作焉○〔弁〕音盤○弁彼鸒斯歸
飛提提興也弁樂也鸒卑居卑居雅烏也提提羣貌箋云樂乎彼雅烏出食在野甚飽羣飛而歸
提提然興者喻凡人之父子兄弟出入宮庭相與飲食亦提提然樂傷今大子獨不○〔鸒〕音豫〔提〕常支反
民莫不穀我獨于罹幽王取申女生大子宜咎又說褒姒生子伯服立以爲后而放
宜咎將殺之箋云穀養于日罹憂也天下之人無不父子相養者我大子獨不然曰以憂也○〔罹〕力知反
〔取〕七住反何辜于天我罪伊何舜之怨慕日號泣于旻天于父母心之憂
矣云如之何○踧踧周道鞫爲茂草踧踧平易也周道周室之通道
鞫窮也箋云此喻幽王信褒姒之讒亂其德政使不通於四方○〔踧〕徒歷反〔鞫〕九六反我心憂
傷惄焉如擣假寐永歎維憂用老心之憂矣疢如疾
首惄思也擣心疾也箋云不脫冠衣而寐曰假寐疢猶病也○〔惄〕乃歷反〔擣〕丁老反〔疢〕敕覲反○
維桑與梓必恭敬止父之所樹己尚不敢不恭敬靡瞻匪父靡依
匪母不屬于毛不罹于裏毛在外陽以言父裏在內陰以言母箋云此言人無
不瞻仰其父取法則者無不依恃其母以長大者今我獨不得父皮膚之氣乎獨不處母之胞胎乎何曾
無恩於我○〔屬〕音燭〔裏〕音里天之生我我辰安在辰時也箋云此言我生所値之
辰安所在乎謂六物之吉凶○菀彼柳斯鳴蜩嘒嘒有漼者淵萑
葦淠淠蜩蟬也嘒嘒聲也漼深貌淠淠衆也箋云柳木茂盛則多蟬淵深而旁生萑葦言大者之
旁無所不容○〔菀〕音鬱〔嘒〕呼惠反〔漼〕千罪反〔淠〕音媲譬彼舟流不知所屆箋云屆至
也言今大子不爲王及后所容而見放逐狀如舟之流行無制之者不知終所至也○〔屆〕音戒心之
憂矣不遑假寐箋云遑暇也○鹿斯之奔維足伎伎雉之
朝雊尚求其雌伎伎舒貌謂鹿之奔走其足伎伎然舒也箋云雊雉鳴也尚猶也鹿之奔
走其勢宜疾而足伎伎然舒留其羣也雉之鳴猶知求其雌今大子之放棄其妃匹不得與之去又鳥獸
之不如○〔伎〕其宜反〔雊〕古豆反譬彼壞木疾用無枝壞瘣也謂傷病也箋云大子放
逐而不得生子猶內傷病之木內有疾故無枝也○〔壞〕胡罪反心之憂矣寧莫之知
箋云寧猶曾也○相彼投兔尚或先之行有死人尚或墐之
墐路冢也箋云相視投掩行道也視彼人將掩兔尚有先驅走之者道中有死人尚有覆掩之成其墐者
言此所不知其心不忍○〔相〕息亮反〔先〕蘇薦反〔墐〕音覲君子秉心維其忍之箋云
君子斥幽王也秉執也言王之執心不如彼二人心之憂矣涕既隕之隕隊也○
〔涕〕音替〔隊〕直類反君子信讒如或醻之箋云醻旅醻也如醻之者謂受而行之○
〔醻〕市由反君子不惠不舒究之箋云惠愛究謀也王不愛大子故聞讒言則放之不
舒謀也伐木掎矣析薪扡矣伐木者掎其巔析薪者隨其理箋云掎其巔者不欲
妄踣之扡謂觀其理也必隨其理者不欲妄挫折之以言今王之遇大子不如伐木析薪也○〔掎〕寄彼反
〔扡〕勑氏反又直是反〔踣〕蒲北反舍彼有罪予之佗矣佗加也箋云予我也舍褒姒讒
言之罪而妄加我大子○〔舍〕音捨又音赦〔佗〕吐賀反○莫高匪山莫浚匪泉浚深
也箋云山高矣人登其巔泉深矣人入其淵以言人無所不至雖避逃之猶有默存者焉○〔浚〕蘇俊反
君子無易由言耳屬于垣箋云由用也王無輕用讒人之言人將有屬耳於壁
而聽之者知王有所受之知王心不正也○〔易〕夷豉反〔屬〕音燭〔垣〕音袁無逝我梁無發
我笱箋云逝之人之梁發人之笱此必有盜魚之罪以言褒姒淫色來嬖於王盜我大子母子之寵
○〔笱〕音苟我躬不閱遑恤我後念父孝也高子曰小弁小人之詩也孟子曰何以言
之曰怨乎孟子曰固哉夫高叟之爲詩也有越人於此關弓而射我我則談笑而道之無他疏之也兄弟
關弓而射我我則垂涕泣而道之無他戚之也然則小弁之怨親親也親親仁也固哉夫高叟之爲詩曰

凱風何以不怨曰凱風親之過小者也小弁親之過大者也親之過大而不怨是愈疏也親之過小而怨是不可磯也愈疏不孝也不可磯亦不孝也孔子曰舜其至孝矣五十而慕箋云念父孝也大子念王將受讒言不止我死之後懼復有被讒者無如之何故自決云我身尚不能自容何暇乃憂我死之後也○〔閱〕音悅容也〔闕〕烏環反

小弁八章章八句

巧言刺幽王也大夫傷於讒故作是詩也○悠悠昊天曰父母且無罪無辜亂如此憮憮大也箋云悠悠思也憮敖也我憂思乎昊天愬王也始者言其且爲民之父母今乃刑殺無罪無辜之人爲亂如此甚敖慢無法度也○〔且〕七餘反〔憮〕火吳反昊天已威予慎無罪昊天大憮予慎無辜威畏慎誠也箋云已泰皆言甚也昊天乎王甚可畏王甚敖慢我誠無罪而罪我○〔大〕音泰○亂之初生僭始既涵僭數涵容也箋云僭不信也既盡涵同也王之初生亂萌羣臣之言不信與信盡同之不別也○〔僭〕側蔭反鄭子念反〔涵〕音含鄭音咸亂之又生君子信讒箋云君子斥在位者也在位者信讒人之言是復亂之所生君子如怒亂庶遄沮遄疾沮止也箋云君子見讒人如怒責之則此亂庶幾可疾止也○〔遄〕市專反〔沮〕辭呂反君子如祉亂庶遄已祉福也箋云福者福賢者謂爵祿之也如此則亂亦庶幾可疾止也○〔祉〕音恥〔已〕音以○君子屢盟亂是用長凡國有疑會同則用盟而相要也箋云屢數也盟之所以數者由世衰亂多相背違時見曰會殷見曰同非此時而盟謂之數○〔屢〕力住反〔長〕丁丈反又直良反君子信盜亂是用暴盜逃也箋云盜謂小人也春秋傳曰賤者窮諸盜盜言孔甘亂是用餤餤進也○〔餤〕音談匪其止共維王之卭箋云卭病也小人好爲讒佞既不共其職事又爲王作病○〔共〕音恭〔卭〕其恭反○奕奕寢廟君子作之秩秩大猷聖人莫之他人有心予忖度之躍躍毚兎遇犬獲之奕奕大貌秩秩進知也莫謀也毚兎狡兎也箋云此四事者言各有所能也因己能忖度讒人之心故列道之爾猷道也大道治國之禮法遇犬犬之馴者謂田犬也○〔莫〕如字〔忖〕七損反〔度〕待洛反〔躍〕他歷反〔毚〕士咸反〔知〕音智○荏染柔木君子樹之往來行言心焉數之荏染柔意也柔木椅桐梓漆也箋云此言君子樹善木如人心思數善言而出之善言者往亦可行來亦可行於彼亦可於己亦可是之謂行也○〔荏〕而甚反〔染〕音冉〔數〕所主反蛇蛇碩言出自口矣蛇蛇淺意也箋云碩大也大言者言不顧其行徒從口出非由心也○〔蛇〕以支反巧言如簧顏之厚矣箋云顏之厚者出言虛僞而不知慙於人○彼何人斯居河之麋水草交謂之麋箋云何人者斥讒人也賤而惡之故曰何人○〔麋〕音眉無拳無勇職爲亂階拳力也箋云言無拳力勇者謂易誅除也職主也此人主爲亂作階言亂由之來也○〔拳〕音權既微且尰爾勇伊何骭瘍爲微腫足爲尰箋云此人居下濕之地故生微尰之疾人憎惡之故言女勇伊何何所能也○〔尰〕市勇反〔骭〕戶諫反爲猶將多爾居徒幾何箋云猶謀將大也女作讒佞之謀大多所與居之衆幾何人傑能然乎○〔幾〕居豈反

巧言六章章八句

何人斯蘇公刺暴公也暴公爲卿士而譖蘇公焉故蘇公作是詩以絶之暴也蘇也皆畿內國名○彼何人斯其心孔艱胡逝我梁不入我門箋云孔甚艱難逝之也梁魚梁也在蘇國之門外彼何人乎謂與暴公俱見於王者也其持心甚難知言其性堅固似不妄也暴公譖己之時女與之乎今過我國何故近之我梁而不入見我乎疑其與之而未察斥其姓名爲大切故言何人○〔與〕音豫下同〔大〕音

泰。伊誰云從。維暴之云。云言也箋云譖我者是言從誰生乎乃暴公之所言也由己情而本之以解何人意◯二人從行。誰爲此禍。胡逝我梁。不入唁我。箋云二人者謂暴公與其侶也女相隨而行見王誰作我是禍乎時蘇公以得譴讓也女即不見爲何故近之我梁而不入弔唁我乎○[唁]音彥始者不如今。云不我可。箋云女始者於我甚厚不如今日也今日云我所行有何不可者乎何更於己薄也◯彼何人斯。胡逝我陳。我聞其聲。不見其身。陳堂塗也箋云堂塗者公館之堂塗也女即不爲何故近之我館庭使我得聞女之音聲不得觀女之身乎不愧于人。不畏于天。箋云女今不入唁我何所愧畏乎皆疑之未察之辭◯彼何人斯。其爲飄風。胡不自北。胡不自南。胡逝我梁。祇攪我心。飄風暴起之風攪亂也箋云祇適也何人乎女行來而去疾如飄風不欲入見我何不乃從我國之南不則乃從我國之北何近之我梁適亂我之心使我疑女[飄]避遙反[祇]音支[攪]交卯反○◯爾之安行。亦不遑舍。爾之亟行。遑脂爾車。壹者之來。云何其盱。箋云遑暇亟疾盱病也女可安行乎則何不暇舍息乎女當疾行乎則又何暇脂女車乎極其情求其意終不得壹者之來見我於女亦何病也○[亟]紀力反[盱]況于反◯爾還而入。我心易也。還而不入。否難知也。壹者之來。俾我祇也。易說祇病也箋云還行反也否不通也祇安也女行反入見我我則解說也反又不入見我則我與女情不通女與於譖我與否復難知也壹者之來見我我則知之是使我心安也○[易]以豉反[否]方九反[祇]祈支反鄭止支反◯伯氏吹壎。仲氏吹篪。土曰壎竹曰篪箋云伯仲喻兄弟也我與女恩如兄弟其相應和如壎篪以言俱爲王臣宜相親愛○[壎]況袁反[篪]音池及爾如貫。諒不我知。出此三物。以詛爾斯。三物豕犬雞也民不相信則盟詛之君以豕臣以犬民以雞箋云及與諒信也我與女俱爲王臣其相比次如物之在繩索之貫也今女心誠信而我不知且共出此三物以詛女之此事爲其情之難知己又不欲長怨故設之以此言○[貫]古亂反[諒]音亮[詛]側助反[比]毗志反◯爲鬼爲蜮。則不可得。有靦面目。視人罔極。蜮短狐也靦姡也箋云使女爲鬼爲蜮也則女誠不可得見也姡然有面目女乃人也人相視無有極時終必與女相見○[蜮]音或又音域[靦]土典反[姡]戶刮反作此好歌。以極反側。反側不正直也箋云好猶善也反側輾轉也作八章之歌求女之情女之情反側極於是也

何人斯八章章六句

巷伯。刺幽王也。寺人傷於讒。故作是詩也。巷伯奄官寺人內小臣也奄官上士四人掌王后之命於宮中爲近故謂之巷伯與寺人之官相近讒人譖寺人寺人又傷其將及巷伯故以名篇○[寺]如字又音侍◯萋兮斐兮。成是貝錦。興也萋斐文章相錯也貝錦錦文也箋云錦文者文如餘泉餘蚳之貝文也興者喻讒人集作己過以成於罪猶女工之集采色以成錦文○[萋]七西反[斐]音匪[蚳]音遲彼譖人者。亦已大甚。箋云大甚者謂使己得重罪也○[大]音泰◯哆兮侈兮。成是南箕。哆大貌南箕箕星也侈之言是必有因也斯人自謂辟嫌之不審也昔者顏叔子獨處于室鄰之釐婦又獨處于室夜暴風雨至而室壞婦人趨而至顏叔子納之而使執燭放乎旦而蒸盡縮屋而繼之自以爲辟嫌之不審矣若其審者宜若魯人然魯人有男子獨處于室鄰之嫠婦又獨處于室夜暴風雨至而室壞婦人趨而託之男子閉戶而不納婦人自牖與之言曰子何爲不納我乎男子曰吾聞之也男子不六十不閒居今子幼吾亦幼不可以納子婦人曰子何不若柳下惠然嫗不逮門之女國人不稱其亂男子曰柳下惠固可吾固不可吾將以吾不可學柳下惠之可孔子曰欲學柳下惠者未有似於是也箋云箕星哆然踵狹而舌廣今讒人之因寺人之近嫌而成言其罪猶因箕星之哆而又侈大之○[哆]昌者反[縮]所六反彼譖人者。

誰適與謀。箋云：適，往也。誰往就女謀乎？怪其言多且巧。○緝緝翩翩，謀欲譖人。緝緝，口舌聲。翩翩，往來貌。○緝，七立反。翩，音篇。愼爾言也，謂爾不信。箋云：愼，誠也。女誠心而後言，王將謂女不信而不受，欲其誠者，惡其不誠也。○捷捷幡幡，謀欲譖言。捷捷，猶緝緝也。幡幡，猶翩翩也。○捷，如字。豈不爾受？既其女遷。遷，去也。箋云：遷之言訕也。王倉卒豈將不受女言乎？已則亦將復訕誹女。○驕人好好，勞人草草。好好，喜讒言之人也。草草，勞心也。箋云：好好者，喜讒言之人也。草草者，憂將妄得罪也。蒼天蒼天，視彼驕人，矜此勞人。○彼譖人者，誰適與謀？取彼譖人，投畀豺虎。投，棄也。○畀，必二反。豺，士皆反。豺虎不食，投畀有北。北方寒涼而不毛。有北不受，投畀有昊。昊，昊天也。箋云：付與昊天，制其罪也。○楊園之道，猗于畝丘。楊園，園名。猗，加也。畝丘，丘名。箋云：欲之楊園之道，當先歷畝丘。以言此讒人欲譖大臣，故從近小者始。○猗，於綺反。寺人孟子，作爲此詩。凡百君子，敬而聽之。寺人而曰孟子者，罪已定矣，而將踐刑，作此詩也。箋云：寺人，王之正內五人。作，起也。孟子起而爲此詩，欲使衆在位者愼而知之。既言寺人，復自著孟子者，自傷將去此官也。

巷伯七章，四章章四句，一章五句，一章八句，一章六句。

節南山之什十篇，七十九章，五百五十二句。

毛詩卷第十二

毛詩卷第十三

谷風之什詁訓傳第二十

小雅　鄭氏箋

谷風，刺幽王也。天下俗薄，朋友道絶焉。〇習習谷風，維風及雨。興也。風雨相感，朋友相須。箋云：習習，和調之貌。東風謂之谷風。興者，風而有雨則潤澤行，喻朋友同志則恩愛成。將恐將懼，維予與女。箋云：將，且也。恐懼，喻遭厄難勤苦之事也。當此之時，獨我與女爾，謂同其憂務。〇〔女〕音汝。將安將樂，女轉棄予。言朋友趨利，窮達相棄。箋云：朋友無大故則不相遺棄。今女以志達而安樂，棄恩忘舊，薄之甚。〇習習谷風，維風及頹。頹，風之焚輪者也。風薄相扶而上。喻朋友相須而成。〇〔頹〕徒雷反。〔上〕時掌反。將恐將懼，寘予于懷。箋云：寘，置也。置我於懷，言至親己也。〇〔寘〕之豉反。將安將樂，棄予如遺。箋云：如遺者，如人行道遺忘物，忽然不省存也。〇習習谷風，維山崔嵬。無草不死，無木不萎。崔嵬，山巔也。雖盛夏，萬物茂壯，草木無有不死葉萎枝者。箋云：此言東風生長之風也。山巔之上，草木猶及之。然而盛夏養萬物之時，草木枝葉猶有萎槁者，以喻朋友雖以恩相養，亦安能不時有小訟乎。〇〔萎〕於危反。忘我大德，思我小怨。箋云：大德切磋以道相成之謂也。

谷風三章，章六句

蓼莪，刺幽王也。民人勞苦，孝子不得終養爾。不得終養者，二親病亡之時，時在役所，不得見也。〇〔蓼〕音六。〔莪〕五河反。〔養〕餘亮反。〇蓼蓼者莪，匪莪伊蒿。興也。蓼蓼，長大貌。箋云：莪已蓼蓼長大，我視之以爲非莪，反謂之蒿。興者，喻憂思雖在役中，心不精識其事。〇〔蒿〕呼毛反。〔長〕張丈反。哀哀父母，生我劬勞。箋云：哀哀者，恨不得終養父母，報其生長己之苦。〇蓼蓼者莪，匪莪伊蔚。蔚，牡菣也。〇〔蔚〕音尉。〔菣〕去刃反。哀哀父母，生我勞瘁。箋云：瘁，病也。〇〔瘁〕似醉反。〇缾之罄矣，維罍之恥。缾小而罍大。罄，盡也。箋云：缾小而盡，罍大而盈，言爲罍恥者，刺王不使富分貧、衆恤寡。〇〔罄〕苦定反。〔罍〕音雷。鮮民之生，不如死之久矣。鮮，寡也。箋云：此言供養日寡矣，而我尚不得終養，恨之言也。〇〔鮮〕息淺反。無父何怙，無母何恃。出則銜恤，入則靡至。箋云：恤，憂。靡，無也。孝子之心，怙恃父母，依依然以爲不可斯須無也。出門則思之而憂，旋入門又不見，如無所至。〇〔怙〕音戶。〇父兮生我，母兮鞠我。拊我畜我，長我育我，顧我復我，出入腹我。鞠，養。腹，厚也。箋云：父兮生我者，本其氣也。畜，起也。育，覆育也。顧，旋視也。復，反覆也。腹，懷抱也。〇〔拊〕音撫。〔畜〕喜郁反。〔顧〕古慕反。〔覆〕芳福反。欲報之德，昊天罔極。箋云：之猶是也。我心欲報父母是德，昊天乎，我無極。〇南山烈烈，飄風發發。烈烈然至難也。發發，疾貌。箋云：民人自苦見役，視南山則烈烈然，飄風則發發然，寒且疾也。〇〔飄〕避遙反，後同。民莫不穀，我獨何害。箋云：穀，養也。言民皆得養其父母，我獨何故覩此寒苦之害。〇南山律律，飄風弗弗。律律猶烈烈也。弗弗猶發發也。民莫不穀，我獨不卒。箋云：卒，終也。我獨不得終養父母，重自哀傷也。〇〔卒〕子恤反。

蓼莪六章，四章章四句，二章章八句

大東，刺亂也。東國困於役而傷於財，譚大夫作是詩以告病焉。譚國在東，故其大夫尤苦征役之事也。魯莊公十年，齊師滅譚。〇〔譚〕音譚。〇有饛簋飧，有捄棘匕。興也。饛，滿簋貌。飧，熟食，謂黍稷也。捄，長貌。匕所以載鼎實。棘，赤心也。箋云：飧者，客始至，主人所致之禮也。凡飧饔餼以其爵等爲之牢禮之數陳。興者，喻古者天子施予之恩於天下厚。○[饛]音蒙。[簋]音軌。[飧]音孫。[捄]音虯。[匕]必履反。周道如砥，其直如矢。如砥，貢賦平均也。如矢，賞罰不偏也。○[砥]之履反。君子所履，小人所視。箋云：此言古者天子之恩厚也。君子皆法效而履行之，其如砥矢之平。小人又皆視之，共之無怨。○[共]音恭。睠言顧之，潸焉出涕。睠，反顧也。潸，涕下貌。箋云：言，我也。此二事者，在乎前世，過而去矣。我從今視之，為之出涕，傷今不如古。○[睠]音卷。[潸]所姦反。[涕]音體。

○小東大東，杼柚其空。空，盡也。箋云：小也，大也，謂賦斂之多少也。小亦於東，大亦於東，言其政偏，失砥矢之道也。譚無他貨，維絲麻爾，今盡杼柚不作也。○[杼]直呂反。[柚]音逐。糾糾葛屨，可以履霜。佻佻公子，行彼周行。佻佻，獨行貌。公子，譚公子也。箋云：葛屨，夏屨也。周行，周之列位也。言時財貨盡，雖公子衣屨不能順時，乃夏之葛屨，今以履霜。送轉餫，因見使行周之列位者而發幣焉。言雖困乏，猶不得止。○[糾]居黝反。[屨]九具反。[佻]徒彫反。周[行]戶郎反。[餫]音運。既往既來，使我心疚。箋云：既，盡。疚，病也。言譚人自虛竭餫送而往，周人則空盡受之，曾無反幣復禮之惠，是使我心傷病也。○[疚]音救。

○有洌氿泉，無浸穫薪。契契寤歎，哀我憚人。洌，寒意也。側出曰氿泉。穫，艾也。契契，憂苦也。憚，勞也。箋云：穫，落木名也。既伐而析之以為薪，不欲使氿泉浸之，浸之則將濕腐，不中用也。今譚大夫契契憂苦而寤歎，哀其民人之勞苦者，亦不欲使周之賦斂小東大東，極盡之，極盡之則將困病，亦猶是也。○[洌]音列。[氿]音軌。[穫]戶郭反。[契]苦計反，徐苦結反。[憚]丁佐反，又音但，下同。薪是穫薪，尚可載也。哀我憚人，亦可息也。載，載乎意也。箋云：薪是穫薪者，析是穫薪也。尚，庶幾也。庶幾析是穫薪，可載而歸，蓄以為家用。哀我勞人，亦可休息，養之以待國事。

○東人之子，職勞不來。西人之子，粲粲衣服。東人，譚人也。來，勤也。西人，京師人也。粲粲，鮮盛貌。箋云：職，主也。東人勞苦而不見謂勤，京師人衣服鮮絜而逸豫。言王政偏甚也。自此章以下，言周道衰，其不言政偏，則言眾官廢職，如是而已。○[來]音賚。

舟人之子，熊羆是裘。舟人，舟楫之人。熊羆是裘，言富也。箋云：舟當作周，裘當作求，聲相近故也。周人之子，謂周世臣之子孫，退在賤官，使搏熊羆，在冥氏、穴氏之職。○[羆]彼皮反。[冥]莫歷反。私人之子，百僚是試。私人，私家人也。是試，用於百官也。箋云：此言周衰，羣小得志。

○或以其酒，不以其漿。或醉於酒，或不得於漿。鞙鞙佩璲，不以其長。鞙鞙，玉貌。璲，瑞也。箋云：佩璲者，以瑞玉為佩，佩之鞙鞙然。居其官職，非其才之所長也。徒美其佩，而無其德，刺其素餐。○[鞙]胡犬反。維天有漢，監亦有光。漢，天河也。有光而無所明也。箋云：監，視也。喻王闓置官司，而無督察之實。○[監]古暫反。[闓]音開。跂彼織女，終日七襄。跂，隅貌。襄，反也。箋云：襄，駕也。駕謂更其肆也。從旦至暮七辰，辰一移，因謂之七襄。○[跂]丘豉反。

○雖則七襄，不成報章。不能反報成章也。箋云：織女有織名爾，駕則有西無東，不如人織相反報成文章。睆彼牽牛，不以服箱。睆，明星貌。河鼓謂之牽牛。服，牝服也。箱，大車之箱也。箋云：以，用也。牽牛不可用於牝服之箱。○[睆]華板反。東有啓明，西有長庚。日旦出謂明星為啓明，日既入謂明星為長庚。庚，續也。箋云：啓明、長庚皆有助日之名，而無實光也。有捄天畢，載施之行。捄，畢貌。畢所以掩兔也。何嘗見其可用乎？箋云：祭器有畢者，所以助載鼎實。今天畢則施於行列而已。○[行]同前周行音。

○維南有箕，不可以簸揚。維北有斗，不可以挹酒漿。挹，㪺也。○[簸]波我反。[㪺]矩于反。維南有箕，載翕其舌。維北有斗，西柄之揭。翕，合也。箋云：翕猶引也。引舌者，謂上星相近。○[翕]許急反。[揭]居竭反。

大東七章，章八句

四月，大夫刺幽王也。在位貪殘，下國構禍，怨亂竝興焉。

○四月維夏，六月徂暑。徂，往也。六月火星中，暑盛而往矣。箋云：徂猶始也。四月立夏矣至六月乃始盛暑興人爲惡亦有漸非一朝一夕先祖匪人胡寧忍予箋云匪非也寧猶曾也我先祖非人乎人則當知患難何爲曾使我當此亂世乎○秋日淒淒百卉具腓淒淒涼風也卉草也腓病也箋云具猶皆也涼風用事而衆草皆病興貪殘之政行而萬民困病○〔淒〕七西反〔卉〕許貴反〔腓〕房非反亂離瘼矣爰其適歸離憂瘼病適之也箋云爰曰也今政亂國將有憂病者矣曰此禍其所之歸乎言憂病之禍必自之歸爲亂○〔瘼〕音莫○冬日烈烈飄風發發箋云烈烈猶栗烈也發發疾貌言王爲酷虐慘毒之政如冬日之烈烈矣其亟急行於天下如飄風之疾也○〔亟〕紀力反民莫不穀我獨何害箋云穀養也民莫不得養其父母者我獨何故覩此寒苦之害○山有嘉卉侯栗侯梅箋云嘉善侯維也山有美善之草生於梅栗之下人取其實蹂踐而害之令不得蕃茂喻上多賦斂富人財盡而弱民與受困窮廢爲殘賊莫知其尤廢忕也箋云尤過也言在位者貪殘爲民之害無自知其行之過者言忕於惡○〔廢〕如字〔忕〕時世反○相彼泉水載清載濁箋云相視也我視彼泉水之流一則清一則濁刺諸侯並爲惡曾無一善○〔相〕息亮反我日構禍曷云能穀構成曷逮也箋云構猶合集也曷之言何也穀善也言諸侯日作禍亂之行何者可謂能善○〔曷〕何葛反○滔滔江漢南國之紀滔滔大水貌其神足以綱紀一方箋云江也漢也南國之大水紀理衆川使不壅滯喻吳楚之君能長理旁側小國使得其所○〔滔〕吐刀反盡瘁以仕寧莫我有箋云瘁病仕事也今王盡病其封畿之內以兵役之事使羣臣有土地曾無自保有者皆懼於危亡也吳楚舊名貪殘今周之政乃反不如○匪鶉匪鳶翰飛戾天匪鱣匪鮪潛逃于淵鶉鵰也鵰鳶貪殘之鳥也大魚能逃處淵箋云翰高戾至鱣鯉也言鵰鳶之高飛鯉鮪之處淵性自然也非鵰鳶能高飛非鯉鮪能處淵皆驚駭辟害爾喻民性安土重遷今而逃走亦畏亂政故○〔鶉〕徒丸反〔鳶〕以專反〔鱣〕張連反〔鮪〕于軌反○山有蕨薇隰有杞桋杞枸檵也桋赤棟也箋云此言草木生各得其所人反不得其所傷之也○〔蕨〕居月反〔桋〕音夷〔棟〕所革反君子作歌維以告哀箋云告哀言勞病而愬之

四月八章章四句

北山大夫刺幽王也役使不均已勞於從事而不得養其父母焉○〔使〕如字〔已〕音紀

○陟彼北山言采其杞箋云言我也登山而采杞非可食之物喻己行役不得其事偕偕士子朝夕從事偕偕強壯貌士子有王事者也箋云朝夕從事者言不得休止也王事靡盬憂我父母箋云靡無也盬不堅固也王事無不堅固故我當盡力勤勞於役久不得歸父母思己而憂○〔盬〕音古○溥天之下莫非王土率土之濱莫非王臣溥大率循濱涯也箋云此言王之土地廣矣王之臣又衆矣何求而不得何使而不行○〔溥〕音普大夫不均我從事獨賢賢勞也箋云王不均大夫之使而專以我有賢才之故獨使我從事於役自苦之辭○四牡彭彭王事傍傍彭彭然不得息傍傍然不得已○〔傍〕布彭反嘉我未老鮮我方將將壯也箋云嘉鮮皆善也王善我年未老乎善我方壯乎何獨久使我也○〔鮮〕息淺反旅力方剛經營四方旅衆也箋云王謂此事衆之氣力方盛乎何乃勞苦使之經營四方○或燕燕居息燕燕安息貌或盡瘁事國盡力勞病以從國事或息偃在牀或不已于行箋云不已猶不止也○或不知叫號或慘慘劬勞叫呼號召也○〔叫〕古弔反〔號〕戶報反協韻戶刀反或棲遲偃仰或王事鞅掌鞅掌失容也箋云鞅猶何也掌謂捧之也負何捧持以趨走言促遽也○〔棲〕音西〔鞅〕於兩反〔何〕上聲○或湛樂飲酒或慘慘畏咎箋云咎猶罪過

也○〔湛〕都南反〔樂〕音洛或出入風議或靡事不爲箋云風猶放也○〔風〕音諷

北山六章三章章六句三章章四句

無將大車大夫悔將小人也周大夫悔將小人幽王之時小人衆多賢者與之從事反見譖害自悔與小人並○無將大車祇自塵兮大車小人之所將也箋云將猶扶進也祇適也鄙事者賤者之所爲也君子爲之不堪其勞以喻大夫而進舉小人適自作憂累故悔之○〔祇〕音支無思百憂祇自疧兮疧病也箋云百憂者衆小事之憂也進舉小人使得居位不任其職愆負及己故以小事爲憂適自病也○〔疧〕都禮反〔任〕音壬○無將大車維塵冥冥箋云冥冥者蔽人目明令無所見也猶進舉小人蔽傷己之功德也○〔冥〕莫庭反又莫迥反無思百憂不出于熲熲光也箋云思衆小事以爲憂使人蔽闇不得出於光明之道○〔熲〕古迥反○無將大車維塵雝兮箋云雝猶蔽也○〔雝〕於勇反無思百憂祇自重兮箋云重猶累也○〔重〕直龍反又直用反

無將大車三章章四句

小明大夫悔仕於亂世也名篇曰小明者言幽王日小其明損其政事以至於亂○明明上天照臨下土箋云明明上天喻王者當光明如日之中也照臨下土喻王者當察理天下之事據時幽王不能然故舉以刺之我征徂西至于艽野二月初吉載離寒暑艽野遠荒之地初吉朔之日也箋云征行徂往也我行往之西方至於遠荒之地乃以二月朔日始行至今則更夏暑冬寒矣尚未得歸詩人牧伯之大夫使述其方之事遭亂世勞苦而悔仕○〔艽〕音求〔更〕音庚心之憂矣其毒大苦箋云憂之甚心中如有藥毒也○〔大〕音泰念彼共人涕零如雨箋云共人靖共爾位以待賢者之君○〔共〕音恭豈不懷歸畏此罪罟罟網也箋云懷思也我誠思歸畏此刑罪羅網我故不敢歸爾○〔罟〕音古○昔我往矣日月方除曷云其還歲聿云莫除陳生新也箋云四月爲除昔我往至於艽野以四月自謂其時將即歸何言其還乃至歲晚尚不得歸○〔除〕直慮反〔莫〕音暮念我獨兮我事孔庶心之憂矣憚我不暇憚勞也箋云孔甚庶衆也我事獨甚衆勞我不暇皆言王政不均臣事不同也○〔憚〕丁佐反念彼共人睠睠懷顧箋云睠睠有往之志也○〔睠〕音眷豈不懷歸畏此譴怒○昔我往矣日月方奧奧煖也○〔奧〕於六反曷云其還政事愈蹙歲聿云莫采蕭穫菽蹙促也箋云愈猶益也何言其還乃至於政事更益促急歲晚乃至采蕭穫菽尚不得歸○〔蹙〕子六反心之憂矣自詒伊戚戚憂也箋云詒遺也我冒亂世而仕自遺此憂悔仕之辭○〔遺〕唯季反念彼共人興言出宿箋云興起也夜臥起宿於外憂不能宿於內也豈不懷歸畏此反覆箋云反覆謂不以正罪見罪○〔覆〕芳福反○嗟爾君子無恒安處箋云恒常也嗟女君子謂其友未仕者也人之居無常安之處謂當安安而能遷孔子曰鳥則擇木○〔處〕昌慮反靖共爾位正直是與神之聽之式穀以女靖謀也正直爲正能正人之曲曰直箋云共具式用穀善也有明君謀具女之爵位其志在於與正直之人爲治神明若祐而聽之其用善人則必用女是使聽天任命不汲汲求仕之辭言女位者位無常主賢人則是○嗟爾君子無恒安息息猶處也靖共爾位好是正直神之聽之介爾景福介景皆大也箋云好猶與也介助也神明聽之則將助女以大福謂遭是明君道施行也○〔好〕呼報反

小明五章三章章十二句二章章六句

鼓鐘刺幽王也○鼓鐘將將淮水湯湯憂心且傷幽王

用樂不與德比會諸侯于淮上鼓其淫樂以示諸侯賢者爲之憂傷箋云爲之憂傷者嘉樂不野合犧象不出門今乃於淮水之上作先王之樂失禮尤甚○將七羊反湯音傷比毗志反犧素何反

淑人君子懷允不忘箋云淑善懷至也古者善人君子其用禮樂各得其宜至信不可忘

○鼓鐘喈喈淮水湝湝憂心且悲喈喈猶將將湝湝猶湯湯悲猶傷也○喈音皆湝戶皆反淑人君子其德不回回邪也

○鼓鐘伐鼛淮有三洲憂心且妯鼛大鼓也三洲淮上地妯動也箋云妯之言悼也○鼛古毛反妯勑留反淑人君子其德不猶猶若也箋云猶當作瘉瘉病也○猶如字鄭羊主反

○鼓鐘欽欽鼓瑟鼓琴笙磬同音欽欽言使人樂進也笙磬東方之樂也同音四縣皆同也箋云同音者謂堂上堂下八音克諧以雅以南以籥不僭爲雅爲南也舞四夷之樂大德廣所及也東夷之樂曰昧南夷之樂曰南西夷之樂曰朱離北夷之樂曰禁以爲籥舞若是爲和而不僭矣箋云雅萬舞也萬也南也籥也三舞不僭言進退之旅也周樂尚武故謂萬舞爲雅雅正也籥舞文樂也○籥以灼反僭七心反

鼓鐘四章章五句

楚茨刺幽王也政煩賦重田萊多荒饑饉降喪民卒流亡祭祀不饗故君子思古焉田萊多荒茨棘不除也饑饉倉庾不盈也降喪神不與福助也○茨徐咨反

○楚楚者茨言抽其棘自昔何爲我蓺黍稷楚楚茨棘貌抽除也箋云茨蒺藜也伐除蒺藜與棘自古之人何乃勤苦爲此事乎我將樹黍稷焉言古者先王之政以農爲本茨言楚楚棘言抽互辭也○抽勑留反我黍與與我稷翼翼我倉既盈我庾維億露積曰庾萬萬曰億箋云黍與與稷翼翼蕃廡貌陰陽和風雨時則萬物成萬物成則倉庾充滿矣倉言盈庾言億亦互辭喻多也十萬曰億○庾音餘以爲酒食以享以祀以妥以侑以介景福妥安坐也侑勸也箋云享獻介助景大也以黍稷爲酒食獻之以祀先祖既又迎尸使處神坐而食之爲其嫌不飽祝以主人之辭勸之所以助孝子受大福也○妥湯果反侑音又

○濟濟蹌蹌絜爾牛羊以往烝嘗或剝或亨或肆或將濟濟蹌蹌言有容也亨飪之也肆陳將齊也或陳于牙或齊其肉箋云有容言威儀敬慎也冬祭曰烝秋祭曰嘗祭祀之禮各有其事有解剝其皮者有煑孰之者有肆其骨體於俎者或奉持而進之者○濟子禮反蹌七羊反亨普庚反肆音四鄭他歷反注同齊去聲祝祭于祊祀事孔明祊門內也箋云孔甚也明猶備也絜也孝子不知神之所在故使祝博求之平生門內之旁待賓客之處祀禮於是甚明○祊補彭反先祖是皇神保是饗皇大保安也箋云皇暀也先祖以孝子祀禮甚明之故精氣歸暀之其鬼神又安而饗其祭祀○暀于況反孝孫有慶報以介福萬壽無疆箋云慶賜也疆竟界也○竟音境

○執爨踖踖爲俎孔碩或燔或炙爨饔爨廩爨也踖踖言爨竈有容也燔取膟膋炙炙肉也箋云燔燔肉也炙肝炙也皆從獻之俎也其爲之於爨必取肉也肝也肥碩美者○爨七亂反踖七夕反燔音煩膟音律膋音寮肝炙之赦反君婦莫莫爲豆孔庶爲賓爲客莫莫言清靜而敬至也豆謂肉羞庶羞也繹而賓尸及賓客箋云君婦謂后也凡適妻稱君婦事舅姑之稱也庶侈也祭祀之禮后夫人主共籩豆必取肉物肥腯美也○莫莫白反侈昌紙反獻醻交錯禮儀卒度笑語卒獲東西爲交邪行錯度法度也獲得時也箋云始主人酌賓爲獻賓爲既酢主人主人又自飲酌賓曰醻至旅而爵交錯以偏卒盡也古者於旅也語○醻市由反度如字沈徒洛反神保是格報以介福萬壽攸酢格來酢報也

○我孔熯矣式禮莫愆工祝致告徂賚孝孫熯敬也善其事曰工賚予也箋云我我孝孫也式法莫無愆過徂往也孝孫甚敬矣於禮

法無過者祝以此故致神意告主人使受嘏既而以嘏之物往予主人○[熯]而善反又呼但反[賚]如字

苾芬孝祀神嗜飲食卜爾百福如幾如式幾期式法也箋云卜

予也苾苾芬芬有馨香矣女之以孝敬享祀也神乃歆嗜女之飲食今予女之百福其來如有期矣多少

如有法矣此皆嘏辭之意○[苾]蒲蔑反一音蒲必反[幾]音機既齊既稷既匡既勑

永錫爾極時萬時億稷疾勑固也箋云齊減取也稷之言即也永長極中也嘏之禮

祝徧取黍稷牢肉魚擩于醢以授尸孝孫前就尸受之天子使宰夫受之以筐祝則釋嘏辭以勑之又曰

長賜女以中和之福是萬是億言多無數○[齊]如字整齊也鄭音資[匡]丘方反[擩]而專反◯禮儀

既備鍾鼓既戒孝孫徂位工祝致告致告告利成也箋云鍾鼓既戒

戒諸在廟中者以祭禮畢孝孫往位堂下西面位也祝於是致孝孫之意告尸以利成神具醉

止皇尸載起鼓鍾送尸神保聿歸皇大也箋云具皆也皇君也載之言

則也尸節神者也神醉而尸謖送尸而神歸尸出入奏肆夏尸稱君尊之也神安歸者歸於天也○[謖]所

六反起也諸宰君婦廢徹不遲箋云廢去也尸出而可徹諸宰徹去諸饌君婦籩豆

而已不遲以疾為敬也○[廢]方吠反[徹]直列反[去]起呂反諸父兄弟備言燕私燕而

盡其私恩箋云祭祀畢歸賓客之俎同姓則留與之燕所以尊賓客親骨肉也◯樂具入奏

以綏後祿爾殽既將莫怨具慶綏安也安然後受福祿也將行也箋云燕

而祭時之樂復皆入奏以安後日之福祿骨肉歡而君之福祿安女之殽羞已行同姓之臣無有怨者而

皆慶君是其歡也○[復]扶又反既醉既飽小大稽首神嗜飲食使君

壽考箋云小大猶長幼也同姓之臣燕已醉飽皆再拜稽首曰神乃歆嗜君之飲食使君壽且考此

其慶辭孔惠孔時維其盡之子子孫孫勿替引之替廢引長

也箋云惠順也甚順於禮甚得其時維君德能盡之願子孫勿廢而長行之○[替]天帝反

楚茨六章章十二句

信南山刺幽王也不能脩成王之業疆理天下以奉

禹功故君子思古焉◯信彼南山維禹甸之畇畇原

隰曾孫田之甸治也畇畇墾辟貌曾孫成王也箋云信乎彼南山之野禹治而丘甸之今原

隰墾辟則又成王之所佃言成王乃遠脩禹之功今王反不脩其業乎六十四井為甸甸方八里居一成

之中成方十里出兵車一乘以為賦法○[甸]田見反鄭繩證反[畇]音匀我疆我理疆畫經界

也理分地理也南東其畝或南或東◯上天同雲雨雪雰雰雰雰雪貌

豐年之冬必有積雪益之以霢霂既優既渥小雨曰霢霂箋云成王之時陰陽和

風雨時冬有積雪春而益之以小雨潤澤則饒洽○[霢]亡革反[霂]音木既霑既足生我

百穀◯疆場翼翼黍稷彧彧場畔也翼翼讓畔也彧彧茂盛貌曾孫

之穡以為酒食畀我尸賓壽考萬年箋云斂稅曰穡畀予也成王以

黍稷之稅為酒食至祭祀齊戒則以賜尸與賓尊尸與賓所以敬神也敬神則得壽考萬年○[畀]必寐反

◯中田有廬疆場有瓜是剝是菹剝瓜為菹也箋云中田田中也農人

作廬焉以便其田事於畔上種瓜瓜成又入其稅天子剝削淹漬以為菹貴四時之異物○[剝]邦角反[菹]

側居反獻之皇祖曾孫壽考受天之祜箋云皇君祜福也獻瓜菹於先

祖者孝子之心也孝子則獲福○[祜]音戶◯祭以清酒從以騂牡享于祖

考周尚赤也箋云清謂玄酒也酒鬱鬯五齊三酒也祭之禮先以鬱鬯降神然後迎牲享于祖考納亨

時○[騂]息營反[齊]才細反[亨]普庚反執其鸞刀以啟其毛取其血膋鸞刀

刀有鸞者言割中節也箋云毛以告純也膋脂膏也血以告殺膋以升臭合之黍稷實之於蕭合馨香也

○[膋]音聊◯是烝是享苾苾芬芬祀事孔明烝進也箋云既有牲物而

進獻之，苾苾芬芬然香。祀禮於是則甚明也。先祖是皇。報以介福。萬壽無疆。箋云：皇之言暀也。先祖之靈歸暀是孝孫，而報之以福。

信南山六章章六句

谷風之什十篇五十四章三百五十六句

毛詩卷第十三

毛詩卷第十四

甫田之什詁訓傳第二十一

小雅　鄭氏箋

甫田，刺幽王也。君子傷今而思古焉。刺者，刺其倉廩空虛，政煩賦重，農人失職。○倬彼甫田，歲取十千。倬，明貌。甫田，謂天下田也。十千，言多也。箋云：甫之言丈夫也，明乎彼大古之時，以丈夫稅田也。歲取十千，於井田之法，則一成之數也。九夫為井，井稅一夫，其田百畝。井十為通，通稅十夫，其田千畝。通十為成，成方十里，成稅百夫，其田萬畝。欲見其數，從井通起，故言十千。上地穀畝一鍾。○〔倬〕陟角反。我取其陳，食我農人，自古有年。尊者食新，農夫食陳。箋云：倉廩有餘，民得賒貰取食之，所以紓官之蓄滯，亦使民愛存新穀，自古者豐年之法如此。○〔食〕音嗣。〔賒〕音奢。今適南畝，或耘或耔，黍稷薿薿。耘，除草也。耔，雝本也。箋云：今者，今成王之法也。使農人之南畝，治其禾稼，功至力盡，則薿薿然而茂盛。於古言稅法，今言治田，互辭。○〔耘〕音芸。〔薿〕魚起反。攸介攸止，烝我髦士。烝，進。髦，俊也。治田得穀，俊士以進。箋云：介，舍也。禮使民耡作耘耔，閒暇則於廬舍及所止息之處，以道藝相講肄，以進其為俊士之行。○〔髦〕音毛。〔閒〕音閑。○以我齊明，與我犧羊，以社以方。器實曰齊，在器曰盛。社，后土也。方，迎四方氣於郊也。箋云：以絜齊豐盛與我純色之羊，秋祭社與四方，為五穀成熟報其功也。○〔齊〕音資。〔犧〕許宜反。我田既臧，農夫之慶。箋云：臧，善也。我田事已善，則慶賜農夫。謂大蜡之時，勞農以休息之也。年不順成，則八蜡不通。○〔蜡〕仕詐反。琴瑟擊鼓，以御田祖，以祈甘雨，以介我稷黍，以穀我士女。田祖，先嗇也。穀，善也。箋云：御，迎。介，助。穀，養也。設樂以迎祭先嗇，謂郊後始耕也。以求甘雨，佑助我禾稼，我當以養士女也。周禮曰：凡國祈年于田祖，吹豳雅，擊土鼓，以樂田畯。○〔御〕牙嫁反。〔豳〕彼貧反。○曾孫來止，以其婦子，饁彼南畝，田畯至喜。攘其左右，嘗其旨否。箋云：曾孫謂成王也。攘讀當為饟。饁饟，饋也。田畯，司嗇，今之嗇夫也。喜讀為饎。饎，酒食也。成王來止，謂出觀農事也。親與后世子行，使知稼穡之艱難也。為農人之在南畝者設饋以勸之。司嗇至，則又加之以酒食饟其左右從行者。成王親為嘗其饋之美否，示親之也。○〔饁〕于輒反。〔畯〕子峻反。〔攘〕如羊反，鄭式尚反。禾易長畝，終善且有。易，治也。長畝，竟畝也。○〔易〕以豉反。曾孫不怒，農夫克敏。敏，疾也。箋云：禾治而竟畝，成王則無所責怒，謂此農夫能且敏也。○曾孫之稼，如茨如梁。曾孫之庾，如坻如京。茨，積也。梁，車梁也。京，高丘也。箋云：稼，禾也。謂有藁者也。茨，屋蓋也。上古之稅法，近者納總，遠者納粟米。庾，露積穀也。坻，水中之高地也。○〔茨〕徐私反。〔庾〕羊主反。〔坻〕直基反。乃求千斯倉，乃求萬斯箱。箋云：成王見禾穀之稅委積之多，於是求千倉以處之，萬車以載之，是言年豐收入踰前也。○〔委〕〔積〕如字。黍稷稻粱，農夫之慶。報以介福，萬壽無疆。箋云：慶，賜也。年豐則勞賜農夫益厚，既有黍稷，加以稻粱。報者，為之求福助於八蜡之神。萬壽無疆，竟也。○〔疆〕居良反。〔竟〕如字。

甫田四章，章十句

大田，刺幽王也。言矜寡不能自存焉。幽王之時，政煩賦重，而不務農事，蟲災害穀，風雨不時，萬民饑饉，矜寡無所取活，故時臣思古以刺之。○〔矜〕古頑反。○大田多稼，既種既戒，既備乃事。箋云：大田，謂地肥美可墾耕，多為稼，可以授民者也。將稼者，必先相地之宜而擇其種。季冬命民出五種，計耦耕事，脩耒耜，具田器，此之謂戒。是既備矣，至孟春，土長冒橛，陳根可拔而事之。○〔種〕上聲。〔橛〕其月反。以我覃耜，俶載南畝。覃，利也。箋云：俶讀為熾。載讀為菑栗之菑。時至，民以其利耜熾菑發所受之地，趨農急也。田一歲曰菑。○〔覃〕以冉反。〔俶〕尺叔反，始也。〔載〕事也，鄭讀為熾菑。〔熾〕尺志反。〔菑〕音緇。〔栗〕音列。播厥百穀，既庭且碩，曾孫是若。庭，直也。箋云：碩，大。若，順也。民既熾菑則種其衆穀，衆穀生，盡條直茂大。成王於是則止力役以順民事，不奪其時。○既方既皁，既堅既好，不稂不莠。實未堅者曰皁。稂，童梁也。莠，似苗也。箋云：方，房也。謂孚甲始生而未合時也。盡生房矣，盡成實矣，盡堅熟矣，盡齊好矣，而無稂莠。擇種之善，民力之專，時氣之和所致之。○[皁]才老反。[稂]音郎。去其螟螣，及其蟊賊，無害我田穉。食心曰螟，食葉曰螣，食根曰蟊，食節曰賊。箋云：此四蟲者，恆害我田中之穉禾，故明君以正己而去之。○[去]起呂反。[螟]莫庭反。[螣]徒得反。[蟊]莫侯反。[穉]音稚。田祖有神，秉畀炎火。炎火，盛陽也。箋云：螟螣之屬，盛陽氣贏則生之。今明君爲政，田祖之神不受此害，持之付與炎火，使自消亡。○[秉]如字，執持也。[畀]必二反。○有渰萋萋，興雨祁祁。雨我公田，遂及我私。渰，雲興貌。萋萋，雲行貌。祁祁，徐也。箋云：古者陰陽和，風雨時，其來祁祁然而不暴疾。其民之心，先公後私，今天主雨於公田，因及私田爾。此言民怙君德，蒙其餘惠。○[渰]於檢反。[萋]七西反。[祁]巨移反。[雨]我，于付反，注「主雨」同。彼有不穫穉，此有不斂穧。彼有遺秉，此有滯穗，伊寡婦之利。秉，把也。箋云：成王之時，百穀既多，種同齊熟，收刈促遽，力皆不足，而有不穫、不斂、遺秉、滯穗，故聽矜寡取之以爲利。○[穫]戶郭反。[穧]才計反，又子計反。[穗]音遂。[矜]音鰥。○曾孫來止，以其婦子，饁彼南畝，田畯至喜。箋云：喜讀爲饎。饎，酒食也。成王出觀農事，饋食耕者以勸之也。司嗇至，則又加之以酒食勞倦。之爾○饋[食]音嗣。來方禋祀，以其騂黑，與其黍稷，以享以祀，以介景福。騂，牛也。黑，羊豕也。箋云：成王之來，則又禋祀四方之神，祈報焉。陽祀用騂牲，陰祀用黝牲。○[禋]音因。[享]許兩反。

大田四章，二章章八句，二章章九句

瞻彼洛矣，刺幽王也。思古明王能爵命諸侯，賞善罰惡焉。○瞻彼洛矣，維水泱泱。興也。洛，宗周漑浸水也。泱泱，深廣貌。箋云：瞻，視也。我視彼洛水灌漑以時，其澤浸潤以成嘉穀。興者，喻古明王恩澤加於天下，爵命賞賜以成賢者。○[泱]於良反。[漑]古愛反。君子至止，福祿如茨。箋云：君子至止者，謂來受爵命者也。爵命爲福，賞賜爲祿。茨，屋蓋也。如屋蓋，喻多也。韎韐有奭，以作六師。韎韐者，茅蒐染草也。一曰韎韐，所以代韠也。天子六軍。箋云：此諸侯世子也，除三年之喪，服士服而來，未遇爵命之時，時有征伐之事，天子以其賢，任爲軍將，使代卿士將六軍而出。韎韐，茅蒐染也。茅蒐，韎韐聲也。韎韐，祭服之韠，合韋爲之。其服，爵弁服，紂衣纁裳也。○[韎]音昧。[韐]音閤。[奭]許力反，赤貌。[紂]音緇。○瞻彼洛矣，維水泱泱。君子至止，鞞琫有珌。鞞，容刀鞞也。琫，上飾。珌，下飾也。天子玉琫而珧珌，諸侯璗琫而璆珌，大夫鐐琫而鏐珌，士珕琫而珕珌。箋云：此人世子之賢者也，既受爵命賞賜，而加賜容刀有飾，顯其能制斷。○[鞞]補頂反，刀室也。[琫]必孔反，佩刀削上飾。[珌]賓一反，佩刀下飾。[珧]音遙。[璗]徒黨反。[璆]音虯。[鐐]音遼。[鏐]力幽反。[珕]力計反。[斷]丁亂反。君子萬年，保其家室。箋云：德如是，則能長安其家室。親家室，親安之尤難，安則無篡殺之禍也。○[篡]初患反。[殺]音試。○瞻彼洛矣，維水泱泱。君子至止，福祿既同。箋云：此人世子之能繼世位者也，其爵命賞賜，盡與其先君受命者同而已，無所加也。君子萬年，保其家邦。

瞻彼洛矣三章，章六句

裳裳者華，刺幽王也。古之仕者世祿，小人在位，則讒諂竝進，棄賢者之類，絕功臣之世焉。古者，古昔明王時也。小人，斥今幽王也。○[諂]勑檢反。○裳裳者華，其葉湑兮。興也。裳裳，猶堂堂也。湑，盛貌。箋云：興者，華堂堂於上，喻君也。葉湑然於下，喻臣也。明王賢臣以德相承而治道興，則讒諂遠矣。○[湑]思敘反。[遠]于萬反，又如字。我覯之子，我心寫兮。我心寫兮，是以有譽處今箋云覯見也之子是子也謂古之明王也言我得見古之明王則我心所憂寫而去矣我心所憂既寫是則君臣相與聲譽常處也憂者憂讒諂並進○[處]敝呂反○裳裳者華芸其黃矣芸黃盛也箋云華芸然而黃興明王德之盛也不言葉微見無賢臣也○[芸]音云我覯之子維其有章矣維其有章矣是以有慶矣箋云章禮文也言我得見古之明王雖無賢臣猶能使其政有禮文法度政有禮文法度是則我有慶賜之榮也○裳裳者華或黃或白箋云華或有黃者或有白者興明王之德時有駁而不純○[駁]邦角反我覯之子乘其四駱乘其四駱六轡沃若言世祿也箋云我得見明王德之駁者雖無慶譽猶能免於讒諂之害守我先人之祿位乘其四駱之馬六轡沃若然○[駱]音洛○左之左之君子宜之右之右之君子有之左陽道朝祀之事右陰道喪戎之事箋云君子斥其先人也多才多藝有禮於朝有功於國維其有之是以似之似嗣也箋云維我先人有是二德故先王使之世祿子孫嗣之今遇讒諂並進而見棄絕

裳裳者華四章章六句

桑扈刺幽王也君臣上下動無禮文焉動無禮文舉事而不用先王禮法威儀也○[扈]音戶○交交桑扈有鶯其羽興也鶯然有文章箋云交交猶佼佼飛往來貌桑扈竊脂也興者竊脂飛而往來有文章人觀視而愛之喻君臣以禮法威儀升降於朝廷則天下亦觀視而仰樂之○[鶯]於耕反[佼]交卯反君子樂胥受天之祜胥皆也箋云胥有才知之名也祜福也王者樂臣下有才知文章則賢人在位庶官不曠政和而民安天下予之以福祿○[胥]如字鄭思敘反[祜]音戶○交交桑扈有鶯其領領頸也君子樂胥萬邦之屏屏蔽也箋云王者之德樂賢知在位則能為天下蔽捍四表患難矣蔽捍之者謂蠻夷率服不侵畔○[屏]卑郢反○之屏之翰百辟為憲翰幹憲法也箋云辟君也王者之德外能蔽捍四表之患難內能立功立事為之楨幹則百辟卿士莫不修職而法象之○[翰]戶旦反[辟]音壁不戢不難受福不那戢聚也不戢戢也不難難也那多也不多多也箋云王者位至尊天所子也然而不自斂以先王之法不自難以亡國之戒則其受福祿亦不多也○[戢]莊立反○兕觥其觩旨酒思柔箋云兕觥罰爵也古之王者與群臣燕飲上下無失禮者其罰爵徒觩然陳設而已其飲美酒思得柔順中和與共其樂言不憮敖自淫恣也○[兕]徐履反[觥]古橫反[觩]音虯[憮]火吳反[敖]五報反彼交匪敖萬福來求箋云彼彼賢者也賢者居處恭執事敬與人交必以禮則萬福之祿就而求之謂登用爵命加以慶賜

桑扈四章章四句

鴛鴦刺幽王也思古明王交於萬物有道自奉養有節焉交於萬物有道謂順其性取之以時不暴夭也○鴛鴦于飛畢之羅之興也鴛鴦匹鳥大平之時交於萬物有道取之以時於其飛乃畢掩而羅之箋云匹鳥言其止則相耦飛則為雙性馴耦也此交萬物之實也而言興者廣其義也獺祭魚而後漁豺祭獸而後田此亦皆其將縱散時也君子萬年福祿宜之箋云君子謂明王也交於萬物其德如是則宜壽考受福祿也○鴛鴦在梁戢其左翼言休息也箋云梁石絕水之梁戢斂也鴛鴦休息於梁明王之時人不驚駭斂其左翼以右翼掩之自若無恐懼君子萬年宜其遐福箋云遐遠也遠猶久也○乘馬在廄摧之秣之摧莝也秣粟也箋云摧今莝字也古者明王所乘之馬繫於廄無事則委之以莝有事乃予之穀言愛國用也以興於其身亦猶然齊而後三舉設盛饌恆日則減焉此之謂有節也○[乘]繩證反四馬也[廄]音救[摧]采臥反芻也[秣]音末[委]紆僞反君子萬年福祿艾之艾養也箋云明王愛國用自奉養之節如此故宜久

爲福祿所養也○乘馬在廄秣之摧之君子萬年福祿綏之箋云綏安也○[綏]土果反又如字

鴛鴦四章章四句

頍弁諸公刺幽王也暴戾無親不能宴樂同姓親睦九族孤危將亡故作是詩也戾虐也暴虐謂其政教如雨雪也○[頍]缺婢反舉頭貌

○有頍者弁實維伊何興也頍弁貌弁皮弁也箋云實猶是也言幽王服是皮弁之冠是維何爲乎言其宜以宴而弗爲也禮天子諸侯朝服以宴天子之朝皮弁以日視朝爾酒既旨爾殽既嘉箋云旨嘉皆美也女酒已美矣女殽已美矣何以不用與族人宴也言其知具其禮而弗爲也豈伊異人兄弟匪他箋云此言王當所與宴者豈有異人疏遠者乎皆兄弟與王無他人言至親又刺其弗爲也蔦與女蘿施于松柏蔦寄生也女蘿菟絲松蘿也喻諸公非自有尊託王之尊箋云託王之尊者王明則樂王衰則微刺王不親九族孤特自恃不知己之將危亡也○[蔦]音鳥[施]音肄未見君子憂心弈弈既見君子庶幾說懌弈弈然無所薄也箋云君子斥幽王也幽王久不與諸公宴諸公未得見幽王之時懼其將危亡己無所依怙故憂而心弈弈然故言我若已得見幽王諫正之則庶幾其變改意解懌也○[弈]音亦[說]欲雪反

○有頍者弁實維何期箋云何期猶伊何也期辭也○[期]音基爾酒既旨爾殽既時時善也豈伊異人兄弟具來箋云具猶皆也蔦與女蘿施于松上未見君子憂心怲怲既見君子庶幾有臧怲怲憂盛滿也臧善也○[怲]兵命反

○有頍者弁實維在首爾酒既旨爾殽既阜豈伊異人兄弟甥舅箋云阜猶多也謂吾舅者吾謂之甥如彼雨雪先集維霰霰暴雪也箋云將大雨雪始必微溫雪自上下遇溫氣而摶謂之霰久而寒勝則大雪矣喻幽王之不親九族亦有漸自微至甚如先霰後大雪○[霰]蘇薦反[摶]徒端反死喪無日無幾相見樂酒今夕君子維宴箋云王政既衰我無所依怙死亡無有日數能復幾何與王相見也且今夕喜樂此酒此乃王之宴禮也刺幽王將喪亡哀之也○[喪]息浪反[幾]居豈反[樂]音洛

頍弁三章章十二句

車舝大夫刺幽王也褒姒嫉妬無道竝進讒巧敗國德澤不加於民周人思得賢女以配君子故作是詩也○[舝]胡瞎反車軸頭鐵也[敗]必邁反又如字

○閒關車之舝兮思孌季女逝兮興也閒關設舝也孌美貌季女謂有齊季女也箋云逝往也大夫嫉褒姒之爲惡故嚴車設其舝思得孌然美好之少女有齊莊之德者往迎之以配幽王代褒姒也既幼而美又齊莊庶其當王意○[孌]力兖反[齊]側皆反匪飢匪渴德音來括括會也箋云時讒巧敗國下民離散故大夫汲汲欲迎季女行道雖飢不飢雖渴不渴覬得之而來使我王更脩德教合會離散之人○[括]音活又如字雖無好友式燕且喜箋云式用也我得德音而來雖無同好之賢友我猶用是燕飲相慶且喜○[好]呼報反下同

○依彼平林有集維鷮辰彼碩女令德來教依茂木貌平林林木之在平地者也鷮雉也辰時也箋云平林之木茂則耿介之鳥往集焉喻王若有茂美之德則其時賢女來配之與相訓告改脩德教○[鷮]音驕式燕且譽好爾無射箋云爾女女王也射厭也我於碩女來教則用是燕飲酒且稱王之聲譽我愛好王無有厭也○[女]音汝下同[射]音亦

○雖無旨酒式飲庶幾雖無嘉殽式食庶幾雖無德與女式歌且舞箋云諸大夫覲得賢女以配王於是酒雖不美猶用之燕飲殽雖不美猶食之人皆庶幾於王之變改得輔佐之雖無其德我與女用是

歌舞相樂喜之至也○〔樂〕音洛○陟彼高岡析其柞薪析其柞薪其葉湑兮箋云陟登也登高岡者必析其木以爲薪析其木以爲薪者爲其葉茂盛蔽岡之高也此喻賢女得在王后之位則必辟除嫉妬之女亦爲其蔽君之明○〔析〕星歷反〔柞〕子洛反〔湑〕思敘反鮮我覯爾我心寫兮箋云鮮善覯見也善乎我得見女如是則我心中之憂除去也○〔鮮〕息淺反〔覯〕古候反下同○高山仰止景行行止四牡騑騑六轡如琴景大也箋云景明也諸大夫以爲賢女既進則王亦庶幾古人有高德者則慕仰之有明行者則而行之其御羣臣使之有禮如御四馬騑騑然持其教令使之調均亦如六轡緩急有和也○景〔行〕去聲〔牡〕茂口反〔騑〕孚非反覯爾新昏以慰我心慰安也箋云我得見女之新昏如是則以慰除我心之憂也新昏謂季女也

車舝五章章六句

青蠅大夫刺幽王也○〔蠅〕餘仍反○營營青蠅止于樊興也營營往來貌樊藩也箋云興者蠅之爲蟲汙白使黑汙黑使白喻佞人變亂善惡也言止于藩欲外之令遠物也○〔樊〕音煩〔汙〕烏路反豈弟君子無信讒言箋云豈弟樂易也○〔豈〕開在反○營營青蠅止于棘讒人罔極交亂四國箋云極猶已也○營營青蠅止于榛榛所以爲藩也○〔榛〕士巾反又側巾反讒人罔極構我二人箋云構合也合猶交亂也○〔構〕古豆反

青蠅三章章四句

賓之初筵衛武公刺時也幽王荒廢媟近小人飲酒無度天下化之君臣上下沈湎淫液武公既入而作是詩也淫液者飲酒時情態也武公入者入爲王卿士○〔筵〕音延〔媟〕息列反〔湎〕莫衍反〔液〕音亦

○賓之初筵左右秩秩秩秩然肅敬也箋云筵席也左右謂折旋揖讓也秩秩知也先王將祭必射以擇士大射之禮賓初入門登堂卽席其趨翔威儀甚審知言不失禮也射禮有三有大射有賓射有燕射○〔秩〕直乙反〔折〕之舌反〔知〕音智籩豆有楚殽核維旅楚列貌殽豆實也核加籩也旅陳也箋云豆實菹醢也籩實有桃梅之屬凡非穀而食之曰殽○〔肴〕戶交反〔核〕戶革反酒既和旨飲酒孔偕箋云和旨猶調美也孔甚也王之酒已調美衆賓之飲酒又威儀齊一言主人敬其事而衆賓肅愼鐘鼓既設舉醻逸逸逸逸往來次序也箋云鐘鼓於是言既設者將射改縣也○〔醻〕市由反〔縣〕音懸大侯既抗弓矢斯張大侯君侯也抗舉也有燕射之禮箋云舉者舉鵠而棲之於侯也周禮梓人張皮侯而棲鵠天子諸侯之射皆張三侯故君侯謂之大侯大侯張而弓矢亦張節也將祭而射謂之大射下章言烝衎烈祖其非祭與○〔抗〕苦浪反〔鵠〕戶沃反〔衎〕苦旦反〔與〕音餘射夫既同獻爾發功箋云射夫衆射者也獻猶奏也既比衆耦乃誘射射者乃登射各奏其發矢中的之功發彼有的以祈爾爵的質也祈求也箋云發發矢也射者與其耦拾發發矢之時各心競云我以此求爵女爵射爵也射之禮勝者飲不勝所以養病也故論語曰下而飲其爭也君子○〔祈〕音其〔拾〕其劫反○籥舞笙鼓樂既和奏烝衎烈祖以洽百禮秉籥而舞與笙鼓相應箋云籥管也殷人先求諸陽故祭祀先奏樂滌蕩其聲也烝進衎樂烈美洽合也奏樂和必進樂其先祖於是又合見天下諸侯所獻之禮○〔籥〕余若反〔衎〕苦旦反〔洽〕戶夾反百禮既至有壬有林壬大林君也箋云壬任也謂卿大夫也諸侯所獻之禮既陳於庭有卿大夫又有國君言天下徧至得萬國之歡心錫爾純嘏子孫其湛嘏大也箋云純大也嘏謂尸與主人以福也湛樂也王受神之福於尸則王之子孫皆喜樂也○〔嘏〕古雅反〔湛〕荅南反其湛曰樂各奏爾能賓載手仇室人入又手取也室人主人也主人請射於賓賓許諾自取其匹而射主

人亦入于次又射以耦賓也箋云子孫各奏爾能者謂既湛之後各酌獻尸尸酢而卒爵也士之祭禮上嗣舉奠因而酌尸天子則有子孫獻尸之禮文王世子曰其登餕獻受爵則以上嗣是也仇讀曰𠞰室人有室中之事者謂佐食也又復也賓手挹酒室人復酌爲加爵○〔仇〕音求酌彼康爵以奏爾時酒所以安體也時中者也箋云康虛也時謂心所尊者加爵之閒賓與兄弟交錯相醻卒爵者酌之以其所尊亦交錯而已又無次也○〔中〕張仲反○賓之初筵溫溫其恭箋云此復言初筵者既祭王與族人燕之筵也王與族人燕以異姓爲賓溫溫柔和也其未醉止威儀反反曰既醉止威儀幡幡舍其坐遷屢舞僊僊反反言重慎也幡幡失威儀也遷徙屢數僊僊然箋云此言賓初卽筵之時能自勑戒以禮至於旅酬而小人之態出言王既不得君子以爲賓又不得有恆之人所以敗亂天下率如此也○〔反〕如字韓蒲板反〔舍〕音捨〔僊〕音仙〔率〕音類其未醉止威儀抑抑曰既醉止威儀怭怭是曰既醉不知其秩抑抑慎密也怭怭媟嫚也秩常也○〔抑〕於力反〔怭〕毗必反○賓既醉止載號載呶亂我籩豆屢舞僛僛是曰既醉不知其郵側弁之俄屢舞傞傞號呶號呼讙呶也僛僛舞不能自正也傞傞不止也箋云郵過側傾也俄傾貌此更言賓既醉而異章者著爲無筭爵以後也○〔號〕胡毛反〔呶〕女交反〔僛〕起其反〔郵〕音尤〔俄〕五何反〔傞〕素多反一倉柯反既醉而出並受其福醉而不出是謂伐德飲酒孔嘉維其令儀箋云出猶去也孔甚令善也賓醉則出與主人俱有美譽醉至若此是誅伐其德也飲酒而誠得嘉賓則於禮有善威儀武公見王之失禮故以此言箴之○凡此飲酒或醉或否既立之監或佐之史彼醉不臧不醉反恥立酒之監佐酒之史箋云凡此者凡此時天下之人也飲酒於有醉者有不醉者則立監使視之又助以史使督酒欲令皆醉也彼醉則己不善人所非惡反復取未醉者恥罰之言此者疾之也式勿從謂無俾大怠匪言勿言匪由勿語箋云式讀曰愿勿猶無也俾使由從也武公見時人多說醉者之狀或以取怨致讎故爲設禁醉者有過惡女無就而謂之也當防護之無使顛仆至於怠慢也其所陳說非所當說無爲人說之也亦無從而行之也亦無以語人也皆爲其聞之將恚怒也○〔式〕如字用也鄭他得反惡也〔大〕音泰〔語〕魚據反又如字由醉之言俾出童羖羖羊不童也箋云女從行醉者之言使女出無角之羖羊脅以無然之物使戒深也羖羊之性牝牡有角○〔羖〕音古三爵不識矧敢多又箋云矧況又復也當言我於此醉者飲三爵之不知況能知其多復飲乎三爵者獻也酬也酢也○〔矧〕失忍反

賓之初筵五章章十四句

甫田之什十篇三十九章二百九十六句

毛詩卷第十四

毛詩卷第十五

魚藻之什詁訓傳第二十二

小雅　　鄭氏箋

魚藻，刺幽王也。言萬物失其性，王居鎬京，將不能以自樂，故君子思古之武王焉。萬物失其性者，王政教衰，陰陽不和，羣生不得其所也。將不能以自樂，言必自是有危亡之禍。○[鎬]胡老反。[樂]音洛。篇內唯注八音之樂一字音岳，餘竝同。

○魚在在藻，有頒其首。頒，大首貌。魚以依蒲藻爲得其性。箋云：藻，水草也。魚之依水草，猶人之依明王也。明王之時，魚何所處乎？處於藻。既得其性，則肥充其首頒然。此時人物皆得其所。正言魚者，以潛逃之類，信其著見。○[頒]符云反。[見]賢遍反。王在在鎬，豈樂飲酒。箋云：豈亦樂也。天下平安，萬物得其性，武王何所處乎？處於鎬京，樂八音之樂，與羣臣飲酒而已。今幽王惑於褒姒，萬物失其性，方有危亡之禍，而亦豈樂飲酒於鎬京，而無悛心，故以此刺焉。○[豈]苦在反，下同。[悛]七全反。

○魚在在藻，有莘其尾。莘，長貌。○[莘]所巾反。王在在鎬，飲酒樂豈。

○魚在在藻，依于其蒲。王在在鎬，有那其居。那，安貌。箋云：天下平安，王無四方之虞，故其居處那然安也。○[那]乃多反。

魚藻三章，章四句。

采菽，刺幽王也。侮慢諸侯，諸侯來朝，不能錫命以禮，數徵會之而無信義，君子見微而思古焉。幽王徵會諸侯，爲合義兵征討有罪，既往而無之，是於義事不信也。君子見其如此，知其後必見攻伐，將無救也。○[菽]本作叔。[朝]直遙反，篇內皆同。[數]色角反。[爲]于僞反。

○采菽采菽，筐之筥之。興也。菽所以芼大牢而待君子也。羊則苦，豕則薇。箋云：菽，大豆也。采之者，采其葉以爲藿。三牲牛羊豕，芼以藿。王饗賓客有牛俎，乃用鉶羹，故使采之。○[筐]音匡。[筥]音舉。君子來朝，何錫予之。雖無予之，路車乘馬。君子謂諸侯也。箋云：賜諸侯以車馬，言雖無予之，尚以爲薄。○[予]音與，下同。[乘]繩證反，下同。又何予之，玄袞及黼。玄袞，卷龍也。白與黑謂之黼。箋云：及，與也。玄袞，玄衣而畫以卷龍也。黼黻謂絺衣也。諸公之服自袞冕而下，侯伯自鷩冕而下，子男自毳冕而下，王之賜維用有文章者。○[袞]古本反。[黼]音斧。[卷]上聲，下同，又作袞。[鷩]音鼈。[毳]尺銳反。

○觱沸檻泉，言采其芹。觱沸，泉出貌。檻泉，正出也。箋云：言，我也。芹，菜也，可以爲菹，亦所用待君子也。我使采其水中芹者，尚絜清也。周禮芹菹鴈醢。○[觱]音必。[沸]音弗。[檻]銜覽反。君子來朝，言觀其旂。其旂淠淠，鸞聲嘒嘒。載驂載駟，君子所屆。淠淠，動也。嘒嘒，中節也。箋云：屆，極也。諸侯來朝，王使人迎之，因觀其衣服車乘之威儀，所以爲敬，且省禍福也。諸侯將朝于王，則驂乘乘四馬而往，此之服飾，君子法制之極也。言其尊而王今不尊也。○[旂]巨機反。[淠]匹弊反。[嘒]呼惠反。[屆]音界。[中]丁仲反。

○赤芾在股，邪幅在下。彼交匪紓，天子所予。諸侯赤芾邪幅，幅偪也，所以自偪束也。紓，緩也。箋云：芾，大古蔽膝之象也。冕服謂之芾，其他服謂之韠，以韋爲之。其制上廣一尺，下廣二尺，長三尺，其頸五寸，肩革帶博二寸。脛本曰股。邪幅如今行縢也，偪束其脛，自足至膝，故曰在下。彼與人交接，自偪束如此，則非有解怠紓緩之心，天子以是故賜予之。○[芾]音弗。[股]音古。[邪]似嗟反，注同。[紓]音舒。[予]音與。[廣]光曠反，下同。[長]直亮反。樂只君子，天子命之。樂只君子，福祿申之。申，重也。箋云：只之言是也。古者天子賜諸侯也，以禮樂樂之，乃後命予之也。天子以福祿申重之，所謂人謀鬼謀也。刺今王不然。○[樂]音洛。[只]音止，下同。[樂樂]上音岳，下音洛。

○維柞之枝，其葉蓬蓬。蓬蓬，盛貌。箋云：此興也。柞之幹猶先祖也，枝猶子孫也，其葉蓬蓬，喻賢才也。正以柞爲興者，柞之葉新將生，故乃落於地，以喻繼世以德相承者明也。○[柞]子洛反，又音昨，木名。樂只君子，殿天子之邦。樂只君子萬福攸同殿鎮也〔殿〕多見反○平平左右亦是率從平平辯治也箋云率循也諸侯之有賢才之德能辯治其連屬之國使得其所則連屬之國亦循順之○〔平〕婢延反

○汎汎楊舟紼纚維之紼繂也纚緌也明王能維持諸侯也箋云楊木之舟浮於水上汎汎然東西無所定舟人以紼繫其緌以制行之猶諸侯之治民御之以禮法○〔紼〕音弗〔纚〕力馳反樂只君子天子葵之樂只君子福祿膍之葵揆也膍厚也○〔葵〕其維反〔膍〕頻尸反優哉游哉亦是戾矣戾至也箋云戾止也諸侯有盛德者亦優游自安止於是言思不出其位

采菽五章章八句

角弓父兄刺幽王也不親九族而好讒佞骨肉相怨故作是詩也○〔好〕呼報反

○騂騂角弓翩其反矣興也騂騂調利也不善紲檠巧用則翩然而反箋云興者喻王與九族不以恩禮御待之則使之多怨也○〔騂〕息營反〔翩〕匹然反〔紲〕息列反弓鞁也〔檠〕音景弓匣也兄弟昏姻無胥遠矣箋云胥相也骨肉之親當相親信無相疏遠相疏遠則以親親之望易以成怨○〔胥〕息徐反〔易〕羊豉反

○爾之遠矣民胥然矣爾之教矣民胥傚矣箋云爾女女幽王也胥皆也言王女不親骨肉則天下之人皆如之見女之教令無善無惡所尚者天下之人皆學之言上之化下不可不慎

○此令兄弟綽綽有裕不令兄弟交相爲瘉綽綽寬也裕饒瘉病也箋云令善也○〔綽〕處若反〔瘉〕羊主反

○民之無良相怨一方箋云良善也民之意不獲當反責之於身思彼所以然者而怨之無善心之人則徙居一處怨恚之受爵不讓至于已斯亡爵祿不以相讓故怨禍及之比周而黨愈少鄙爭而名愈辱求安而身愈危箋云斯此也○〔比〕音備

○老馬反爲駒不顧其後己老矣而孩童慢之箋云此喻幽王見老人反侮慢之遇之如幼稚不自顧念後至年老人之遇己亦將然如食宜饇如酌孔取饇飽也箋云王如食老者則宜令之飽如飲老者則當孔取孔取謂度其所勝多少凡器之孔其量大小不同老者氣力弱故取義焉王有族食族燕之禮○〔食〕音嗣〔饇〕於據反〔取〕如字沈又音娶〔飫〕於鴆反〔度〕待洛反

○毋教猱升木如塗塗附猱猨屬塗泥附著也箋云毋禁辭猱之性善登木若教使其爲必能也附木桴也塗之性善著若以塗附其著亦必也以喻人之心皆有仁義教之則進○〔猱〕乃刀反〔著〕直略反下同〔桴〕音孚君子有徽猷小人與屬徽美也箋云猷道也君子有美道以得聲譽則小人亦樂與之而自連屬焉今無良之人相怨王不教之○〔徽〕音暉〔屬〕音蜀亦音樹

○雨雪瀌瀌見晛曰消晛日氣也箋云雨雪之盛瀌瀌然至日將出其氣始見人則皆稱曰雪今消釋矣喻小人雖多王若欲興善政則天下聞之莫不曰小人今誅滅矣其所以然者人心皆樂善王不啓教之○〔雨〕于付反下同〔瀌〕符嬌反〔見〕如字〔晛〕乃見反莫肯下遺式居婁驕箋云莫無也遺讀曰隨式用也婁斂也今王不以善政啓小人之心則無肯謙虛以禮相卑下先人而後己用此自居處斂其驕慢之過者○〔下〕去聲又如字〔遺〕如字〔婁〕力住反鄭如字

○雨雪浮浮見晛曰流浮浮猶瀌瀌也流流而去也如蠻如髦我是用憂蠻南蠻也髦夷髦也箋云今小人之行如夷狄而王不能變化之我用是爲大憂也髦西夷別名武王伐紂其等有八國從焉○如〔髦〕舊音毛尋毛鄭之意當與尚書同音莫侯反

角弓八章章四句

菀柳刺幽王也暴虐無親而刑罰不中諸侯皆不欲朝言王者之不可朝事也○〔菀〕音鬱〔中〕丁仲反〔朝〕直遥反

○有菀者柳不尚息焉興也菀茂木也箋云尚庶幾也有菀然枝葉茂盛之柳行路之人豈有不庶幾欲就之止息乎興者喻王有盛德則天下皆庶幾願往朝焉憂今不然上帝甚蹈無自

暱焉。蹈動暱近也箋云蹈讀曰悼上帝乎者愬之也今幽王暴虐不可以朝事甚使我心中悼病是以不從而近之釋己所以不朝之意○[蹈]音悼[暱]女栗反俾予靖之。後予極焉。靖治極至也箋云靖謀俾使極誅也假使我朝王王留我使我謀政事王信讒不察功考績後反誅放我是言王刑罰不中不可朝事也○[極]毛如字鄭音棘○有菀者柳。不尚愒焉。愒息也○[愒]欺例反上帝甚蹈。無自瘵焉。瘵病也箋云接也○[瘵]音債鄭音際俾予靖之。後予邁焉。箋云邁行也行亦放也春秋傳曰予將行之○有鳥高飛。亦傅于天。彼人之心。于何其臻。箋云傅臻皆至也彼人斥幽王也鳥之高飛極至於天耳幽王之心於何所至乎言其轉側無常人不知其所居○[傅]音附曷予靖之。居以凶矜。曷何矜危也箋云何為使我謀之隨而罪我居我以凶危之地謂四裔也

菀柳三章章六句

都人士。周人刺衣服無常也。古者長民。衣服不貳。從容有常。以齊其民。則民德歸壹。傷今不復見古人也。服謂冠弁衣裳也古者明王時也長民謂凡在民上倡率者也變易無常謂之貳從容謂休燕也休燕猶有常則朝夕明矣壹者專也同也○[長]張丈反[從]七容反[復]扶又反[率]色類反[朝]直遙反

○彼都人士。狐裘黃黃。其容不改。出言有章。彼彼明王也箋云城郭之域曰都古明王時都人之有士行者冬則衣狐裘黃黃然取溫裕而已其動作容貌既有常吐口言語又有法度文章疾今奢淫不自責以過差○[出]如字行歸于周。萬民所望。周忠信也箋云于於也都人之士所行要歸於忠信其餘萬民寡識者咸瞻望而法傚之又疾今不然○[行]下孟反[望]如字協韻音亡

○彼都人士。臺笠緇撮。臺所以禦暑笠所以禦雨也緇撮緇布冠也箋云臺夫須也都人之士以臺皮為笠緇布為冠古明王之時儉且節也○[緇]側其反[撮]七活反[夫]音符彼君子女。綢直如髮。密直如髮也箋云彼君子女者謂都人之家女也其情性密緻操行正直如髮之本末無隆殺也○[綢]直留反[緻]直置反[殺]所界反我不見兮。我心不說。箋云疾時皆奢淫我不復見今士女之然者心思之而憂也○[說]音悅

○彼都人士。充耳琇實。琇美石也箋云言以美石為瑱瑱塞耳○[琇]音秀[瑱]他見反彼君子女。謂之尹吉。尹正也箋云吉讀為姞尹氏姞氏周昏姻舊姓也人見都人之家女咸謂之尹氏姞氏之女言有禮法○[吉]毛如字鄭其吉反我不見兮。我心苑結。箋云苑猶屈也積也○[苑]於粉反徐音鬱

○彼都人士。垂帶而厲。彼君子女。卷髮如蠆。厲帶之垂者箋云而亦如也而厲如鞶厲也鞶必垂厲以為飾厲字當作裂蠆螫蟲也尾末揵然似婦人髮末曲上卷然○[厲]毛如字鄭音列[卷]音權下同[蠆]勑邁反[螫]音釋[揵]其言反[上]時掌反我不見兮。言從之邁。箋云言亦我也邁行也我今不見士女此飾心思之欲從之行言己憂悶欲自殺求從古人

○匪伊垂之。帶則有餘。匪伊卷之。髮則有旟。旟揚也箋云伊辭也此言士非故垂此帶也帶於禮自當有餘也女非故卷此髮也髮於禮自當有旟也旟枝旟揚起也○[旟]音餘我不見兮。云何盱矣。箋云盱病也思之甚云何乎我今已病也○[盱]喜俱反

都人士五章章六句

采綠。刺怨曠也。幽王之時。多怨曠者也。怨曠者君子行役過時之所由也而刺之者譏其不但憂思而已欲從君子於外非禮也○[思]息嗣反下皆同

○終朝采綠。不盈一匊。興也自旦及食時為終朝兩手曰匊箋云綠王芻也易得之菜也終朝采之而不滿手怨曠之深憂思不專於事○[匊]弓六反予髮曲局。薄言歸沐。局卷也婦人夫不在則不容飾箋云言我也禮婦人在夫家笄象笄今曲卷其髮憂思之甚也有云君子將歸者我則沐

以待之○[局]其玉反[卷]音權○終朝采藍不盈一襜衣蔽前謂之襜箋云藍染草也○[藍]盧談反[襜]音覘五日爲期六日不詹詹至也婦人五日一御箋云婦人過於時乃怨曠五日六日者五月之日六月之日也期至五月而歸今六月猶不至是以憂思○之子于狩言韔其弓之子于釣言綸之繩箋云之子是子也謂其君子也于往也綸釣繳也君子往狩與我當從之爲之韔弓其往釣與我當從之爲之繩繳今怨曠自恨初行時不然○[狩]尺救反[韔]勑亮反[繳]音灼[與]音餘[爲]于僞反下同○其釣維何維魴及鱮維魴及鱮薄言觀者箋云觀多也此美其君子之有技藝也釣必得魴鱮魴鱮是云其多者耳其衆雜魚乃衆多矣○[魴]音防[鱮]音敘[觀]古玩反

采綠四章章四句

黍苗刺幽王也不能膏潤天下卿士不能行召伯之職焉陳宣王之德召伯之功以刺幽王及其羣臣廢此恩澤事業也○[膏]古報反下同[召]上照反下同○芃芃黍苗陰雨膏之興也芃芃長大貌箋云興者喻天下之民如黍苗然宣王能以恩澤育養之亦如天之有陰雨之潤○[芃]蒲東反悠悠南行召伯勞之悠悠行貌箋云宣王之時使召伯營謝邑以定申伯之國將徒役南行衆多悠悠然召伯則能勞來勸說以先之○[勞]力報反注同[來]音賚[說]音悅○我任我輦我車我牛我行既集蓋云歸哉任者輦者車者牛者箋云集猶成也蓋猶皆也營謝轉餫之役有負任者有輓輦者有將車者有牽傍牛者其所爲南行之事既成召伯則皆告之云可歸哉刺今王使民行役曾無休止時○[任]音壬注同[輦]力展反[餫]音運[輓]音晚○我徒我御我師我旅我行既集蓋云歸處徒行者御車者師者旅者箋云步行曰徒召伯營謝邑以兵衆行其士卒有步行者有御兵車者五百人爲旅五旅爲師春秋傳曰諸侯之制君行師從卿行旅從○肅肅謝功召伯營之烈烈征師召伯成之謝邑也箋云肅肅嚴正之貌營治也烈烈威武貌征行也美召伯治謝邑則使之嚴正將師旅行則有威武也○原隰既平泉流既清召伯有成王心則寧土治曰平水治曰清箋云召伯營謝邑相其原隰之宜通其水泉之利此功既成宣王之心則安也又刺今王臣無成功而亦心安

黍苗五章章四句

隰桑刺幽王也小人在位君子在野思見君子盡心以事之○隰桑有阿其葉有難興也阿然美貌難然盛貌有以利人也箋云隰中之桑枝條阿阿然長美其葉又茂盛可以庇廕人興者喻時賢人君子不用而野處有覆養之德也正以隰桑興者反求此義則原上之桑枝葉不能然以刺時小人在位無德於民○[難]乃多反既見君子其樂如何箋云思在野之君子而得見其在位喜樂無度○[樂]音洛下同○隰桑有阿其葉有沃沃柔也○[沃]烏酷反既見君子云何不樂○隰桑有阿其葉有幽幽黑色也○[幽]於糾反既見君子德音孔膠膠固也箋云君子在位民附仰之其教令之行甚堅固也○心乎愛矣遐不謂矣中心藏之何日忘之箋云遐遠謂勤藏善也我心愛此君子君子雖遠在野豈能不勤思之乎宜思之也我心善此君子又誠不能忘也孔子曰愛之能勿勞乎忠焉能勿誨乎○[藏]子郎反王才郎反

隰桑四章章四句

白華周人刺幽后也幽王取申女以爲后又得褒姒而黜申后故下國化之以妾爲妻以孼代宗而王弗能治周人爲之作是詩也申姜姓之國也褒姒褒人所入之女姒其字也是謂

幽后孽支庶也宗適子也王不能治己不正故也○〔華〕音花〔取〕七預反〔孽〕魚列反〔適〕音的○白華菅兮。白茅束兮。興也白華野菅也已漚為菅箋云白華於野已漚名之為菅菅柔忍中用矣而更取白茅收束之茅比於白華為脆興者喻王取於申申后禮儀備任妃后之事而更納褒姒褒姒為孽將至滅國○〔菅〕音姦〔漚〕烏候反○之子之遠。俾我獨兮。箋云之子斥幽王也俾使也王之遠外我不復荅耦我意欲使我獨也老而無子曰獨後褒姒譖申后之子宜咎宜咎奔申○〔遠〕于願反又如字注及下同○英英白雲。露彼菅茅。英英白雲貌露亦有雲言天地之氣無微不著無不覆養箋云白雲下露養彼可以為菅之茅使與白華之菅相亂易猶天下妖氣生褒姒使申后見黜天步艱難。之子不猶。步行猶可也箋云猶圖也天行此艱難之妖久矣王不圖其變之所由爾昔夏之衰有二龍之妖卜藏其漦周厲王發而觀之化為玄黿童女遇之當宣王時而生女懼而棄之後褒人有獄而入之幽王幽王嬖之是謂褒姒○〔夏〕戶雅反〔漦〕士其反○滮池北流。浸彼稻田。滮流貌箋云池水之澤浸潤稻田使之生殖喻王無恩意於申后滮池之不如也豐鎬之間水北流○〔滮〕符彪反嘯歌傷懷。念彼碩人。箋云碩大也妖大之人謂褒姒也申后見黜褒姒之所為故憂傷而念之○樵彼桑薪。卬烘于煁。卬我烘燎也煁烓竈也桑薪宜以養人者也箋云人之樵取彼桑薪宜以炊饔饎之爨以養食人桑薪薪之善者也我反以燎於烓竈用炤事物而已喻王始以禮取申后申后禮儀備今反黜之使為卑賤之事亦猶是○〔樵〕徂焦反〔卬〕五綱反〔煁〕市林反〔烓〕音恚行竈也〔食〕音嗣維彼碩人。實勞我心。○鼓鍾于宮。聲聞于外。有諸宮中必形見於外箋云王失禮於內而下國聞知而化之王弗能治如鳴鼓鍾於宮中而欲外人不聞亦不可止○〔聞〕音問念子懆懆。視我邁邁。邁邁不說也箋云此言申后之忠於王也念之懆懆然欲諫正之王反不說於其所言○〔懆〕七感反愁不申也〔邁〕如字○有鶖在梁。有鶴在林。鶖禿鶖也箋云鶖也鶴也

皆以魚為美食者也鶖之性貪惡而今在梁鶴絜白而反在林興王養褒姒而餧申后近惡而遠善○〔鶖〕音秋〔禿〕吐木反維彼碩人。實勞我心。○鴛鴦在梁。戢其左翼。箋云戢斂也斂左翼者謂右掩左也鳥之雌雄不可別也以翼右掩左雄左掩右雌陰陽相下之義也夫婦之道亦以禮義相下以成家道○〔別〕彼列反〔下〕遐嫁反之子無良。二三其德。箋云良善也王無荅耦己之善意而變移其心志令我怨曠○有扁斯石。履之卑兮。扁扁乘石貌王乘車履石箋云王后出入之禮與王同其行登車亦履石申后始時亦然今見黜而卑賤○〔扁〕邊顯反之子之遠。俾我疧兮。疧病也箋云王之遠外我欲使我困病○〔疧〕都禮反

白華八章章四句

緜蠻。微臣刺亂也。大臣不用仁心。遺忘微賤。不肯飲食教載之。故作是詩也。微臣謂士也古者卿大夫出行士為末介士之祿薄或困乏於資財則當賙贍之幽王之時國亂禮廢恩薄大不念小尊不恤賤故本其亂而刺之○〔緜〕面延反〔飲〕於鴆反〔食〕音嗣篇內皆同注如字○緜蠻黃鳥。止于丘阿。興也緜蠻小鳥貌丘阿曲阿也鳥止於阿人止於仁箋云止謂飛行所止託也興者小鳥知止於丘之曲阿靜安之處而託息焉喻小臣擇卿大夫有仁厚之德者而依屬焉道之云遠。我勞如何。飲之食之。教之誨之。命彼後車。謂之載之。箋云在國依屬於卿大夫之仁者至於為末介從而行道路遠矣我罷勞則卿大夫之恩宜如何乎渴則予之飲飢則予之食事未至則豫教之臨事則誨之車敗則命後車載之後車倅車也○〔罷〕音皮○緜蠻黃鳥。止于丘隅。箋云丘隅丘角也豈敢憚行。畏不能趨。箋云憚難也我罷勞車又敗豈敢難徒行乎畏不能及時疾至也○〔憚〕徒旦反下同〔難〕乃旦反下同飲之食之。教之誨之。

命彼後車謂之載之○緜蠻黃鳥止于丘側箋云丘側丘旁也豈敢憚行畏不能極箋云極至也飲之食之教之誨之命彼後車謂之載之

緜蠻三章章八句

瓠葉大夫刺幽王也上棄禮而不能行雖有牲牢饔餼不肯用也故思古之人不以微薄廢禮焉牛羊豕爲牲繫養者曰牢熟曰饔腥曰餼生曰牽不肯用者自養厚而薄於賓客○瓠戶故反饔於恭反餼許氣反○

幡幡瓠葉采之亨之君子有酒酌言嘗之幡幡瓠葉貌庶人之菜也箋云亨熟也熟瓠葉者以爲飲酒之葅也此君子謂庶人之有賢行者也其農功畢乃爲酒漿以合朋友習禮講道藝也酒既成先與父兄室人亨瓠葉而飲之所以急和親親也飲酒而曰嘗者以其爲之主於賓客賓客則加之以羞易兌象曰君子以朋友講習○幡孚煩反亨普康反注同葅莊魚反○有兎斯首炮之燔之君子有酒酌言獻之毛曰炮加火曰燔獻奏也箋云斯白也今俗語斯白之字作鮮齊魯之間聲近斯有兎白首者兎之小者也炮之燔之者將以爲飲酒之羞也飲酒之禮既奏酒於賓乃薦羞每酌言言者禮不下庶人庶人依士禮立賓主爲酌名○兎他故反下同斯毛如字鄭音仙炮白交反燔音煩○有兎斯首燔之炙之君子有酒酌言酢之炕火曰炙酢報也箋云報者賓既卒爵洗而酌主人也凡治兎之宜鮮者毛炮之柔者炙之乾者燔之○炙音隻酢才洛反炕苦浪反○有兎斯首燔之炮之君子有酒酌言醻之醻道飲也箋云主人既卒酢爵又酌自飲卒爵復酌進賓猶今俗人勸酒○醻市周反道徒報反復扶又反

瓠葉四章章四句

漸漸之石下國刺幽王也戎狄叛之荊舒不至乃命將率東征役久病於外故作是詩也荊謂楚也舒舒鳩舒鄝舒庸之屬役謂士卒也○漸士銜反將子亮反率所類反後放此鄝音了○漸漸之石維其高矣山川悠遠維其勞矣漸漸山石高峻箋云山石漸漸然高峻不可登而上喻戎狄衆彊而無禮義不可得而伐也山川者荊舒之國所處也其道里長遠邦域又勞勞廣闊言不可卒服○勞如字鄭音遼武人東征不皇朝矣箋云武人謂將率也皇王也將率受王命東行而征伐役人罷病必不能正荊舒使之朝於王○朝直遙反罷音皮○漸漸之石維其卒矣山川悠遠曷其沒矣卒竟沒盡也箋云卒者崔嵬也謂山巔之末也曷何也廣闊之處何時其可盡服○卒子卹反鄭在律反武人東征不皇出矣箋云不能正之令出使聘問於王○使所吏反○有豕白蹢烝涉波矣豕豬也蹢蹄也將久雨則豕進涉水波箋云烝衆也豕之性能水又唐突難禁制四蹢皆白曰駭則白蹢其尤躁疾者今離其繒牧之處與衆豕涉入水之波漣矣喻荊舒之人勇悍捷敏其君猶白蹢之豕也乃率民去禮義之安而居亂亡之危賤之故比方於豕○蹢音的能奴代反月離于畢俾滂沱矣畢噣也月離陰星則雨箋云將有大雨徵氣先見於天以言荊舒之叛萌漸亦由王出也豕既涉波今又雨使之滂沱疾王甚也○滂普郎反沱徒何反噣直角反武人東征不皇他矣箋云不能正之令其守職不干王命

漸漸之石三章章六句

苕之華大夫閔時也幽王之時西戎東夷交侵中國師旅竝起因之以饑饉君子閔周室之將亡傷己逢之故作是詩也師旅竝起者諸侯或出師或出旅以助王距戎與夷也大夫將師出見戎

夷之侵周而閔之今當其難自傷近危亡○[苕]音條[華]音花[難]乃旦反○苕之華芸其黄矣興也苕陵苕也將落則黄箋云陵苕之華紫赤而繁興者陵苕之幹喻如京師也其華猶諸夏故或謂諸夏爲諸華華衰則黄猶諸侯之師旅罷病也將敗則京師孤弱○芸音云[夏]戸雅反[罷]音皮心之憂矣維其傷矣箋云傷者謂國日見侵削○苕之華其葉青青華落葉青青然箋云京師以諸夏爲障蔽今陵苕之華衰而葉見青青然喻諸侯微弱而王之臣當出見也○[青]子零反知我如此不如無生箋云我我王也知王之爲政如此則己之生不如不生也自傷逢今世之難憂悶之甚○牂羊墳首三星在罶牂羊牝羊也墳大也罶曲梁也寡婦之笱也牂羊墳首言無是道也三星在罶言不可久也箋云無是道者喻周已衰求其復興不可得也不可久者喻周將如心星之光耀見於魚笱之中其去須臾也○[牂]子桑反[墳]扶云反[罶]音柳[笱]音苟人可以食鮮可以飽治日少而亂日多箋云今者士卒人人於晏早皆可以食矣時饑饉軍興乏少無可以飽之者○[鮮]息淺反

苕之華三章章四句

何草不黄下國刺幽王也四夷交侵中國背叛用兵不息視民如禽獸君子憂之故作是詩也○[背]音佩○何草不黄何日不行箋云用兵不息軍旅自歲始草生而出至歲晚矣何草而不黄乎言草皆黄也於是之間將率何日不行乎言常行勞苦之甚何人不將經營四方言萬民無不從役○何草不玄何人不矜箋云玄赤黑色始春之時草牙孽者將生必玄於此時也兵猶復行無妻曰矜從役者皆過時不得歸故謂之矜○[矜]音鰥哀我征夫獨爲匪民箋云征夫從役者也古者師出不踰時所以厚民之性也今則草玄至於黄黄至於玄此豈非民乎○匪兕匪虎率彼曠野兕虎野獸也曠空也箋云兕虎比戰士也○[兕]徐履反哀我征夫朝夕不暇○有芃者狐率彼幽草有棧之車行彼周道芃小獸貌棧車役車也箋云狐草行草止故以比棧車輦者○[芃]薄紅反[棧]士板反

何草不黄四章章四句

魚藻之什十四篇六十二章三百二句

毛詩卷第十五

毛詩卷第十六

文王之什詁訓傳第二十三

大雅　　鄭氏箋

文王文王受命作周也受命受天命而王天下制立周邦○王于況反

○文王在上於昭于天在上在民上也於歎辭昭見也箋云文王初為西伯有功於民其德著見於天故天命之以為王使君天下也崩謚曰文○於音烏下同見賢遍反周雖舊邦其命維新乃新在文王也箋云大王聿來胥宇而國於周王迹起矣而未有天命至文王而受命言新者美之也○大音泰有周不顯帝命不時有周周也不顯顯也顯光也不時時也時是也箋云周之德不光明乎光明矣天命之不是乎又是矣文王陟降在帝左右言文王升接天下接人也箋云在察也文王能觀知天意順其所為從而行之

○亹亹文王令聞不已陳錫哉周侯文王孫子文王孫子本支百世亹亹勉也哉載侯維也本本宗也支支子也箋云令善哉始侯君也勉勉乎不倦文王之勤用明德也其善聲聞日見稱歌無止時也乃由能數恩惠之施以受命造始周國故天下君之其子孫適為天子庶為諸侯皆百世○〔亹〕音尾〔聞〕音問注同〔哉〕如字〔施〕始豉反〔適〕音的凡周之士不顯亦世不世顯德乎士者世祿也箋云凡周之士謂其臣有光明之德者亦得世世在位重其功也

○世之不顯厥猶翼翼思皇多士生此王國王國克生維周之楨翼翼恭敬思辭也皇天楨幹也箋云猶謀思願也周之臣既世世光明其為君之謀事忠敬翼翼然又願天多生賢人於此邦此邦能生之則是我周之幹事之臣○〔楨〕音貞〔為〕于僞反濟濟多士文王以寧濟濟多威儀也○〔濟〕子禮反

○穆穆文王於緝熙敬止假哉天命有商孫子穆穆美也緝熙光明也假固也箋云穆穆乎文王有天子之容於美乎又能敬其光明之德堅固哉天為此命之使臣有殷之子孫○〔假〕古雅反商之孫子其麗不億上帝既命侯于周服麗數也盛德不可為衆也箋云于於也商之孫子其數不徒億多言之也至天已命文王之後乃為君於周之九服之中言衆之不如德也○〔麗〕力計反

○侯服于周天命靡常則見天命之無常也箋云無常者善則就之惡則去之殷士膚敏祼將于京厥作祼將常服黼冔殷士殷侯也膚美敏疾也祼灌鬯也周人尚臭將行京大也黼白與黑也冔殷冠也夏后氏曰收周曰冔箋云殷之臣壯美而敏來助周祭其助祭自服殷之服明文王以德不以彊○〔祼〕古亂反〔黼〕音甫〔冔〕況甫反王之藎臣無念爾祖藎進也無念念也箋云今王之進用臣當念女祖為之法王斥成王○〔藎〕才刃反

○無念爾祖聿脩厥德永言配命自求多福聿述永長言我也我長配天命而行爾庶國亦當自求多福箋云長猶常也王既述脩祖德常言當配天命而行則福祿自來○〔聿〕于必反殷之未喪師克配上帝帝乙已上也箋云師衆也殷自紂父之前未喪天下之時皆能配天而行故不亡也○〔喪〕息浪反宜鑒于殷駿命不易駿大也箋云宜以殷王賢愚為鏡天之大命不可改易○〔駿〕音峻〔易〕以豉反不易言甚難也下不易並同鄭並如字

○命之不易無遏爾躬宣昭義問有虞殷自天遏止義善虞度也箋云宜徧有又也天之大命已不可改易矣當使子孫長行之無終女身則止徧明以禮義問老成人又度殷所以順天之事而施行之○〔遏〕於葛反〔義〕音儀又鄭如字上天之載無聲無臭儀刑文王萬邦作孚載事刑法孚信也箋云天之道難知也耳不聞聲音鼻不聞香臭儀法文王之事則天下咸信而順之

文王七章章八句

大明文王有明德故天復命武王也二聖相承其明德日以廣大故

曰大明〔復〕扶又反○

明明在下。赫赫在上。明明察也文王之德明明於下故赫赫然著見於天箋云明明者文王武王施明德于天下其徵應炤晳見於天謂三辰效驗○〔炤〕章遙反〔晳〕之設反天難忱斯。不易維王。天位殷適。使不挾四方。忱信也紂居天位而殷之正適也挾達也箋云天之意難信矣不可改易者天子也今紂居天位而又殷之正適以其爲惡乃棄絕之使教令不行於四方四方共叛之是天命無常維德是予耳言此者厚美周也○〔忱〕市林反〔適〕音的〔挾〕子燮反

○摯仲氏任。自彼殷商。來嫁于周。曰嬪于京。乃及王季。維德之行。摯國任姓仲中女也嬪婦京大也王季大王之子文王之父也箋云京周國之地小別名也及與也摯國中女曰大任從殷商之畿內嫁爲婦於周之京配王季而與之共行仁義之德同志意也○〔摯〕音至〔任〕音壬注同下大任放此〔嬪〕毗申反〔中〕丁仲反下同〔大〕任音泰後大姒大姜皆同

○大任有身。生此文王。大任仲任也身重也箋云重謂懷孕也○〔重〕直勇反又直龍反維此文王。小心翼翼。昭事上帝。聿懷多福。厥德不回。以受方國。回違也箋云小心翼翼恭慎貌昭明聿述懷思也方國四方來附者此言文王之有德亦由父母也

○天監在下。有命既集。文王初載。天作之合。在洽之陽。在渭之涘。集就載識合配也洽水也渭水也涘涯也箋云天監視善惡於下其命將有所依就則豫福助之於文王生適有所識則爲之生配於氣勢之處使必有賢才謂生大姒○〔洽〕戶夾反〔涘〕音士

○文王嘉止。大邦有子。嘉美也箋云文王聞大姒之賢則美之曰大邦有子女可以爲妃乃求昏大邦有子。俔天之妹。俔磬也箋云既使問名還則卜之又知大姒之賢尊之如天之有女弟○〔俔〕牽遍反文定厥祥。言大姒之有文德也祥善也箋云問名之後卜而得吉則文王以禮定其吉祥謂使納幣也親迎于渭。言賢聖之配也箋云賢女配聖人得其宜故備禮也○〔迎〕魚敬反造舟爲梁。不顯其光。言受命之宜王基乃始於是也天子造舟諸侯維舟大夫方舟士特舟造舟然後可以顯其光輝箋云迎大姒而更爲梁者欲其昭著示後世敬昏禮也不明乎其禮之有光輝美之也天子造舟周制也殷時未有等制○〔造〕七報反又七道反

○有命自天。命此文王。于周于京。纘女維莘。長子維行。纘繼也莘大姒國也長子長女也能行大任之德焉箋云天爲將命文王君天下於周京之地故亦爲作合使繼大任之女事於莘國莘國之長女大姒則配文王維德之行○〔纘〕子管反〔莘〕所巾反篤生武王。保右命爾。燮伐大商。篤厚右助燮和也箋云天降氣於大姒厚生聖子武王安而助之又遂命之爾使協和伐殷之事協和伐殷之事謂合位三五也○〔右〕音祐〔燮〕蘇接反

○殷商之旅。其會如林。矢于牧野。維予侯興。旅衆也如林言衆而不爲用也矢陳興起也言天下之望周也箋云殷盛合其兵衆陳於商郊之牧野而天乃予諸侯有德者當起爲天子言天去紂周師勝也○〔會〕古外反〔予〕羊盧反鄭羊呂反上帝臨女。無貳爾心。言無敢懷貳心也箋云臨視也女女武王也天護視女伐紂必克無有疑心

○牧野洋洋。檀車煌煌。駟騵彭彭。洋洋廣也煌煌明也騵馬白腹曰騵言上周下殷也箋云言其戰地寬廣明不用權詐也兵車鮮明馬又彊則暇且整○〔騵〕音原〔騮〕音留維師尚父。時維鷹揚。涼彼武王。師大師也尚父可尚可父鷹揚如鷹之飛揚也涼佐也箋云尚父呂望也尊稱焉鷹鷙鳥也佐武王者爲之上將○〔涼〕力尚反〔大〕音泰肆伐大商。會朝清明。肆疾也會甲也不崇朝而天下清明箋云肆故今也會合也以天期已至兵甲之彊師率之武故今伐殷合兵以清明書牧誓曰時甲子昧爽武王朝至于商郊牧野乃誓○〔率〕所類反

大明八章四章章六句四章章八句

緜。文王之興。本由大王也。○緜緜瓜瓞。民之初生。自

土沮漆。興也緜緜不絶貌瓜紹也瓞瓝也民周民也自用土居也沮水漆水也箋云瓜之本實繼先歲之瓜必小狀似瓝故謂之瓞緜緜然若將無長大時興者喻后稷乃帝嚳之胄封於邰其後公劉失職遷于豳居沮漆之地歷世亦緜緜然至大王而德益盛得其民心而生王業故本周之興自於沮漆也○[瓞]田節反[沮]七余反[瓝]蒲剝反古公亶父。陶復陶穴。未有家室。古公豳公也古言久也亶父字或殷以名言質也古公處豳狄人侵之事之以皮幣不得免焉事之以犬馬不得免焉事之以珠玉不得免焉乃屬其耆老而告之曰狄人之所欲者吾土地也吾聞之君子不以其所養人而害人二三子何患乎無君去之踰梁山邑乎岐山之下居焉豳人曰仁人之君不可失也從之如歸市陶其土而復之陶其壤而穴之室內曰家未有寢廟亦未敢有家室箋云古公據文王本其祖也諸侯之臣稱其君曰公復者復於土上鑿地曰穴皆如陶然本其在豳時傳自古公處豳而下爲二章發○[亶]都但反[父]音甫[陶]音桃[復]音福注同[屬]音燭○古公亶父。來朝走馬。率西水滸。至于岐下。爰及姜女。聿來胥宇。率循也滸水厓也姜女大姜也胥相也宇居也箋云來朝走馬言其辟惡早且疾也循西水厓沮漆水側也爰於及與聿自也於是與其妃大姜自來相可居者著大姜之賢知也○[朝]直遙反[滸]呼五反[辟]音避[知]音智○周原膴膴。堇荼如飴。爰始爰謀。爰契我龜。周原沮漆之閒也膴膴美也堇菜也荼苦菜也契開也箋云廣平曰原周之原地在岐山之南膴膴然肥美其所生菜雖有性苦者皆甘如飴也此地將可居故於是始與豳人之從己者謀謀從又於是契灼其龜而卜之卜之則又從矣○[膴]音武[堇]音謹[飴]音移[契]苦計反又苦結反曰止曰時。築室于茲。箋云時是也茲此也卜從則曰可止居於是可作室家於此定民心也○迺慰迺止。迺左迺右。迺疆迺理。迺宣迺畝。自西徂東。周爰執事。慰安爰於也箋云時耕曰宣徂往也民心定乃安隱其居乃左右而處之乃疆理其經界乃時耕其田畝於是從西方而往東之人皆於周執事競

出力也豳與周原不能爲西東據至時從水滸言也○乃召司空。乃召司徒。俾立室家。箋云俾使也司空司徒卿官也司空掌營國邑司徒掌徒役之事故召之使立室家之位處其繩則直。縮版以載。作廟翼翼。言不失繩直也乘謂之縮君子將營宮室宗廟爲先廏庫爲次居室爲後箋云繩者營其廣輪方制之正也既正則以索縮其築版上下相承而起廟成則嚴顯翼翼然乘聲之誤當作繩○[廏]音救[廣]光浪反[索]桑洛反○捄之陾陾。度之薨薨。築之登登。削屢馮馮。捄虆也陾陾衆也度居也言百姓之勸勉也登登用力也削牆鍛屢之聲馮馮然箋云捄捊也度猶投也築牆者捊聚壤土盛之以虆而投諸版中○[捄]音俱[陾]耳升反築牆聲也[度]待洛反[薨]呼肱反[馮]扶冰反[虆]力追反[捊]薄侯反[盛]音成百堵皆興。鼛鼓弗勝。皆俱也鼛大鼓也長一丈二尺或鼛或鼓言勸事樂功也箋云五版爲堵興起也百堵同時起鼛鼓不能止之使休息也凡大鼓之側有小鼓謂之應鼙朔鼙周禮曰以鼛鼓鼓役事○[堵]丁古反[鼛]音羔[勝]音升[鼙]薄迷反○迺立皋門。皋門有伉。迺立應門。應門將將。王之郭門曰皋門伉高貌王之正門曰應門將將嚴正也美大王作郭門以致皋門作正門以致應門焉箋云諸侯之宮外門曰皋門朝門曰應門內有路門天子之宮加以庫雉○[伉]苦浪反[將]七羊反迺立冢土。戎醜攸行。冢大戎大醜衆也冢土大社也起大事動衆必先有事乎社而後出謂之宜美大王之社遂爲大社也箋云大社者出大衆將所告而行也春秋傳曰蜃宜社之肉器也○[大]音泰[蜃]市軫反○肆不殄厥慍。亦不隕厥問。柞棫拔矣。行道兌矣。肆故今也慍恚隕隊也兌成蹊也箋云小聘曰問柞櫟也棫白桵也文王見大王立冢土有用大衆之義故不絶去其恚惡惡人之心亦不廢其聘問鄰國之禮今以柞棫生柯葉之時使大夫將師旅出聘問其行道士衆兌然不有征伐之意○[殄]田典反[慍]紆問反[隕]韻謹反[柞]子洛反[棫]音域[拔]蒲貝反[兌]吐外反又徒外反[隊]直類反[櫟]音歷[桵]如誰反混夷駾矣。

維其喙矣。駾突喙困也箋云混夷夷狄國也見文王之使者將士衆過己國則惶怖驚走奔突入此柞棫之中而逃甚困劇也是之謂一年伐混夷大王辟狄文王伐混夷成道興國其志一也○[混]音昆[駾]徒對反[喙]許穢反○虞芮質厥成，文王蹶厥生。質成也成平也蹶動也虞芮之君相與爭田久而不平乃相謂曰西伯仁人也盍往質焉乃相與朝周入其竟則耕者讓畔行者讓路入其邑男女異路斑白不提挈入其朝士讓爲大夫大夫讓爲卿二國之君感而相謂曰我等小人不可以履君子之庭乃相讓以其所爭田爲閒田而退天下聞之而歸者四十餘國箋云虞芮之質平而文王動其緜緜民初生之道謂廣其德而王業大○[芮]如銳反[蹶]俱衛反[閒]音閑予曰有疏附，予曰有先後，予曰有奔奏，予曰有禦侮。率下親上曰疏附相道前後曰先後喻德宣譽曰奔奏武臣折衝曰禦侮箋云予我也詩人自我也文王之德所以至然者我念之曰此亦由有疏附先後奔奏禦侮之臣力也疏附使疏者親也奔奏使人歸趨之○[先]蘇薦反[後]胡豆反注同[道]音導

緜九章章六句

棫樸，文王能官人也。○[棫]雨逼反[樸]音卜沈又普卜反○芃芃棫樸，薪之槱之。興也芃芃木盛貌棫白桵也樸枹木也槱積也山木茂盛萬民得而薪之賢人衆多國家得用蕃興箋云白桵相樸屬而生者枝條芃芃然豫斫以爲薪至祭皇天上帝及三辰則聚積以燎之○[芃]薄紅反[槱]音酉[枹]必茅反[屬]之欲反[斮]一作斫濟濟辟王，左右趣之。趣趨也箋云辟君也君王謂文王也文王臨祭祀其容濟濟然敬左右之諸臣皆促疾於事謂相助積薪○[辟]音璧下同[趣]七喻反○濟濟辟王，左右奉璋。半圭曰璋箋云璋璋瓚也祭祀之禮王祼以圭瓚諸臣助之亞祼以璋瓚○[璋]音章[瓚]在但反[祼]古亂反奉璋峨峨，髦士攸宜。峨峨盛壯也髦俊也箋云士卿士也奉璋之儀峨峨然故今俊士之所宜○[峨]五歌反[髦]音毛○淠彼涇舟，烝徒楫之。淠舟行貌楫櫂也箋云烝衆也淠淠然涇水中之舟順流而行者乃衆徒船人以楫櫂之故也興衆臣之賢者行君政令○[淠]匹世反[櫂]直教反周王于邁，六師及之。天子六軍箋云于往邁行及與也周王往行謂出兵征伐也二千五百人爲師今王興師行者殷末之制未有周禮周禮五師爲軍軍萬二千五百人○倬彼雲漢，爲章于天。倬大也雲漢天河也箋云雲漢之在天其爲文章譬猶天子爲法度于天下○[倬]陟角反周王壽考，遐不作人。遐遠也遠不作人也箋云周王文王也文王是時九十餘矣故云壽考遠不作人者其政變化紂之惡俗近如新作人也○追琢其章，金玉其相。追雕也金曰雕玉曰琢相質也箋云周禮追師掌追衡笄則追亦治玉也相視也猶觀視也追琢玉使成文章喻文王爲政先以心研精合於禮義然後施之萬民視而觀之其好而樂之如覩金玉然言其政可樂也○[追]對回反注同[琢]陟角反[相]如字鄭去聲勉勉我王，綱紀四方。箋云我王謂文王也以罔罟喻爲政張之爲綱理之爲紀

棫樸五章章四句

旱麓，受祖也。周之先祖世脩后稷、公劉之業，大王、王季申以百福干祿焉。○[旱]戸但反[麓]音鹿○瞻彼旱麓，榛楛濟濟。旱山名也麓山足也濟濟衆多也箋云旱山之足林木茂盛者得山雲雨之潤澤也喻周邦之民獨豐樂者被其君德教○[榛]側巾反[楛]音戸[被]皮僞反豈弟君子，干祿豈弟。干求也言陰陽和山藪殖故君子得以干祿樂易箋云君子謂大王王季以有樂易之德施於民故其求祿亦得樂易○[豈]苦亥反[弟]徒禮反下同○瑟彼玉瓚，黃流在中。玉瓚圭瓚也黃金所以飾流鬯也九命然後錫以秬鬯圭瓚箋云瑟絜鮮貌黃流秬鬯也圭瓚之狀以圭爲柄黃金爲勺青金爲外朱中央矣殷王帝乙之時王季爲西伯以功德受此賜○[瑟]所乙反豈弟君子，福祿攸

降。箋云：彼，所降下也。〔降〕如字，又戶江反。○鳶飛戾天，魚躍于淵。言上下察也。箋云：鳶，鴟之類，鳥之貪惡者也。飛而至天，喻惡人遠去，不爲民害。魚跳躍于淵中，喻民喜得所。○〔鳶〕悅宜反。豈弟君子，遐不作人。箋云：遐，遠也。言大王、王季之德近於變化，使如新作人。○清酒既載，騂牡既備。言年豐畜碩也。箋云：既載，謂已在尊中也。祭祀之事，先爲清酒，其次擇牲，故舉二者。○〔騂〕息營反。〔畜〕香又反。以享以祀，以介景福。言祀所以得福也。箋云：介，助；景，大也。○瑟彼柞棫，民所燎矣。瑟，衆貌。箋云：柞棫之所以茂盛者，乃人熂燎除其旁草，養治之使無害也。○〔燎〕力召反。〔熂〕許氣反。豈弟君子，神所勞矣。箋云：勞，勞來，猶言佑助。○〔勞〕力報反。〔來〕力代反。○莫莫葛藟，施于條枚。莫莫，施貌。箋云：葛也，藟也，延蔓於木之枝本而茂盛，喻子孫依緣先人之功而起。○〔藟〕力軌反。〔施〕以豉反。豈弟君子，求福不回。箋云：不回者，不違先祖之道。

旱麓六章，章四句。

思齊，文王所以聖也。言非但天性，德有所由成。○〔齊〕側皆反。○思齊大任，文王之母。思媚周姜，京室之婦。齊，莊；媚，愛也。周姜，大姜也。京室，王室也。箋云：京，周地名也。常思莊敬者，大任也。乃爲文王之母，又常思愛大姜之配大王之禮，故能爲京室之婦。言其德行純備，故生聖子也。大姜言周，大任言京，見其謙恭自卑小也。○〔見〕音現。大姒嗣徽音，則百斯男。大姒，文王之妃也。大姒十子，衆妾則宜百子也。箋云：徽，美也。嗣大任之美音，謂續行其善教令。○惠于宗公，神罔時怨，神罔時恫。宗公，宗神也。恫，痛也。箋云：惠，順也。宗公，大臣也。文王爲政，咨於大臣，順而行之，故能當於神明，神明無是怨恚。其所行者，無是痛傷。其所爲者，其將無有凶禍。○〔恫〕音通。刑于寡妻，至于兄弟，以御于家邦。刑，法也。寡妻，適妻也。御，迎也。箋云：寡妻，寡有之妻，言賢也。御，治也。文王以禮法接待其妻，至于宗族，以此又能爲政治于家邦也。書曰：乃寡兄勗。又曰：越乃御事。○〔御〕牙嫁反。鄭魚據反。〔適〕丁歷反。○雝雝在宮，肅肅在廟。雝雝，和也。肅肅，敬也。箋云：宮，謂辟廱宮也。羣臣助文王養老則尚和，助祭於廟則尚敬，言得禮之宜。不顯亦臨，無射亦保。以顯臨之，保安無厭也。箋云：臨，視也。保，猶居也。文王之在辟廱也，有賢才之質而不明者，亦得觀於禮；於六藝無射才者，亦得居於位。言養善使之積小致高大。○〔射〕音亦。鄭食夜反。肆戎疾不殄，烈假不瑕。肆，故今也。戎，大也。故今大疾害人者，不絕之而自絕也。烈，業；假，大也。箋云：厲假皆病也。瑕，已也。文王於辟廱，德如此，故大疾害人者，不絕之而自絕；爲厲假之行者，不已之而自已。言化之深也。○〔烈〕如字。鄭音厲。〔瑕〕已，音賈。○不聞亦式，不諫亦入。言性與天合也。箋云：式，用也。文王之祀於宗廟，有仁義之行而不聞達者，亦用之助祭；有孝弟之行而不能諫諍者，亦得入。言其使人器之，不求備也。肆成人有德，小子有造。造，爲也。箋云：成人，謂大夫士也。小子，其弟子也。文王在於宗廟，德如此，故大夫士皆有德，子弟皆有所造成。古之人無斁，譽髦斯士。古之人無猒於有名譽之俊士。箋云：古之人，謂聖王明君也。口無擇言，身無擇行，以身化其臣下，故令此士皆有名譽於天下，成其俊乂之美也。○〔斁〕音亦。鄭音擇。

思齊四章，章六句。故言五章，二章章六句，三章章四句。

皇矣，美周也。天監代殷莫若周，周世世脩德莫若文王。監，視也。天視四方，可以代殷王天下者，維有周爾。世世脩行道德，維有文王盛爾。○皇矣上帝，臨下有赫。監觀四方，求民之莫。皇，大；莫，定也。箋云：臨，視也。大矣，天之視天下，赫然甚明。以殷紂之暴亂，乃監察天下之衆國，求民之定，謂所歸就也。維此二國，其政不獲。維彼四國，爰究爰度。二國，殷、夏也。彼，彼有道也。四國，四方也。究，謀。度，居也。箋云：二國謂今殷紂及崇侯也。正，長。獲，得也。四國謂密也，阮也，徂也，共也。度亦謀也。殷、崇之君其行暴亂，不得於天心。密、阮、徂、共之君於是又助之謀，言同於惡也。○〔度〕待洛反。篇內皆同。〔共〕音恭。下同。上帝耆之，憎其式廓。乃眷西顧，此維與宅。耆，惡也。廓，大也。憎其用大位，行大政。顧，顧西土也。宅，居也。箋云：耆，老也。天須假此二國，養之至老，猶不變改。憎其所用為惡者浸大也。乃眷然運視西顧，見文王之德而與之居，言天意常在文王所。○〔耆〕巨夷反。〔廓〕苦霍反。〔假〕戶嫁反。又作暇。○作之屏之，其菑其翳。修之平之，其灌其栵。啓之辟之，其檉其椐。攘之剔之，其檿其柘。木立死曰菑，自斃曰翳。灌，叢生也。栵，栭也。檉，河柳也。椐，樻也。檿，山桑也。箋云：天既顧文王，四方之民則大歸往之。岐周之地險隘，多樹木，乃競刊除而自居處，言樂就有德之甚。○〔屏〕必領反，除也。〔菑〕側吏反，又音緇。〔翳〕於計反。〔灌〕古亂反。〔栵〕音例。〔辟〕婢亦反。〔檉〕勑丁反。〔椐〕羌居反。〔攘〕如羊反。〔剔〕他歷反。〔檿〕烏簟反。〔柘〕章夜反。帝遷明德，串夷載路。徙就文王之德也。串，習。夷，常。路，大也。箋云：串夷即混夷，西戎國名也。路，應也。天意去殷之惡，就周之德，文王則侵伐混夷以應之。○〔串〕古患反。〔混〕音昆。夷天立厥配，受命既固。配，媲也。箋云：天既顧文王，又為之生賢妃，謂大姒也。其受命之道已堅固也。○〔媲〕普惠反。○帝省其山，柞棫斯拔，松柏斯兌。兌，易直也。箋云：省，善也。天既顧文王，乃和其國之風雨，使其山樹木茂盛，言非徒養其民人而已。○〔省〕昔井反。〔拔〕蒲貝反。〔易〕以豉反。帝作邦作對，自大伯王季。對，配也。從大伯之見王季也。箋云：作，為也。天為邦，謂興周國也。作配，謂為生明君也。是乃自大伯、王季時則然矣。大伯讓於王季而文王起。○〔大〕音泰。維此王季，因心則友。則友其兄，則篤其慶，載錫之光。因，親也。善兄弟曰友。慶，善。光，大也。箋云：篤，厚。載，始也。王季之心親親而又善於宗族，又尤善於兄大伯，乃厚明其功美，始使之顯著也。大伯以讓為功美，王季乃能厚明之，使傳世稱之，亦其德也。受祿無喪，奄有四方。喪，亡。

奄，大也。箋云：王季以有因心則友之德，故世世受福祿，至於覆有天下。○維此王季，帝度其心，貊其德音。其德克明，克明克類，克長克君。心能制義曰度。貊，靜也。箋云：德正應和曰貊，照臨四方曰明，類，善也。勤施無私曰類，教誨不倦曰長，賞慶刑威曰君。○〔貊〕武伯反。〔施〕始豉反。王此大邦，克順克比。慈和偏服曰順，擇善而從曰比。箋云：王，君也。王季稱王，追王也。○〔比〕必里反。比于文王，其德靡悔。經緯天地曰文。箋云：靡，無也。王季之德比於文王，無有所悔也。必比于文王者，德以聖人為匹。既受帝祉，施于孫子。箋云：帝，天也。祉，福也。施，猶易也，延也。○〔祉〕音恥。〔施〕以豉反。○帝謂文王：無然畔援，無然歆羨，誕先登于岸。無是畔道，無是援取，無是貪羨。岸，高位也。箋云：畔援猶跋扈也。誕，大。登，成。岸，訟也。天語文王曰：女無如是跋扈者，妄出兵也。無如是貪羨者，侵人土地也。欲廣大德美者，當先平獄訟，正曲直也。○〔援〕音袁，又于願反。鄭胡喚反。〔羨〕錢面反。〔跋〕蒲末反。〔扈〕音戶。密人不恭，敢距大邦，侵阮徂共。國有密須氏，侵阮遂往侵共。箋云：阮也，徂也，共也，三國犯周而文王伐之。密須之人乃敢距其義兵，違正道，是不直也。○〔阮〕魚宛反。〔共〕音恭。注同。毛云：徂，往也。王赫斯怒，爰整其旅，以按徂旅，以篤于周祜，以對于天下。旅，師。按，止也。旅，地名也。對，遂也。箋云：赫，怒意。斯，盡也。五百人為旅。對，荅也。文王赫然與其羣臣盡怒曰：整其軍旅而出，以卻止徂國之兵眾，以厚周當王之福，以荅天下鄉周之望。○〔赫〕虎格反。〔按〕安旦反。本又作遏。〔祜〕音戶。○依其在京，侵自阮疆，陟我高岡，無矢我陵，我陵我阿。無飲我泉，我泉我池。京，大阜也。矢，陳也。箋云：京，周地名。陟，登也。矢猶當也。大陵曰阿。文王但發其依居京地之眾，以往侵阮國之疆，登其山脊而望阮之兵，兵無敢當其陵及阿者，又無敢飲食於其泉及池水者，小出兵而令驚怖如此，此以德攻，不以眾也。陵、泉重言者，美之也。每言我者，據後得而有之而言。度其鮮原，居岐之陽，在渭

一一二一

之將萬邦之方下民之王小山別大山曰鮮將側也方則也箋云度謀鮮善也方猶鄉也文王見侵阮而兵不見敵知己德盛而威行可以遷居定天下之心乃始謀居善原廣平之地亦在岐山之南居渭水之側爲萬國之所鄉作下民之君後竟徙都於豐○〔鮮〕息淺反又音仙〔別〕彼列反

○帝謂文王予懷明德不大聲以色不長夏以革不識不知順帝之則懷歸也不大聲見於色革更也不以長大有所更箋云夏諸夏也天之言云我歸人君有光明之德而不虛廣言語以外作容貌不長諸夏以變更王法者其爲人不識古知今順天之法而行之者此言天之道尚誠實貴性自然○〔見〕賢遍反

帝謂文王詢爾仇方同爾兄弟以爾鉤援與爾臨衝以伐崇墉仇匹也鉤鉤梯也所以鉤引上城者臨臨車也衝衝車也墉城也箋云詢謀也怨耦曰仇仇方謂旁國諸侯爲暴亂大惡者女當謀征討之以和協女兄弟之國率與之往親親則多志齊心壹也當此之時崇侯虎倡紂爲無道罪尤大也○〔鉤〕古侯反又古侯反〔援〕音爰

○臨衝閑閑崇墉言言執訊連連攸馘安安是類是禡是致是附四方以無侮閑閑動搖也言言高大也連連徐也攸所也馘獲也不服者殺而獻其左耳曰馘於內曰類於野曰禡致致其社稷羣神附附其先祖爲之立後尊其尊而親其親箋云言言猶孽孽將壞貌訊言也執所生得者而言問之及獻所馘皆徐徐以禮爲之不尚促速也類也禡也師祭也無侮者文王伐崇而無復敢侮慢周者○〔訊〕音信〔馘〕古獲反〔禡〕馬嫁反

臨衝茀茀崇墉仡仡是伐是肆是絶是忽四方以無拂茀茀彊盛也仡仡猶言言也肆疾也忽滅也箋云伐謂擊刺之肆犯突也春秋傳曰使勇而無剛者肆之拂猶佹也言無復佹戾文王者○〔茀〕音弗〔仡〕魚乙反〔拂〕符弗反違也〔佹〕九委反戾也

皇矣八章章十二句

靈臺民始附也文王受命而民樂其有靈德以及鳥獸昆蟲焉民者冥也其見仁道遲故於是乃附也天子有靈臺者所以觀祲象察氣之妖祥也文王受命而作邑于豐立靈臺春秋傳曰公既視朔遂登觀臺以望而書雲物爲備故也○〔祲〕子鴆反〔觀〕古亂反

○經始靈臺經之營之庶民攻之不日成之神之精明者稱靈四方而高曰臺經度之也攻作也不日有成也箋云文王應天命度始靈臺之基趾營表其位衆民則築作不設期日而成之言說文王之德勸其事忘己勞也觀臺而曰靈者文王化行似神之精明故以名焉○〔度〕待洛反下同

○經始勿亟庶民子來箋云亟急也度始靈臺之基趾非有急成之意衆民各以子成父事而來攻之○〔亟〕居力反

王在靈囿麀鹿攸伏囿所以域養禽獸也天子百里諸侯四十里靈囿言靈道行於囿也麀牝也箋云攸所也文王親至靈囿視牝鹿所遊伏之處言愛物也○〔囿〕音又〔麀〕音憂

○麀鹿濯濯白鳥翯翯濯濯娛遊也翯翯肥澤也箋云鳥獸肥盛喜樂言得其所○〔翯〕戶角反

王在靈沼於牣魚躍沼池也靈沼言靈道行於沼也牣滿也箋云靈沼之水魚盈滿其中皆跳躍亦言得其所○〔牣〕音刃

○虡業維樅賁鼓維鏞於論鼓鐘於樂辟廱植者曰虡橫者曰栒業大版也樅崇牙也賁大鼓也鏞大鐘也論思也水旋丘如璧曰辟廱以節觀者箋云論之言倫也虡也栒也所以縣鐘鼓也設大版於上刻畫以爲飾文王立靈臺而知民之歸附作靈囿靈沼而知鳥獸之得其所以爲音聲之道與政通故合樂以詳之於得其倫理乎鼓與鐘也於喜樂乎諸在辟廱中者言感於中和之至○〔虡〕音巨〔樅〕七凶反〔賁〕符云反〔鏞〕音容〔於〕音烏鄭如字下同〔論〕盧門反鄭音倫下同〔辟〕音璧〔栒〕旬尹反〔縣〕音懸

○於論鼓鐘於樂辟廱鼉鼓逢逢矇瞍奏公鼉魚屬逢逢和也有眸子而無見曰矇無眸子曰瞍公事也箋云凡聲使瞽矇爲之○〔鼉〕徒何反〔逢〕薄紅反〔矇〕音蒙〔瞍〕蘇口反

靈臺五章章四句

下武繼文也武王有聖德復受天命能昭先人之功焉繼文者繼文王之王業而成之昭明也○〔復〕扶又反○下武維周世有哲王武繼也箋云下猶後也哲知也後人能繼先祖者維有周家最大世世益有明知之王謂大王王季文王稍就盛也○〔哲〕張列反〔知〕音智下同三后在天王配于京三后大王王季文王也王武王也箋云此三后既沒登遐精氣在天矣武王又能配行其道於京謂鎬京也○王配于京世德作求箋云作為求終也武王配行三后之道於鎬京者以其世世積德庶為終成其大功也永言配命成王之孚箋云永長言我也命猶教令也孚信也此為武王言也今長我之配行三后之教令者欲成我周家王道之信也王德之道成於信論語曰民無信不立○成王之孚下土之式式法也箋云王道尚信則天下以為法勤行之永言孝思孝思維則則其先人也箋云長我孝心之所思所思者其維則三后之所行子孫以順祖考為孝○媚茲一人應侯順德一人天子也應當侯維也箋云媚愛茲此也可愛乎武王能當此順德謂能成其祖考之功也易曰君子以順德積小以高大永言孝思昭哉嗣服箋云服事也明哉武王之嗣行祖考之事謂伐紂定天下○昭茲來許繩其祖武許進繩戒武迹也箋云茲此來勤也武王能明此勤行進於善道戒慎其祖考所履踐之迹美其終成之○〔來〕如字鄭去聲於萬斯年受天之祜箋云祜福也天下樂仰武王之德欲其壽考之言也○〔祜〕音戶○受天之祜四方來賀於萬斯年不遐有佐遠夷來佐也箋云武王受此萬年之壽不遠有佐言其輔佐之臣亦宜蒙其餘福也書曰公其以予萬億年亦君臣同福祿也

下武六章章四句

文王有聲繼伐也武王能廣文王之聲卒其伐功也繼伐者文王伐崇而武王伐紂○文王有聲遹駿有聲遹求厥寧遹觀厥成箋云遹述駿大求終觀多也文王有令聞之聲者乃述行有令聞之聲之道所致也所述者謂大王王季也又述行終其安民之道又述行多其成民之德言周德之世益盛○〔遹〕尹橘反〔駿〕音峻〔觀〕古亂反〔聞〕音問文王烝哉烝君也箋云君哉者言其誠得人君之道○文王受命有此武功既伐于崇作邑于豐箋云武功謂伐四國及崇之功也作邑者徙都于豐以應天命文王烝哉○築城伊淢作豐伊匹匪棘其欲遹追來孝淢成溝也匹配也箋云方十里曰成淢其溝也廣深各八尺棘急來勤也文王受命而猶不自足築豐邑之城大小適與成偶大於諸侯小於天子之制此非以急成從己之欲欲廣都邑乃述追王季勤孝之行進其業也○〔淢〕況域反〔棘〕居力反〔廣〕古曠反〔深〕尸鴆反王后烝哉后君也箋云變諡言王后者非其盛事不以義諡○王公伊濯維豐之垣四方攸同王后維翰濯大翰幹也箋云公事也文王述行大王王季之王業其事益大作邑于豐城之既成又垣之立宮室乃為天下所同心而歸之王后為之幹者正其政教定其法度○〔濯〕直角反〔垣〕音袁〔翰〕戶旦反徐音寒王后烝哉○豐水東注維禹之績四方攸同皇王維辟績業皇大也箋云績功辟君也昔堯時洪水而豐水亦汎濫為害禹治之使入渭東注于河禹之功也文王武王今得作邑於其旁地為天下所同心而歸大王為之君乃由禹之功故引美之豐邑在豐水之西鎬京在豐水之東○〔辟〕音璧下同又婢亦反法也皇王烝哉箋云變王后言大王者武王之事又益大○鎬京辟廱自西自東自南自北無思不服武王作邑於鎬京箋云自由也武王於鎬京行辟廱之禮自四方來觀者皆感化其德心無不歸服者皇王烝哉○考卜維王宅是鎬京

維龜正之，武王成之。箋云：考猶稽也。宅，居也。稽疑之法，必契灼龜而卜之。武王卜居是鎬京之地，龜則正之，謂得吉兆，武王遂居之，脩三后之德以伐紂，定天下，成龜兆之占，功莫大於此。○〔契〕苦計反，或苦結反。武王烝哉。○豐水有芑，武王豈不仕。詒厥孫謀，以燕翼子。傳：芑，草也。仕，事。燕，安。翼，敬也。箋云：詒猶傳也。孫，順也。豐水猶以其潤澤生草，武王豈不以其功業爲事乎。以之爲事，故傳其所以順天下之謀，以安其敬事之子孫，謂使行之也。書曰：厥考翼，其肯曰我有後，弗棄基。○〔芑〕音起。〔詒〕以之反。〔孫〕如字，鄭音遜。武王烝哉。上言皇王而變言武王者，皇，大也。始大其業，至武王伐紂成之，故周武王也。

文王有聲八章，章五句。

文王之什十篇，六十六章，四百一十四句。

毛詩卷第十六

毛詩卷第十七

生民之什詁訓傳第二十四

大雅　　鄭氏箋

生民。尊祖也。后稷生於姜嫄。文武之功起於后稷。故推以配天焉。○〔嫄〕音原后稷母也◯厥初生民。時維姜嫄。生民本后稷也姜姓也后稷之母配高辛氏帝焉箋云厥其初始時是也言周之始祖其生之者是姜嫄也姜姓者炎帝之後有女名嫄當堯之時爲高辛氏之世妃本后稷之初生故謂之生民生民如何。克禋克祀。以弗無子。禋敬弗去也去無子求有子古者必立郊禖焉玄鳥至之日以大牢祠于郊禖天子親往后妃率九嬪御乃禮天子所御帶以弓韣授以弓矢于郊禖之前箋云克能也弗之言祓也姜嫄之生后稷如何乎乃禋祀上帝于郊禖以祓除其無子之疾而得其福也能者言齊肅當神明意也三王之後得用天子之禮○〔禋〕音因〔弗〕音拂〔去〕起呂反下同〔韣〕音獨履帝武敏歆。履踐也帝高辛氏之帝也武迹敏疾也從於帝而見於天將事齊敏也歆饗介大也止福祿所止也震動夙早育長也后稷播攸介攸止。載震載夙。載生載育。時維后稷。百穀以利民箋云帝上帝也敏拇也介左右也夙之言肅也祀郊禖之時時則有大神之迹姜嫄履之足不能滿履其拇指之處心體歆歆然其左右所止住如有人道感己者也於是遂有身而肅戒不復御後則生子而養長之名曰棄舜臣堯而舉之是爲后稷○〔敏〕蜜謹反〔歆〕許金反〔見〕賢遍反〔齊〕側皆反◯誕彌厥月。先生如達。誕大彌終達生也姜嫄之子先生者也箋云達羊子也大矣后稷之在其母終人道十月而生生如達之生言易也○〔彌〕面支反〔達〕他末反又如字不坼不副。無菑無害。言易也凡人在母母則病生則坼副菑害其母橫逆人道○〔坼〕勑宅反〔副〕孚逼反判也〔菑〕音災以赫厥靈。上帝不寧。不康禋祀。居然生子。赫顯也不寧寧也不康康也箋云康寧皆安也姜嫄以赫然顯著之徵其有神靈審矣此乃天帝之氣也心猶不安之又不安徒以禋祀而無人道居默然自生子懼時人不信也◯誕寘之隘巷。牛羊腓字之。誕大寘置腓辟字愛也天生后稷異之於人欲以顯其靈也帝不順天是不明也故承天意而異之於天下箋云天異之故姜嫄置后稷於牛羊之徑亦所以異之○〔寘〕之豉反〔隘〕於懈反〔巷〕戶降反〔腓〕符非反誕寘之平林。會伐平林。牛羊而辟人者理也置之平林又爲人所收取之誕寘之寒冰。鳥覆翼之。大鳥來一翼覆之一翼藉之人而收取之又其理也故置之於寒冰鳥乃去矣。后稷呱矣。於是知有天異往取之矣后稷呱呱然而泣○〔呱〕音孤◯實覃實訏。厥聲載路。誕實匍匐。克岐克嶷。覃長訏大路大也岐知意也嶷識也箋云實之言適也覃謂始能坐也訏謂張口嗚以就口食。呼也是時聲音則已大矣能匍匐則岐岐然意有所知也其貌嶷嶷然有所識別也以此至于能就衆人口自食謂六七歲時○〔覃〕徒南反〔訏〕況于反〔匍〕音蒲又音符〔匐〕蒲北反又音服〔岐〕其宜反〔嶷〕魚極反蓺之荏菽。荏菽旆旆。禾役穟穟。麻麥幪幪。瓜瓞唪唪。荏菽戎菽也旆旆然長也役列也穟穟苗好美也幪幪然茂盛也唪唪然多實也箋云蓺樹也戎菽大豆也就口食之時則有種殖之志言天性也○〔蓺〕魚世反〔荏〕而甚反〔旆〕蒲貝反〔穟〕音遂〔幪〕莫孔反〔瓞〕田節反〔唪〕布孔反徐又薄孔反◯誕后稷之穡。有相之道。相助也箋云大矣后稷之掌稼穡有見助之道謂若神助之力也○〔相〕息亮反茀厥豐草。種之黃茂。實方實苞。實種實褎。實發實秀。實堅實好。實穎實栗。即有邰家室。茀治也黃嘉穀也茂美也方極畝也苞本也種雜種也褎長也發盡發也不榮而實曰秀穎垂穎也栗其實栗栗然邰姜嫄之國也堯見天因邰而生后稷故國后稷於邰命使事天以顯神順天命耳箋云豐苞亦茂也方齊等也種生不雜也褎枝葉長也發發管時也栗成就也后稷教民除治茂草使種黍稷黍稷生則茂好熟則大成以此成功堯改封於邰就其成國之家室無變更也○[茀]音拂實[種]上聲除種之使種外竝同[褎]音佑[穎]營井反[邰]他來反○誕降嘉種。維秬維秠。維糜維芑。天降嘉種秬黑黍也秠一稃二米也糜赤苗也芑白苗也箋云天應堯之顯后稷故為之下嘉種○[秬]音巨[秠]孚鄙反又孚畀反[糜]音門鄭亡偉反[芑]音起[稃]芳于反恆之秬秠。是穫是畝。恆之糜芑。是任是負。以歸肇祀。恆偏肇始也始歸郊祀也箋云任猶抱也肇郊之神位也后稷以天為己下此四穀之故則偏種之成熟則穫而畝計之抱負以歸於郊祀天得祀天者二王之後也○[恆]古鄧反[穫]戶郭反[任]音壬○誕我祀如何。或舂或揄。或簸或蹂。釋之叟叟。烝之浮浮。揄抒臼也或簸糠者或蹂黍者釋淅米也叟叟聲也浮浮氣也箋云蹂之言潤也大矣我后稷之祀天如何乎美而將說其事也舂而抒出之簸之又潤濕之將復舂之趨於鑿也釋之烝之以為酒及簠簋之實○[舂]傷容反[揄]音由又以朱反[簸]波我反[蹂]音柔[叟]所留反[烝]之丞反[浮]如字[抒]食汝反[淅]星歷反[鑿]子洛反精米也載謀載惟。取蕭祭脂。取羝以軷。載燔載烈。嘗之日涖卜來歲之芟獮之日涖卜來歲之戒社之日涖卜來歲之稼所以興來而繼往也穀熟而謀陳祭而卜矣取蕭合黍稷臭達牆屋既奠而後爇蕭合馨香也羝羊牡羊也軷道祭也傳火曰燔貫之加於火曰烈箋云惟思也烈之言爛也后稷既為郊祀之酒及其米則諏謀其日思念其禮至其時取蕭草與祭牲之脂爇之於行神之位馨香既聞取羝羊之體以祭神又燔烈其肉為尸羞焉自此而往郊○[羝]都禮反[軷]蒲末反[燔]音煩後同[芟]所銜反[獮]息淺反[爇]如悅反[傳]音附以興嗣歲。興來歲繼往歲也箋云嗣歲今新歲也以先歲之物齊敬祀軷而祀天者將求新歲之豐年也孟春之月令曰乃擇元日祈穀于上帝○卬盛于豆。于豆于登。其香始升。上帝居歆。胡臭亶時。卬我也木曰豆瓦曰登豆薦葅醢也登大羹也箋云胡之言何也亶誠也我后稷盛葅醢之屬當於豆者於登者其

馨香始上行上帝則安而歆享之何芳臭之誠得其時乎美之也祀天用瓦豆陶器質也○[卬]五郎反[盛]音成[亶]都旦反[葅]莊居反后稷肇祀。庶無罪悔。以迄于今。迄至也箋云庶眾也后稷肇祀上帝於郊而天下眾民咸得其所無有罪過也子孫蒙其福以至於今故推以配天焉○[迄]許乞反

生民八章，四章章十句，四章章八句

行葦忠厚也。周家忠厚，仁及草木，故能內睦九族，外尊事黃耇，養老乞言，以成其福祿焉。九族自己上至高祖下至玄孫之親也黃黃髮也耇凍梨也乞言從求善言可以為政者敦史受之○[葦]韋鬼反[耇]音苟[敦]如字○敦彼行葦。牛羊勿踐履。方苞方體。維葉泥泥。敦聚貌行道也葉初生泥泥箋云苞茂也體成形也敦敦然道旁之葦牧牛羊者毋使躐履折傷之草物方茂盛以其終將為人用故周之先王為此愛之況於人乎○[敦]徒端反[泥]乃禮反○戚戚兄弟。莫遠具爾。或肆之筵。或授之几。戚戚內相親也肆陳也或陳設筵者或授几者箋云莫無也具猶俱也爾謂進之也王與族人燕兄弟之親無遠無近俱揖而進之年稚者為設筵而已老者加之以几○[筵]以然反○肆筵設席。授几有緝御。設席重席也緝御踧踖之容也箋云緝猶續也御侍也兄弟之老者既為設重席授几又有相續代而侍者謂敦史也○[緝]七入反[重]直龍反下同[踧]子六反[踖]子亦反或獻或酢。洗爵奠斝。斝爵也夏曰醆殷曰斝周曰爵箋云進酒於客曰獻客荅之曰酢主人又洗爵醻客客受而奠之不舉也用殷爵者尊兄弟也○[酢]才洛反[斝]古雅反又音嫁[夏]戶雅反[醆]側簡反○醓醢以薦。或燔或炙。嘉殽脾臄。或歌或咢。以肉曰醓醢臄函也歌者比於琴瑟也徒擊鼓曰咢箋云薦之禮韭菹則醓醢也燔用肉炙用肝以脾函為加故謂之嘉○[醓]他感反肉醬也[醢]呼改反[脾]婢支反[臄]渠略反[咢]五

洛反通俗文云口上曰朦口下曰函〔比〕毗志反〔炙〕者夜反○敦弓既堅。四鍭既鈞。舍矢既均。敦弓畫弓也天子敦弓鍭矢參亭已均中蓺箋云舍之言釋也蓺質也周之先王將養老先與羣臣行射禮以擇其可與者以爲賓○〔敦〕音彫下同徐又都雷反〔鍭〕音侯又音侯〔鈞〕規旬反〔舍〕音捨〔參〕七南反〔中〕丁仲反下同可〔與〕音預序賓以賢。言賓客次序皆賢孔子射於矍相之圃觀者如堵牆射至於司馬使子路執弓矢出延射曰奔軍之將亡國之大夫與爲人後者不入其餘皆入蓋去者半入者半又使公罔之裘序點揚觶而語曰幼壯孝弟耆耋好禮不從流俗修身以俟死者不在此位蓋去者半處者半序點又揚觶而語曰好學不倦好禮不變耄期稱道不亂者不在此位也蓋僅有存焉箋云序賓以賢謂以射中多少爲次第○〔矍〕俱縛反〔相〕息亮反〔奔〕音奮覆敗也〔將〕子匠反〔觶〕之豉反○敦弓既句。既挾四鍭。天子之弓合九而成規箋云射禮搢三挾一个言已挾四鍭則已徧釋之○〔句〕古豆反張弓曰彀〔挾〕子協反又子合反〔个〕古賀反四鍭如樹。言皆中也序賓以不侮。言其皆有賢才也箋云不侮者敬也其人有敬於禮則射多中○曾孫維主。酒醴維醹。酌以大斗。以祈黃耇。曾孫成王也醹厚也大斗長三尺也祈報也箋云祈告也今我成王承先王之法度爲主人亦既序賓矣有醇厚之酒醴以大斗酌而嘗之而美故以告黃耇之人徵而養之也飲酒之禮曰告於先生君子可也○〔醹〕如主反厚酒也○黃耇台背。以引以翼。台背大老也引長翼敬也箋云台之言鮐也大老則背有鮐文既告老人及其來也以禮引之以禮翼之在前曰引在旁曰翼○〔台〕湯來反徐音臺壽考維祺。以介景福。祺吉也箋云介助也養老人而得吉所以助大福也

行葦八章章四句故言七章二章章六句五章章四句

既醉大平也。醉酒飽德。人有士君子之行焉。成王祭宗廟旅酬下徧羣臣至于無筭爵故云醉焉乃見十倫之義志意充滿是謂之飽德○〔大〕音泰後放此〔行〕下孟反

○既醉以酒。既飽以德。既者盡其禮終其事箋云禮謂旅醻之屬事謂惠施先後及歸俎之類○〔施〕式豉反君子萬年。介爾景福。箋云君子斥成王也介助景大也成王女有萬年之壽天又助女以大福謂五福也○既醉以酒。爾殽既將。將行也箋云爾女也殽謂牲體也成王之爲羣臣俎實以尊卑差次行之君子萬年。介爾昭明。箋云昭光也○昭明有融。高朗令終。融長朗明也始於饗燕終於享祀箋云有又令善也天既助女以光明之道又使之長有高明之譽而以善名終是其長也令終有俶。公尸嘉告。俶始也公尸天子以卿言諸侯也箋云俶猶厚也既始有善令終又厚之公尸以善言告之謂嘏辭也諸侯有功德者入爲天子卿大夫故云公尸公君也○〔俶〕尺叔反〔嘏〕古雅反○其告維何。籩豆靜嘉。恆豆之菹水草之和也其醢陸產之物也加豆陸產也其醢水物也籩豆之薦水土之品也不敢用常褻味而貴多品所以交於神明者言道之徧至也箋云公尸所以善言告之是何故乎乃用籩豆之物絜清而美政平氣和所致故也○〔褻〕息列反朋友攸攝。攝以威儀。言相攝佐者以威儀也箋云朋友謂羣臣同志好者也言成王之臣皆有仁孝士君子之行其所以相攝佐威儀之事○〔好〕呼報反○威儀孔時。君子有孝子。箋云孔甚也言成王之臣威儀甚得其宜皆君子之人有孝子之行孝子不匱。永錫爾類。匱竭類善也箋云永長也孝子之行非有竭極之時長以與女之族類謂廣之以教道天下也春秋傳曰潁考叔純孝也施及莊公○〔匱〕求位反○其類維何。室家之壼。壼廣也箋云壼之言梱也其與女之族類云何乎室家先以相梱致已乃及於天下○〔壼〕苦本反君子萬年。永錫祚胤。胤嗣也箋云永長也成王女有萬年之壽天又長予女福祚至于子孫○〔祚〕才路反〔胤〕羊刃反○其胤維何。天被爾祿。祿福也箋云天予女福祚至于子孫云何乎天覆被

女以祿位使祿臨天下○〔被〕皮寄反君子萬年景命有僕僕附也箋云成王女既有
萬年之壽天之大命又附著於女謂使為政教○〔著〕直略反下同○其僕維何釐爾
女士釐予也箋云天之大命附著於女云何乎予女以女而有士行者謂生淑媛使為之妃○〔釐〕力
之反〔媛〕于眷反〔妃〕音配釐爾女士從以孫子箋云從隨也天既予女以女而有士
行者又使生賢知之子孫以隨之謂傳世也○〔知〕音智

既醉八章章四句

鳧鷖守成也大平之君子能持盈守成神祇祖考安
樂之也君子斥成王也言君子者大平之時則皆然非獨成王也○〔鳧〕音符〔鷖〕於雞反〔祇〕祁支反
〔樂〕音洛○鳧鷖在涇公尸來燕來寧鳧水鳥也鷖鳧屬大平則萬物眾多
箋云涇水名也水鳥而居水中猶人為公尸之在宗廟也故以喻焉祭祀既畢明日又設禮而與尸燕成
王之時尸來燕也其心安不以己實臣之故自嫌言此者美成王事尸之禮備爾酒既清爾
殽既馨公尸燕飲福祿來成馨香之遠聞也箋云爾者女成王也女酒殽清
美以與公尸燕樂飲酒之故祖考以福祿來成女○〔聞〕音問或如字○鳧鷖在沙公尸
來燕來宜沙水旁也宜宜其事也箋云水鳥以居水中為常今出在水旁喻祭四方百物之尸
也其來燕也心自以為宜亦不以己實臣自嫌也爾酒既多爾殽既嘉言酒品齊
多而殽備美○〔齊〕才細反公尸燕飲福祿來為厚為孝子也箋云為猶助也助成王
也○〔為〕于僞反協句如字○鳧鷖在渚公尸來燕來處渚沚也處止也箋云
水中之有諸猶平地之有丘也喻祭天地之尸也以配至尊之故其來燕似若止得其處○〔渚〕之與反
爾酒既湑爾殽伊脯公尸燕飲福祿來下箋云湑酒之泲者也
天地之尸尊事尊不以褻味泲酒脯而已○〔湑〕息汝反〔泲〕子禮反○鳧鷖在潨公尸
來燕來宗潨水會也宗尊也箋云潨水外之高者也有瘞埋之象喻祭社稷山川之尸其來燕也
也有尊主人之意○〔潨〕在公反鄭在容反〔瘞〕於例反既燕于宗福祿攸降公尸
燕飲福祿來崇崇重也箋云既盡也宗社宗也羣臣下及民盡有祭社之禮而燕飲焉為
福祿所下也今王祭社又以尸燕福祿之來乃重厚也天子以下其社神同故云然○〔降〕戶江反〔重〕直龍
反下同○鳧鷖在亹公尸來止熏熏亹山絕水也熏熏和說也箋云亹之
言門也燕七祀之尸於門戶之外故以喻焉其來也不敢當王之燕禮故變言來止熏熏坐不安之意○
〔亹〕音門〔熏〕許云反旨酒欣欣燔炙芬芬公尸燕飲無有後艱
欣欣然樂也芬芬香也無有後艱言不敢多祈也箋云艱難也小神之尸卑用美酒有燔炙可用褻味也
又不能致福祿但令王自今無有後艱而已

鳧鷖五章章六句

假樂嘉成王也○〔假〕音暇○假樂君子顯顯令德宜民宜
人受祿于天假嘉也宜民宜人宜安民宜官人也箋云顯光也天嘉樂成王有光光之善德
安民官人皆得其宜以受福祿於天保右命之自天申之申重也箋云成王之官人
也羣臣保右而舉之乃後命用之又用天意申勑之如舜之勑伯禹伯夷之屬○〔右〕音又助也○干
祿百福子孫千億穆穆皇皇宜君宜王宜君王天下也箋云干求
也十萬曰億天子穆穆諸侯皇皇成王行顯顯之令德求祿得百福其子孫亦勤行而求之得祿千億故
或為諸侯或為天子言皆相最以道○〔最〕香玉反不愆不忘率由舊章箋云愆過
率循也成王之令德不過誤不遺失循用舊典之文章謂周公之禮法○〔愆〕起連反○威儀抑
抑德音秩秩無怨無惡率由羣匹抑抑美也秩秩有常也箋云抑抑密
也秩秩清也成王立朝之威儀致密無所失教令又清明天下皆樂仰之無有怨惡循用羣臣之賢者其

行能匹耦己之心〔惡〕烏路反又如字○受福無疆四方之綱○〔疆〕居良反下篇同○之綱之紀燕及朋友朋友羣臣也箋云成王能爲天下之綱紀謂立法度以理治之也其燕飲常與羣臣非徒樂族人而已○〔樂〕音洛百辟卿士媚于天子不解于位民之攸塈塈息也箋云百辟畿內諸侯也卿士卿之有事也媚愛也成王以恩意及羣臣羣臣故皆愛之不解於其職位民之所以休息由此也○〔辟〕音璧〔媚〕眉備反〔解〕佳賣反〔塈〕許器反

假樂四章章六句

公劉召康公戒成王也成王將涖政戒以民事美公劉之厚於民而獻是詩也公劉者后稷之曾孫也夏之始衰見迫逐遷於豳而有居民之道成王始幼少周公居攝政反歸之成王將涖政召公與周公相成王爲左右召公懼成王尚幼稚不留意於治民之事故作詩美公劉以深戒之○〔召〕上照反後同〔涖〕音利○篤公劉匪居匪康迺埸迺疆迺積迺倉迺裹餱糧于橐于囊思輯用光篤厚也公劉居於邰而遭夏人亂迫逐公劉公劉乃辟中國之難遂平西戎而遷其民邑於豳焉迺埸迺疆言脩其疆埸也迺積迺倉言民事時和國有積倉也小曰橐大曰囊也思輯用光言民相與和睦以顯於時也箋云厚乎公劉之爲君也不以所居爲居不以所安爲安邰國乃有疆埸也乃有積委及倉也安安而能遷積而能散爲夏人迫逐己之故不忍鬬其民乃裹糧食於橐囊之中棄其餘而去思在和其民人用光大其道爲今子孫之基○〔埸〕音亦〔裹〕音果〔餱〕音侯〔糧〕音良〔橐〕他洛反〔囊〕乃郎反〔輯〕音集又七立反〔積〕子智反〔委〕於僞反弓矢斯張干戈戚揚爰方啓行戚斧也揚鉞也張其弓矢秉其干戈戚揚以方開道路去之豳蓋諸侯之從者十有八國焉箋云干盾也戈句孑戟也爰曰也公劉之去邰整其師旅設其兵器告其士卒曰爲女方開道而行明己之遷非爲迫逐之故乃欲全民也○〔戚〕七歷反〔盾〕順允反〔句〕音鉤○篤公劉于胥斯原既庶既繁既順迺宣而無永歎胥相也宣徧也民無長歎猶文王之無悔也箋云于於也廣平曰原厚乎公劉之於相此原地以居民民既衆矣既多矣既順其事矣又乃使之時耕民皆安今之居矣而無長歎思其舊時也○〔歎〕他安反陟則在巘復降在原何以舟之維玉及瑤鞞琫容刀巘小山別於大山也舟帶也瑤言有美德也下曰鞞上曰琫言德有度數也容刀言有武事也箋云陟升降下也公劉之相此原地也由原而升巘復下在原言反覆之重居民也民亦愛公劉之如是故進玉瑤容刀之佩○〔巘〕魚輦反又魚偃反又音彥〔復〕音服又扶又反〔瑤〕音遙〔鞞〕必頂反〔琫〕必孔反○篤公劉逝彼百泉瞻彼溥原迺陟南岡乃覯于京溥大覯見也箋云逝往瞻視溥廣也山脊曰岡絕高爲之京厚乎公劉之相此原地也往之彼百泉之閒視其廣原可居之處乃升其南山之脊乃見其可居者於京謂可營立都邑之處○〔溥〕音普〔覯〕古豆反京師之野于時處處于時廬旅于時言言于時語語是京乃大衆所宜居之也廬寄也直言曰言論難曰語箋云于於時是也京地乃衆民所宜居之野也於是處其所當處者廬舍其賓旅言其所當言語其所當語謂安民館客施教令也○〔廬〕力居反〔論難〕魯困反下乃旦反○篤公劉于京斯依蹌蹌濟濟俾筵俾几箋云蹌蹌濟濟士大夫之威儀也俾使也厚乎公劉之居於此京依而築宮室其既成也與羣臣士大夫飲酒以落之羣臣則相使爲公劉設几筵使之升坐○〔蹌〕七羊反既登乃依乃造其曹執豕于牢酌之用匏賓已登席坐矣乃依几矣曹羣也執豕于牢新國則殺禮也酌之用匏儉以質也箋云公劉既登堂負扆而立羣臣適其牧羣搏豕於牢中以爲飲酒之殽酌酒以匏爲爵言忠敬也○〔依〕毛如字鄭於豈反〔造〕七報反〔匏〕步交反〔殺〕所戒反食之飲之君之宗之爲之君爲之大宗也箋云宗尊也公劉雖去邰國來遷羣臣從而君之尊之

之猶在部也。○〔食〕音嗣，〔飲〕於鴆反。○篤公劉，既溥既長。既景迺岡，相其陰陽，觀其流泉。既景乃岡，考于日景，參之高岡。箋云：厚乎公劉之居豳也，既廣其地之東西，又長其南北，既以日景定其經界於山之脊，觀相其陰陽寒煖所宜，流泉浸潤所及，皆爲利民富國。○〔相〕息亮反，〔煖〕況袁反，又乃管反。其軍三單，度其隰原。徹田爲糧。三單，相襲也。徹，治也。箋云：邰，后稷上公之封。大國之制三軍，以其餘卒爲羨。今公劉遷於豳，民始從之，丁夫適滿三軍之數，單者，無羨卒也。度其隰與原田之多少，徹之，使出稅，以爲國用，什一而稅謂之徹。魯哀公曰：二，吾猶不足，如之何其徹也。○〔單〕音丹，〔度〕待洛反，下同，〔羨〕音賤，又音衍。度其夕陽，豳居允荒。山西曰夕陽。荒，大也。箋云：允，信也。夕陽者，豳之所處也。度其廣輪，豳之所處，信寬大也。○〔廣〕古曠反。○篤公劉，于豳斯館。涉渭爲亂，取厲取鍛。館，舍也。正絕流曰亂。鍛，石也。箋云：鍛石所以爲鍛質也。厚乎公劉，於豳地作此宮室，乃使人渡渭水爲舟，絕流而南取鍛，厲斧斤之石，可以利器用，伐取材木，給築事也。○〔厲〕本作礪，〔鍛〕丁亂反。止基迺理，爰衆爰有。夾其皇澗，遡其過澗。皇，澗名也。遡，鄉也。過，澗名也。箋云：爰，曰也。止基作宮室之功，止而後疆理其田野，校其夫家人數，日益多矣，器物有足矣，皆布居澗水之旁。○〔夾〕古洽反，又古協反，〔澗〕古晏反，〔遡〕音素，〔過〕古禾反，〔鄉〕許亮反。止旅迺密，芮鞫之即。密，安也。芮，水厓也。鞫，究也。箋云：芮之言內也，水之內曰隩，水之外曰鞫。公劉居豳，既安軍旅之役，止士卒乃安，亦就澗水之內外而居，修田事也。○〔芮〕如銳反，〔鞫〕居六反。

公劉六章章十句

泂酌，召康公戒成王也。言皇天親有德，饗有道也。○〔泂〕音迥。○泂酌彼行潦，挹彼注茲，可以餴饎。泂，遠也。行潦，流潦也。餴，餾也。饎，酒食也。箋云：流潦，水之薄者也。遠酌取之，投大器之中，又挹之注之於此小器，而可以沃酒食之餴者，以有忠信之德，齊絜之誠，以薦之故也。春秋傳曰：人不易物，惟德繄物。○〔潦〕音老，〔挹〕音揖，〔餴〕甫云反，字書云：一蒸米也。〔餾〕力又反，又音留。孫炎云：蒸之曰餴，均之曰餾。豈弟君子，民之父母。樂以彊教之，易以說安之，民皆有父之尊，有母之親。○〔豈〕音愷，〔弟〕上聲，後同，〔樂〕音洛，〔易〕羊豉反。○泂酌彼行潦，挹彼注茲，可以濯罍。濯，滌也。罍，祭器。○〔罍〕音雷。豈弟君子，民之攸歸。○泂酌彼行潦，挹彼注茲，可以濯溉。溉，清也。○〔溉〕古愛反。豈弟君子，民之攸塈。箋云：塈，息也。

泂酌三章章五句

卷阿，召康公戒成王也。言求賢用吉士也。吉，猶善也。○〔卷〕音權。○有卷者阿，飄風自南。興也。卷，曲也。飄風，迴風也。惡人被德化而消，猶飄風之入曲阿也。箋云：大陵曰阿。有大陵卷然而曲，迴風從長養之方來入之。興者，喻王當屈體以待賢者，賢者則猥來，如飄風之入曲阿然。其來也，爲長養民。○〔飄〕避遙反。豈弟君子，來游來歌，以矢其音。矢，陳也。箋云：王能待賢者如是，則樂易之君子來就王游而歌，以陳出其聲音。言其將以樂王也，感主之善心也。○伴奐爾游矣，優游爾休矣。伴奐，廣大有文章也。箋云：伴奐，自縱弛之意也。賢者既來，王以才官秩之，各任其職，女則得伴奐而優游自休息也。孔子曰：無爲而治者，其舜也與？恭己正南面而已。言任賢故逸也。○〔伴〕音判，徐音畔，〔奐〕音喚，徐音換。豈弟君子，俾爾彌爾性，似先公酋矣。彌，終也。似，嗣也。酋，終也。箋云：俾，使也。樂易之君子來在位，乃使女終女之性命，無困病之憂，嗣先君之功而終成之。○〔酋〕在由反。○爾土宇昄章，亦孔之厚矣。昄，大也。箋云：土宇，謂居民以土地屋宅也。孔，甚也。女得賢者與之爲治，使居宅民大得其法，則王恩惠亦甚厚矣。勸之使然。○〔昄〕符版反，又方但反。豈弟君子，俾爾彌爾性，百神爾主矣。箋云：使女爲百神主，謂羣臣受饗而佐之。○爾

一三二

受命長矣。茀祿爾康矣。茀，小也。箋云：茀，福。康，安也。女得賢者，與之承順天地，則受久長之命，福祿又安女。〇茀音弗，鄭音廢。豈弟君子，俾爾彌爾性，純嘏爾常矣。嘏，大也。箋云：純，大也。予福曰嘏。使女大受神之福以爲常。〇有馮有翼，有孝有德。以引以翼。有馮有翼，道可馮依以爲輔翼也。引，長。翼，敬也。箋云：馮，馮几也。翼，助也。有孝，斥成王也。有德，謂羣臣也。王之祭祀，擇賢者以爲尸，尊之。豫撰几，擇佐食，廟中有孝子，有羣臣。尸之入也，使祝贊道之，扶翼之。尸至，設几，佐食助之。尸者，神象，故事之如祖考。〇〔馮〕符冰反。豈弟君子，四方爲則。箋云：則，法也。王之臣有是樂易之君子，則天下莫不放傚以爲法。〇〔放〕方往反。〇顒顒卬卬，如圭如璋，令聞令望。顒顒，溫貌。卬卬，盛貌。箋云：令，善也。王有賢臣，與之以禮義相切瑳，體貌則顒顒然敬順，志氣則卬卬然高朗，如玉之圭璋也。人聞之則有善聲譽，人望之則有善威儀，德行相副。〇〔顒〕魚恭反。〔卬〕五剛反。〔聞〕音問。〔望〕如字，協韻音亡。豈弟君子，四方爲綱。箋云：綱者，能張衆目。〇鳳皇于飛，翽翽其羽，亦集爰止。鳳皇，靈鳥，仁瑞也。雄曰鳳，雌曰皇。翽翽，衆多也。箋云：翽翽，羽聲也。亦，亦衆鳥也。爰，于也。鳳皇往飛，翽翽然亦與衆鳥集於所止。衆鳥慕鳳皇而來，喻賢者所在，羣士皆慕而往仕也。因時鳳皇至，故以喻焉。〇〔翽〕呼會反。藹藹王多吉士，維君子使，媚于天子。藹藹，猶濟濟也。箋云：媚，愛也。王之朝多善士，藹藹然。君子在上位者，率化之，使之親愛天子，奉職盡力。〇〔藹〕於害反。〇鳳皇于飛，翽翽其羽，亦傅于天。箋云：傅，猶戾也。〇〔傅〕音附。藹藹王多吉人，維君子命，媚于庶人。箋云：命，猶使也。善士親愛庶人，謂撫擾之，令不失職。〇鳳皇鳴矣，于彼高岡。梧桐生矣，于彼朝陽。梧桐，柔木也。山東曰朝陽。梧桐不生山岡，大平而後生朝陽。箋云：鳳皇鳴于山脊之上者，居高視下，觀可集止，喻賢者待禮乃行，翔而後集。梧桐生者，猶明君出也。生於朝陽者，被溫仁之氣，亦君德也。鳳皇之性，非梧桐不棲，非竹實不食。菶菶萋萋，雝雝喈喈。梧桐盛也，鳳皇鳴也，臣竭其力，則地極其化，天下和洽，則鳳皇樂德。箋云：菶菶萋萋，喻君德盛也。雝雝喈喈，喻民臣和協。〇〔菶〕布孔反，又薄孔反。〔萋〕七西反。〔喈〕音皆。〇君子之車，既庶且多。君子之馬，既閑且馳。上能錫以車馬，行中節，馳中法也。箋云：庶，衆。閑，習也。今賢者在位，王錫其車衆多矣，其馬又閑習於威儀能馳矣。大夫有乘馬，有貳車。矢詩不多，維以遂歌。不多，多也。明王使公卿獻詩以陳其志，遂爲工師之歌焉。箋云：矢，陳也。我陳作此詩，不復多也，欲令遂爲樂歌。王日聽之，則不損今之成功也。〇〔復〕扶又反。

卷阿十章，六章章五句，四章章六句

民勞，召穆公刺厲王也。厲王，成王七世孫也。時賦斂重數，繇役煩多，人民勞苦，輕爲姦宄，彊陵弱，衆暴寡，作寇害，故穆公以刺之。〇民亦勞止，汔可小康。惠此中國，以綏四方。汔，危也。中國，京師也。四方，諸夏也。箋云：汔，幾也。康、綏皆安也。惠，愛也。今周民罷勞矣，王幾可以小安之乎？愛京師之人以安天下。京師者，諸夏之根本。〇〔汔〕許一反，說文巨乞反。〔夏〕戶雅反，下同。〔罷〕音皮。無縱詭隨，以謹無良。式遏寇虐，憯不畏明。詭隨，詭人之善，隨人之惡者。以謹無良，慎小以懲大也。憯，曾也。箋云：謹，猶慎也。良，善。式，用。遏，止也。王爲政，無聽於詭人之善不肯行而隨人之惡者，以此勑慎無善之人，又用此止爲寇虐曾不畏敬明白之刑罪者。疾時有之。〇〔詭〕俱毀反。〔遏〕於葛反。〔憯〕七感反。柔遠能邇，以定我王。柔，安也。箋云：能，猶伽也。邇，近也。安遠方之國，順伽其近者，當以此定我國家，爲王之功。言我者，同姓親也。〇〔能〕如字，鄭奴代反。〔伽〕檢字書未見所出，舊如庶反。〇民亦勞止，汔可小休。惠此中國，以爲民逑。休，定也。逑，合也。箋云：休，止息也。合，聚也。〇〔逑〕音求。無縱詭隨，以謹惽怓。式遏寇虐，無俾民憂。惽怓，大亂也。箋云：惽怓，猶讙譁也，謂好爭訟者也。俾使也。○〔惛〕音昏。〔怓〕女交反。〔讙〕音歡，又許元反。無棄爾勞，以爲王休。休，美也。箋云：勞猶功也。無廢女始時勤政事之功，以爲女王之美。述其始時者，誘掖之也。○民亦勞止，汔可小息。惠此京師，以綏四國。息，止也。無縱詭隨，以謹罔極。式遏寇虐，無俾作慝。慝，惡也。箋云：罔，無。極，中也。無中，所行不得中正。○〔慝〕吐得反。敬慎威儀，以近有德。求近德也。○民亦勞止，汔可小愒。惠此中國，俾民憂泄。愒，息。泄，去也。箋云：泄猶出也，發也。○〔愒〕起例反。〔泄〕以世反，又息列反。無縱詭隨，以謹醜厲。式遏寇虐，無俾正敗。醜，衆。厲，危也。箋云：厲，惡也。春秋左氏曰：其父爲厲。敗，壞也。無使先王之正道壞。戎雖小子，而式弘大。戎，大也。箋云：戎猶女也。式，用也。弘猶廣也。今王女雖小子自遇，而女用事於天下甚廣大也。易曰：君子出其言善，則千里之外應之，況其邇者乎。出其言不善，則千里之外違之，況其邇者乎。是以此戒之。○民亦勞止，汔可小安。惠此中國，國無有殘。賊義曰殘。箋云：王愛此京師之人，則天下邦國之君不爲殘酷。無縱詭隨，以謹繾綣。式遏寇虐，無俾正反。繾綣，反覆也。○〔繾〕音遣。〔綣〕起阮反。王欲玉女，是用大諫。箋云：王乎，我欲令女如玉然。玉者，君子比德焉。故作是詩，用大諫正女。此穆公至忠之言。

民勞五章，章十句。

板，凡伯刺厲王也。凡伯，周同姓，周公之胤也，入爲王卿士。○〔板〕音版。

○上帝板板，下民卒癉。出話不然，爲猶不遠。板板，反也。上帝，以稱王者也。癉，病也。話，善言也。猶，道也。箋云：猶，謀也。王爲政反先王與天之道，天下之民盡病。其出善言而不行之也。此爲謀不能遠圖，不知禍之將至。○〔卒〕子恤反。〔癉〕當但反。〔出〕如字，徐尺遂反。〔話〕戶快反。靡聖管管，不實於亶。管管，無所依也。亶，誠也。箋云：王無聖人之法度，管管然以心自恣，不能用實於誠信之言，言行相違也。○〔亶〕丁但反。猶之未遠，是用大諫。猶，圖也。箋云：王之謀不能圖遠，用是故我大諫王也。○天之方難，無然憲憲。天之方蹶，無然泄泄。憲憲猶欣欣也。蹶，動也。泄泄猶沓沓也。箋云：天，斥王也。王方欲艱難天下之民，又方變更先王之道。臣乎，女無憲憲然，無沓沓然，爲之制法度，達其意以成其惡。○〔憲〕許建反。〔蹶〕俱衛反。〔泄〕徐以世反。辭之輯矣，民之洽矣。辭之懌矣，民之莫矣。輯，和。洽，合。懌，說。莫，定也。箋云：辭，辭氣，謂政教也。王者政教和說，順於民，則民心合定。此戒語時之大臣。○〔輯〕音集，又七入反。〔懌〕音亦。○我雖異事，及爾同寮。我即爾謀，聽我囂囂。寮，官也。囂囂猶謷謷也。箋云：及，與。即，就也。我雖與爾職事異者，乃與女同官，俱爲卿士。我就女而謀，欲忠告以善道。女反聽我言謷謷然不肯受。○〔寮〕力彫反。〔囂〕五刀反。〔謷〕五報反。〔道〕音導，下同。我言維服，勿以爲笑。先民有言，詢于芻蕘。芻蕘，薪采者。箋云：服，事也。我所言乃今之急事，女無笑之。古之賢者有言，有疑事當與薪采者謀之。匹夫匹婦或知及之，況於我乎。○〔芻〕初俱反。〔蕘〕如謠反。〔知〕音智，又如字。○天之方虐，無然謔謔。老夫灌灌，小子蹻蹻。謔謔然喜樂。灌灌猶款款也。蹻蹻，驕貌。箋云：今王方爲酷虐之政，女無謔謔然以讒慝助之。老夫諫女款款然，自謂也。女反蹻蹻然如小子，不聽我言。○〔謔〕虛虐反。〔灌〕古亂反。〔蹻〕其略反。匪我言耄，爾用憂謔。多將熇熇，不可救藥。八十曰耄。熇熇然熾盛也。箋云：將，行也。今我言非老耄有失誤，乃告女用可憂之事，而女反如戲謔，多行熇熇慘毒之惡，誰能止其禍。○〔耄〕莫報反。〔熇〕許酷反，又許各反。○天之方懠，無爲夸毗。威儀卒迷，善人載尸。懠，怒也。夸毗，以體柔人也。箋云：王方行酷虐之威怒，女無夸毗以形體順從之。君臣之威儀盡迷亂，賢人君子則如尸矣，不復言語。時厲王虐而弭謗。○〔懠〕才細反。〔夸〕苦花反。民之方殿屎，則莫我敢葵。喪亂蔑資，曾莫惠我師。殿屎，呻吟也。蔑，無。資，財也。箋云：葵，揆也。民方懠以苦而呻吟則忽然有揆度知其然者其遭喪禍又素以賦斂空虛無財貨以共其事窮困者如此又曾不肯惠施以賙贍衆民言無恩也○殿都練反郭音坫〔屎〕許伊反鄭香惟反〔度〕待洛反○天之牖民如壎如篪如璋如圭如取如攜牖道也如壎如篪言相和也如璋如圭言相合也如取如攜言必從也箋云王之道民以禮義則民和合而從之如此○〔壎〕許元反〔篪〕音池〔攜〕下圭反攜無曰益牖民孔易民之多辟無自立辟辟法也箋云易易也女攜掣民東與西與民皆從女所爲無曰是何益爲道民在己甚易也民之行多爲邪辟者乃女君臣之過無自謂所建爲法也○〔易〕音亦又以豉反多〔辟〕匹亦反邪也立〔辟〕婢亦反〔易〕也以豉反下同〔掣〕尺製反〔與〕並音餘○价人維藩大師維垣大邦維屏大宗維翰价善也藩屏也垣牆也王者天下之大宗翰幹也箋云价甲也被甲之人謂卿士掌軍事者大師三公也大邦成國諸侯也大宗王之同姓世適子也王當用公卿諸侯及宗室之貴者爲藩屏垣幹爲輔弼無疏遠之○〔价〕音界〔藩〕方元反〔大〕師音泰〔垣〕音袁〔翰〕胡旦反徐音寒〔適〕丁歷反下同懷德維寧宗子維城無俾城壞無獨斯畏懷和也箋云斯離也和女德無行酷虐之政以安女國以是爲宗子之城使免於難遂行酷虐則禍及宗子是謂城壞城壞則乖離而女獨居而畏矣宗子謂王之適子○〔難〕乃旦反○敬天之怒無敢戲豫敬天之渝無敢馳驅戲豫逸豫也馳驅自恣也箋云渝變也○〔渝〕用朱反昊天曰明及爾出王昊天曰旦及爾游衍王往旦明游行衍溢也箋云及與也昊天在上人仰之皆謂之明常與女出入往來游溢相從視女所行善惡可不慎乎○〔昊〕胡老反〔衍〕延善反

板八章章八句

生民之什十篇六十五章四百三十三句

毛詩卷第十七

毛詩卷第十八

蕩之什詁訓傳第二十五

大雅　鄭氏箋

蕩。召穆公傷周室大壞也。厲王無道。天下蕩蕩。無綱紀文章。故作是詩也。○〔蕩〕唐黨反〔召〕時照反○蕩蕩上帝。下民之辟。上帝以託君王也辟君也箋云蕩蕩法度廢壞之貌厲王乃以此居人上爲天下之君言其無可則象之甚○〔辟〕必亦反沈婢益反疾威上帝。其命多辟。疾病人矣威罪人矣箋云疾病人者重賦斂也威罪人者峻刑法也其政教又多邪辟不由舊章○〔辟〕匹亦反天生烝民。其命匪諶。靡不有初。鮮克有終。諶誠也箋云烝衆鮮寡克能也天之生此衆民其教道之非當以誠信使之忠厚乎今則不然民始皆庶幾於善道後更化於惡俗○〔諶〕市林反〔鮮〕息淺反○文王曰咨。咨女殷商。曾是彊禦。曾是掊克。曾是在位。曾是在服。咨嗟也彊禦彊梁禦善也掊克自伐而好勝人也服服政事也箋云厲王弭謗穆公朝廷之臣不敢斥言王之惡故上陳文王咨嗟殷紂以切刺之女曾任用是惡人使之處位執職事也○〔禦〕魚呂反〔掊〕蒲侯反聚斂也天降滔德。女興是力。天君滔慢也箋云厲王施倨慢之化女羣臣又相與而力爲之言競於惡○〔滔〕他刀反〔倨〕居庶反○文王曰咨。咨女殷商。而秉義類。彊禦多懟。流言以對。寇攘式內。對遂也箋云義之言宜也類善式用也女執事之臣宜用善人反任彊禦衆懟爲惡者皆流言謗毀賢者王若問之則又以對寇盜攘竊爲姦宄者而王信之使用事於內○〔懟〕直類反〔攘〕如羊反侯作侯祝。靡屆靡究。作祝詛也屆極究窮也箋云侯維也王與羣臣乖爭而相疑日祝詛求其凶咎無極已○〔作〕側慮反〔祝〕周救反〔屆〕音界○文王曰咨。咨女殷商。女炰烋于中國。斂怨以爲德。炰烋猶彭亨也箋云炰烋自矜氣健之貌斂聚羣不逞作怨之人謂之有德而任用之○〔炰〕白交反〔烋〕火交反〔亨〕許庚反不明爾德。時無背無側。背無臣側無人也箋云無臣無人謂賢者不用○〔背〕布內反又蒲妹反後也爾德不明。以無陪無卿。無陪貳也無卿士也○〔陪〕蒲回反○文王曰咨。咨女殷商。天不湎爾以酒。不義從式。義宜也箋云式法也天不同女顏色以酒有沈湎於酒者是乃過也不宜從而法行之○〔湎〕面善反徐莫顯反既愆爾止。靡明靡晦。式號式呼。俾晝作夜。使晝爲夜也箋云愆過也女既過沈湎矣又不爲明晦無有止息也醉則號呼相傚用晝日作夜不視政事○〔愆〕起連反〔號〕戶刀反〔呼〕火胡反又火故反○文王曰咨。咨女殷商。如蜩如螗。如沸如羹。蜩蟬也螗蝘也箋云飲酒號呼之聲如蜩螗之鳴其笑語沓沓又如湯之沸羹之方熟○〔蜩〕音條〔螗〕音唐〔沸〕方味反〔蝘〕音偃蟬屬也小大近喪。人尚乎由行。言居人上欲用行是道也箋云殷紂之時君臣失道如此且喪亡矣時人化之甚尚欲從而行之不知其非內奰于中國。覃及鬼方。奰怒也不醉而怒曰奰鬼方遠方也箋云此言時人忕於惡雖有不醉猶好怒也○〔奰〕皮器反〔覃〕徒南反〔忕〕市制反○文王曰咨。咨女殷商。匪上帝不時。殷不用舊。箋云此言紂之亂非其生不得其時乃不用先王之故法之所致雖無老成人。尚有典刑。箋云老成人謂若伊尹伊陟臣扈之屬雖無此臣猶有常事故法可案用也○〔扈〕音戶曾是莫聽。大命以傾。箋云莫無也朝廷君臣皆任喜怒曾無用典刑治事者以至誅滅○文王曰咨。咨女殷商。人亦有言。顛沛之揭。枝葉未有害。本實先撥。顛仆沛拔也揭見根貌箋云揭蹶貌撥猶絕也言大木揭然將蹶枝葉未有折傷其根本實先絕乃相隨俱顛拔喻紂之官職雖俱存紂誅亦皆死○〔顛〕都田反〔沛〕音貝〔揭〕紀竭反〔撥〕蒲末反

[仆]蒲北反又音赴[拔]皮八反又半末反[見]賢遍反[蹶]其厥反沈居衛反殷鑒不遠在夏后之世箋云此言殷之明鏡不遠也近在夏后之世謂湯誅桀也後武王誅紂今之王者何以不用爲戒○[夏]戸雅反

蕩八章章八句

抑衛武公刺厲王亦以自警也自警者如彼泉流無淪胥以亡○[抑]於力反[警]居領反○抑抑威儀維德之隅人亦有言靡哲不愚抑抑密也隅廉也靡哲不愚國有道則知國無道則愚箋云人密審於威儀抑抑然是其德必嚴正也古之賢者道行心平可外占而知內如宮室之制內有繩直則外有廉隅今王政暴虐賢者皆佯愚不爲容貌如不肖然○[哲]陟列反下同○庶人之愚亦職維疾哲人之愚亦維斯戾職主戾罪也箋云庶衆也衆人性無知以愚爲主言是其常也賢者而爲愚畏懼於罪也○無競維人四方其訓之有覺德行四國順之無競競也訓教覺直也箋云競彊也人君爲政無彊於得賢人得賢人則天下教化於其俗有大德行則天下順從其政言在上所以倡道○[行]下孟反[倡]昌亮反[道]徒報反訏謨定命遠猶辰告訏大謨謀猶道辰時也箋云猶圖也大謀定命謂正月始和布政于邦國都鄙也爲天下遠圖庶事而以歲時告施之○[訏]況于反[謨]莫蒲反敬慎威儀維民之則箋云則法也○其在于今興迷亂于政顛覆厥德荒湛于酒箋云于今謂厲王也興猶尊尚也王尊尚小人迷亂於政事者以傾敗其功德荒廢其政事又湛樂於酒言愛小人之甚○[覆]芳服反下覆謂覆用同[湛]都南反下同女雖湛樂從弗念厥紹罔敷求先王克共明刑紹繼共執刑法也箋云罔無也女君臣雖好樂嗜酒而相從不當念繼女之後人將傚女所爲無廣索先王之道與能執法度之人乎切責之也○[共]九勇反[索]所白反○肆皇天

弗尚如彼泉流無淪胥以亡淪率也箋云肆故今也胥皆也王爲政如是故今皇天不高尚之所謂仍下災異也王自絶於天如泉水之流稍就虛竭無見率引爲惡皆與之以亡戒羣臣不中行者將弁誅之○[淪]音倫夙興夜寐洒埽廷內維民之章洒灑章表也箋云章文章法度也厲王之時不恤政事故戒羣臣掌事者以此也○[洒]色戒反[埽]素報反[灑]色蟹反脩爾車馬弓矢戎兵用戒戎作用逷蠻方逷遠也箋云逷當作剔剔治也蠻方蠻畿之外也此時中國微弱故復戒將率之臣以治軍實女當用此備兵事之起用此治九州之外不服者○[逷]他歷反沈土益反○質爾人民謹爾侯度用戒不虞質成也不虞非度也箋云侯君也此時萬民失職亦不肯趨公事故又戒鄉邑之大夫及邦國之君平女萬民之事慎女爲君之法度用備不億度而至之事○非[度]待洛反下不億度同慎爾出話敬爾威儀無不柔嘉話善言也箋云言謂教令也柔安嘉善也○[話]戸快反白圭之玷尚可磨也斯言之玷不可爲也玷缺也箋云斯此也玉之缺尚可磨鑢而平人君政教一失誰能反覆之○[玷]丁簟反沈丁念反[鑢]音慮○無易由言無曰苟矣莫捫朕舌言不可逝矣莫無捫持也箋云由於逝往也女無輕易於教令無曰苟且如是今人無持我舌者而自輕恣也教令一往行於下其過誤可得而已之乎○[易]以豉反[捫]音門無言不讎無德不報惠于朋友庶民小子讎用也箋云惠順也教令之出如賣物物善則其售賈貴物惡則其售賈賤德加於民民則以義報之王又當施順道於諸侯下及庶民之子弟○[讎]市由反鄭市又反[售]市又反[賈]加霸反下同子孫繩繩萬民靡不承箋云繩繩戒也王之子孫敬戒行王之教令天下之民不承順之乎言承順也○視爾友君子輯柔爾顏不遐有愆輯和也箋云柔安遐遠也今視女諸侯及卿大夫皆脅肩諂笑以和安女顏色是於正道不遠有罪過乎言其近也○

〔輯〕徐音集，又七入反。〔諂〕敕檢反。相在爾室，尚不愧于屋漏。無曰不顯，莫予云覯。西北隅謂之屋漏。覯，見也。箋云：相，助。顯，明也。諸侯卿大夫助祭在女宗廟之室，尚無肅敬之心，不慙愧於屋漏。有神見人之爲也，女無謂是幽昧不明，無見我者，神見女矣。屋，小帳也；漏，隱也。禮祭於奧，既畢，改設饌於西北隅，而厞隱之處，此祭之末也。○〔相〕息亮反。〔愧〕俱位反。〔屋〕如字，或云鄭於此角反。〔漏〕魯豆反。〔覯〕古豆反。〔厞〕扶味反。神之格思，不可度思，矧可射思。格，至也。箋云：矧，況。射，厭也。神之來至去止，不可度知，況可於祭末而有厭倦乎？○〔度〕待洛反。〔矧〕申忍反。〔射〕音亦。

○辟爾爲德，俾臧俾嘉。淑慎爾止，不愆于儀。不僭不賊，鮮不爲則。女爲善，則民爲善矣。止，至也。爲人君止於仁，爲人臣止於敬，爲人子止於孝，爲人父止於慈，與國人交止於信。僭，差也。箋云：辟，法也。止，容止也。當審法度女之施德，使之爲民臣所善所美。又當善慎女之容止，不可過差於威儀。女所行不信、不殘賊者少矣，其不爲人所法。○〔僭〕子念反，下我僭同。〔鮮〕息淺反。投我以桃，報之以李。箋云：此言善往則善來，人無行而不得其報也。投猶擲也。彼童而角，實虹小子。童，羊之無角者也，而角，自用也。虹，潰也。箋云：童羊譬王后也，而角者，喻與政事有所害也。此人實潰亂小子之政。禮，天子未除喪稱小子。○〔虹〕戶公反，鄭戶江反。〔潰〕戶對反。

○荏染柔木，言緡之絲。溫溫恭人，維德之基。緡，被也。溫溫，寬柔也。箋云：柔忍之木荏染然，人則被之弦以爲弓；寬柔之人溫溫然，則能爲德之基止。言內有其性，乃可以有爲德也。○〔荏〕而甚反。〔染〕而漸反。〔緡〕亡巾反。〔忍〕音刃。〔被〕皮寄反。其維哲人，告之話言，順德之行。其維愚人，覆謂我僭。民各有心。話言，古之善言也。箋云：覆猶反也。僭，不信也。語賢知之人以善言，則順行之；告愚人，反謂我不信也。民各有心，二者意不同。○〔話〕戶快反。〔語〕魚據反。

○於乎小子，未知臧否。匪手攜之，言示之事。匪面命之，言提其耳。箋云：臧，善也。於乎，傷王不知善否。我非但以手攜掣之，親示以其事之是非；我非但對面語之，親提撕其耳。此言以教道之，孰不可啓覺？○〔於〕音烏。〔乎〕音呼，凡此二字相連皆放此。〔否〕音鄙。〔提〕音啼。〔掣〕尺世反。〔撕〕音西。借曰未知，亦既抱子。借，假也。箋云：假令人云王尚幼少，未有所知，亦以抱子長大矣，不幼少也。○〔借〕子夜反，下同。〔知〕如字，沈音智。〔少〕詩照反。〔長〕丁丈反。民之靡盈，誰夙知而莫成。莫，晚也。箋云：萬民之意皆持不備於王，誰早有所知而反晚成，與言王之無成，本無知故也。○〔莫〕音暮。〔與〕音餘。

○昊天孔昭，我生靡樂。視爾夢夢，我心慘慘。夢夢，亂也。慘慘，憂不樂也。箋云：孔，甚。昭，明也。昊天乎，乃甚明察，我生無可樂也。視王之意夢夢然，我心之憂悶慘慘然，愬其自恣，不用忠臣。○〔樂〕音洛。〔夢〕莫空反，沈莫登反。〔慘〕七感反。〔愬〕音素，後同。誨爾諄諄，聽我藐藐。匪用爲教，覆用爲虐。藐藐然不入也。箋云：我教告王，口語諄諄然，王聽聆之藐藐然，忽略不用我所言，爲政令反謂之有妨害於事，不受忠言。○〔諄〕之純反，又之閏反。〔藐〕美角反。借曰未知，亦聿既耄。耄，老也。

○於乎小子，告爾舊止。聽用我謀，庶無大悔。箋云：舊，久也。止，辭也。庶，幸。悔，恨也。天方艱難，曰喪厥國。箋云：天以王爲惡如是，故出艱難之事，謂下災異，生兵寇，將以滅亡。○〔喪〕息浪反。取譬不遠，昊天不忒。回遹其德，俾民大棘。箋云：今我爲王取譬喻，乃不遠也，維近耳。王當如昊天之德，有常不差忒也。王反爲無常，維邪其行，爲貪暴，使民之財匱盡而大困急。○〔忒〕他得反。〔遹〕于橘反。〔匱〕求位反。

抑十二章，三章章八句，九章章十句。

桑柔，芮伯刺厲王也。芮伯，畿內諸侯，王卿士也，字良夫。○〔芮〕如銳反，國名也。

○菀彼桑柔，其下侯旬。捋采其劉，瘼此下民。興也。菀，茂貌。旬言陰均也。劉，爆爍而希也。瘼，病也。箋云：桑之柔濡，其葉菀然茂盛，謂蠶始生時也。人庇陰其下者，均得其所。及已捋

采之則葉爆爍而疏人息其下則病於爆爍興者喻民當被王之恩惠羣臣恣放損王之德○〔菀〕音鬱又
於阮反〔旬〕如字又音荀〔捋〕力活反〔瘼〕音莫〔陰〕於鴆反〔爆〕音剝〔爍〕音洛〔濡〕而轉反〔庇〕必寐反不殄心
憂倉兄填兮倉喪也兄滋也填久也箋云殄絶也民心之憂無絶已喪亡之道滋久長○〔倉〕
初亮反〔兄〕音況〔填〕音塵倬彼昊天寧不我矜昊天斥王者也箋云倬明大貌昊天
乃倬然明大而不矜哀下民怨愬之言○〔倬〕陟角反○四牡騤騤旟旐有翩亂
生不夷靡國不泯騤騤不息也鳥隼曰旟龜蛇曰旐翩翩在路不息也夷平泯滅也箋
云軍旅久出征伐而亂日生不平無國而不見殘滅也言王之用兵不得其所適長寇虐○〔騤〕求龜反〔旟〕
音餘〔旐〕音兆〔泯〕面忍反又名賓反民靡有黎具禍以燼黎齊也箋云黎不齊也具
猶俱也災餘曰燼言時民無有不齊被兵寇之害者俱遇此禍以為燼者言害所及廣○〔燼〕才刃反於
乎有哀國步斯頻步行也頻急也箋云頻猶比也哀哉國家之政行此禍害比比然○〔比〕
毗志反下同○國步蔑資天不我將靡所止疑云徂何往
疑定也箋云蔑猶輕也將猶養也徂行也國家為政行此輕蔑民之資用是天不養我也我從兵役無有
止息時今復云行當何之往也○〔蔑〕音滅〔疑〕魚陵反君子實維秉心無競誰生
厲階至今為梗競彊厲惡梗病也箋云君子謂諸侯及卿大夫也其執心不彊於善而好
以力爭誰始生此禍者乃至今日相梗不止○〔梗〕古杏反〔好〕呼報反○憂心慇慇念我
土宇我生不辰逢天僤怒自西徂東靡所定處宇居僤厚
也箋云辰時也此士卒從軍久勞苦自傷之言○〔慇〕於巾反又於謹反憂也〔僤〕都但反多我覯
痻孔棘我圉圉垂也箋云痻病也圉當作禦多矣我之遇困病甚急矣我之禦寇之事○〔痻〕
武巾反一音昏〔圉〕魚呂反○為謀為毖亂況斯削毖慎也箋云女為軍旅之謀為
慎重兵事也而亂滋甚於此日見侵削言其所任非賢○〔毖〕音祕〔削〕相略反告爾憂恤誨

爾序爵誰能執熱逝不以濯濯所以救熱也禮亦所以救亂也箋云恤亦憂
也逝猶去也我語女以憂天下之憂教女以次序賢能之爵其為之當如手持熱物之用濯謂治國之道
當用賢者○〔濯〕直角反〔語〕魚據反其何能淑載胥及溺箋云淑善胥相及與也女
若云此於政事何能善乎則女君臣皆相與陷溺於禍難○〔難〕乃旦反下患難同○如彼遡
風亦孔之僾民有肅心荓云不逮好是稼穡力民代
食遡鄉僾唈荓使也力民代食代無功者食天祿也箋云肅進逮及也今王之為政見之使人唈然如
鄉疾風不能息也王為政民有進於善道之心當任用之反却退之使不及門但好任用是居家吝嗇
於聚斂作力之人令代賢者處位食祿明王之法能治人者食於人不能治人者食人禮記曰與其有聚
斂之臣寧有盜臣聚斂之臣害民盜臣害財○〔遡〕音素〔僾〕音愛〔荓〕普耕反徐補耕反〔逮〕音代又大計反〔好〕
呼報反〔穡〕音色〔鄉〕許亮反〔唈〕烏合反稼穡維寶代食維好箋云此言王不尚賢但貴
吝嗇之人與愛代食者而已○天降喪亂滅我立王降此蟊賊稼
穡卒痒箋云滅盡也蟊食苗根曰蟊食節曰賊耕種曰稼收斂曰穡卒盡痒病也天下喪亂國家
之災以窮盡我王所恃而立者謂蟊賊為害五穀盡病○〔蟊〕莫侯反〔痒〕音羊哀恫中國具
贅卒荒靡有旅力以念穹蒼贅屬荒虛也穹蒼蒼天箋云恫痛也哀痛乎中
國之人皆見繫屬於兵役家家空虛朝廷曾無有同力諫諍念天所為下此災○〔恫〕音通〔贅〕之芮反又拙
稅反〔穹〕起弓反○維此惠君民人所瞻秉心宣猶考慎其相
相質也箋云惠順宣徧猶謀慎誠相助也維至德順民之君為百姓所瞻仰者乃執正心舉事徧謀於衆
又考誠其輔相之行然後用之言擇賢之審○〔相〕如字鄭息亮反維彼不順自獨俾
臧自有肺腸俾民卒狂箋云臧善也彼不施順道之君自多足獨謂賢言其所任
使之臣皆善人也不復考慎自有肺腸行其心中之所欲乃使民盡迷惑如狂是又不宣猶○〔肺〕芳廢反

○瞻彼中林，甡甡其鹿。朋友已譖，不胥以穀。甡甡，衆多也。箋云：譖，不信也。胥，相也。以，猶與也。穀，善也。視彼林中，其鹿相輩耦行，甡甡然衆多。今朝廷羣臣皆相欺背，不相與以善道，言其鹿之不如。○甡，所巾反。譖，子念反。胥，音偦，卒章同。人亦有言：進退維谷。谷，窮也。箋云：前無明君，却迫罪役，故窮也。

○維此聖人，瞻言百里。維彼愚人，覆狂以喜。瞻言百里，遠慮也。箋云：聖人所視而言者，百里，言見事遠而王不用。有愚闇之人，為王言其事淺且近耳，王反迷惑信用之而喜。○覆，芳服反，下除覆陰皆同。狂，居況反，鄭求方反。匪言不能，胡斯畏忌。箋云：胡之言何也。賢者見此事之是非，非不能分別皁白言之於王也，然不言之何也？此畏懼犯顏得罪罰。○別，彼列反。皁，在早反。

○維此良人，弗求弗迪。迪，進也。箋云：良，善也。國有善人，王不求索，不進用之。維彼忍心，是顧是復。有忍為惡之心者，王反顧念而重復之。言其忽賢者而愛小人。民之貪亂，寧為荼毒。箋云：貪，猶欲也。天下之民苦王之政，欲其亂亡，故安為苦毒之行，相侵暴，慍恚使之然。○荼，音徒。慍，紆運反。

○大風有隧，有空大谷。隧，道也。箋云：西風謂之大風。大風之行，有所從而來，必從大空谷之中。喻賢愚之所行，各由其性。○大，如字，鄭音泰。隧，音遂。維此良人，作為式穀。維彼不順，征以中垢。中垢，言闇冥也。箋云：作，起。式，用。征，行也。賢者在朝，則用其善道。不順之人則行闇冥，受性於天，不可變也。○垢，古口反。

○大風有隧，貪人敗類。類，善也。箋云：類，等夷也。對，荅也。貪惡之人見道聽之言則應荅之，見誦詩書之言則冥臥如醉。居上位而行此，人或效之。○敗，伯邁反。聽言則對，誦言如醉。匪用其良，覆俾我悖。覆，反也。箋云：居上位而不用善，反使我為悖逆之行，是形其敗類之驗。○悖，蒲對反。

○嗟爾朋友，予豈不知而作。如彼飛蟲，時亦弋獲。箋云：嗟爾朋友者，親而切磋之也。而，猶女也。我豈不知女所行者惡與？直知之。女所行如是，猶鳥飛行自恣，東西南北，時亦為弋射者所得。言放縱久無所拘制，則將遇伺女之閒者得誅女也。○閒，如字，又音閑。既之陰女，反予來赫。赫，炙也。箋云：之，往也。口距人謂之赫。我恐女見弋獲，既往覆陰女，謂啟告之以患難也。女反赫我，出言悖怒，不受忠告。○陰，音蔭，王如字，謂陰知之。赫，許白反，炙也，鄭許嫁反。

○民之罔極，職涼善背。涼，薄也。箋云：職，主。涼，信也。民之行失其中者，主由為政者信用小人，工相欺違。○涼，音良，鄭音亮，下同。為民不利，如云不克。箋云：克，勝也。為政者害民，如恐不得其勝，言至酷也。○酷，口毒反。民之回遹，職競用力。箋云：競，逐也。言民之行維邪者，主由為政者逐用彊力相尚故也。言民愁困，用生多端。

○民之未戾，職盜為寇。戾，定也。箋云：為政者主作盜賊，為寇害，令民心動搖不安定也。涼曰不可，覆背善詈。箋云：善，猶大也。我諫止之以信言，女所行者不可，反背我而大詈，言距己諫之甚。○詈，力智反。雖曰匪予，既作爾歌。箋云：女雖觝距己言，此政非我也，我所為，我已作女所行之歌，女當受之而改悔。○觝，都禮反。

桑柔十六章，八章章八句，八章章六句。

雲漢，仍叔美宣王也。宣王承厲王之烈，內有撥亂之志，遇烖而懼，側身脩行，欲銷去之。天下喜於王化復行，百姓見憂，故作是詩也。仍叔，周大夫也。春秋魯桓公五年夏，天王使仍叔之子來聘。烈，餘也。○雲漢，天河也。自此至常武大篇，宣王之變大雅。仍，而升反。撥，半末反。行，下孟反。銷，音消。去，起呂反。復，扶又反。

○倬彼雲漢，昭回于天。回，轉也。箋云：雲漢謂天河也。昭，光也。倬然天河水氣也，精光轉運於天。時旱渴雨，故宣王夜仰視天河，望其候焉。○倬，陟角反，著也。渴，苦葛反。王曰於乎，何辜今之人。天降喪亂，饑饉薦臻。薦，重。臻，至也。箋云：辜，罪也。王憂旱而嗟歎云：何罪與？今時天下之人，天仍下旱災亡亂之道，饑饉之害復重至也。○饑，音

飢〔饉〕其靳反〔薦〕在見反〔臻〕側巾反〔與〕音餘 靡神不舉靡愛斯牲圭璧既卒
寧莫我聽 箋云靡莫皆無也言王爲旱之故求於羣神無不祭也無所愛於三牲禮神之圭璧
又已盡矣曾無聽聆我之精誠而興雲雨○〔聽〕吐定反協句吐丁反〔爲〕于僞反 ○旱既大甚
蘊隆蟲蟲 蘊蘊而暑隆隆而雷蟲蟲而熱箋云隆隆而雷非雨雷也雷聲尚殷殷然○〔大〕音泰
徐他佐反下同〔蘊〕紆粉反又紆文反〔蟲〕直忠反徐徒冬反〔殷〕於謹反或如字 不殄禋祀自
郊徂宮上下奠瘞靡神不宗 上祭天下祭地奠其禮瘞其物宗尊也國有凶
荒則索鬼神而祭之箋云宮宗廟也爲旱故絜祀不絕從郊而至宗廟奠瘞天地之神無不齊肅而尊敬
之言徧至也○〔奠〕徒薦反〔瘞〕於例反埋也〔索〕色白反〔齊〕側皆反 后稷不克上帝不臨
耗斁下土寧丁我躬 丁當也箋云克當作刻刻識也斁敗也奠瘞羣神而不得雨是
我先祖后稷不識知我之所困與天不視我之精誠與猶以旱耗敗天下爲害曾使當我之身有此乎先
后稷後上帝亦從宮之郊○〔耗〕呼報反〔斁〕丁故反 ○旱既大甚則不可推兢
兢業業如霆如雷周餘黎民靡有孑遺 推去也兢兢恐也業業危
也孑然遺失也箋云黎衆也旱既不可移去天下困於饑饉皆心動意懼兢兢然業業然狀如有雷霆近
發於上周之衆民多有死亡者矣今其餘無有孑遺者言又餓病也○〔推〕吐雷反〔兢〕居陵反〔業〕如字郭五
荅反〔孑〕居熱反 昊天上帝則不我遺胡不相畏先祖于摧 摧至
也箋云摧當作嗺嗺嗟也天將遂旱餓殺我與先祖何不助我恐懼使天雨也先祖之神于嗟乎告困之
辭○〔相〕如字鄭息亮反〔摧〕在雷反鄭子雷反 ○旱既大甚則不可沮赫赫
炎炎云我無所大命近止靡瞻靡顧 沮止也赫赫旱氣也炎炎熱氣
也大命近止民近死亡也箋云旱既不可却止熱氣大盛人皆不堪言我無所庇蔭而處衆民之命近將
死亡天曾無所視無所顧於此國中而哀閔之○〔沮〕在呂反 羣公先正則不我助

父母先祖胡寧忍予 先正百辟卿士也先祖文武爲民父母也箋云百辟卿士雩祀
所及者今曾無肯助我憂旱先祖文武又何爲施忍於我不使天雨 ○旱既大甚滌滌
山川旱魃爲虐如惔如焚我心憚暑憂心如熏 滌滌旱氣
也山無木川無水魃旱神也惔燎之也憚勞熏灼也箋云憚猶畏也旱既害於山川矣其氣生魃而害益
甚草木燋枯如見焚燎然王心又畏難此熱氣如灼爛於火言熱氣至極○〔滌〕徒歷反〔魃〕蒲末反〔惔〕音談
徐音炎〔憚〕丁佐反苦也鄭徒旦反 羣公先正則不我聞昊天上帝寧
俾我遯 箋云不我聞者忽然不聽我之所言也天曾將使我心遯遯慙愧於天下以無德也○〔遯〕
徒困反 ○旱既大甚黽勉畏去胡寧瘨我以旱憯不知
其故 箋云瘨病也黽勉急禱請也欲使所尤畏者去所尤畏者魃也天何曾病我以旱曾不知爲政
所失而致此害○〔黽〕彌忍反〔瘨〕都田反沈都薦反〔憯〕七感反曾也 祈年孔夙方社不
莫昊天上帝則不我虞敬恭明神宜無悔怒 悔恨也箋云虞
度也我祈豐年甚早祭四方與社又不晚天曾不度知我心肅事明神如是明神宜不恨怒於我我何由
當遭此旱也○〔莫〕音暮〔度〕待洛反下同 ○旱既大甚散無友紀鞫哉庶
正疚哉冢宰趣馬師氏膳夫左右 歲凶年穀不登則趣馬不秣師氏弛
其兵馳道不除祭事不縣膳夫徹膳左右布而不脩大夫不食粱士飲酒不樂箋云人君以羣臣爲友散
無其紀者凶年祿餼不足人無賞賜也鞫窮也庶正衆官之長也疚病也窮哉病哉者念此諸臣勤於事
而困於食以此言勞倦也○〔鞫〕居六反〔疚〕音救〔趣〕七口反趣馬官名〔秣〕音末〔縣〕音懸 靡人不周
無不能止 周救也無不能止言無止不能也箋云周當作賙王以諸臣困於食人人賙給之權
救其急後日乏無不能豫止○〔賙〕音周 瞻卬昊天云如何里 箋云里憂也王愁悶
於不雨但仰天曰當如我之憂何○〔卬〕音仰〔里〕如字 ○瞻卬昊天有嘒其星大

夫君子昭假無贏大命近止無棄爾成嘒衆星貌假至也箋云假升也王仰天見衆星順天而行嘒嘒然意感故謂其卿大夫曰天之光耀升行不休無自贏緩之時今衆民之命近將死亡勉之助我無棄女之成功者若其在職復無幾何以勸之也○〔嘒〕呼惠反〔假〕音格鄭古雅反〔贏〕音盈〔幾〕居豈反何求爲我以戾庶正戾定也箋云使女無棄成功者何但求爲我身乎乃欲以安定衆官之長憂其職事○〔爲〕于僞反瞻卬昊天曷惠其寧箋云曷何也王仰天曰當何時順我之求令我心安乎渴雨之至也得雨則心安○〔令〕力呈反

雲漢八章章十句

崧高尹吉甫美宣王也天下復平能建國親諸侯褒賞申伯焉尹吉甫申伯皆周之卿士也尹官氏申國名○〔崧〕胥忠反〔復〕音服又扶又反〔褒〕保毛反○崧高維嶽駿極于天維嶽降神生甫及申崧高貌山大而高曰崧嶽四嶽也東嶽岱南嶽衡西嶽華北嶽恆堯之時姜氏爲四伯掌四嶽之祀述諸侯之職於周則有甫有申有齊有許也駿大極至也嶽降神靈和氣以生申甫之大功箋云降下也四嶽卿士之官掌四時者也因主方嶽巡守之事在堯時姜姓爲之德當嶽神之意而福興其子孫歷虞夏商世有國土周之甫也申也齊也許也皆其苗胄○〔嶽〕魚角反〔駿〕音峻維申及甫維周之翰四國于蕃四方于宣翰幹也箋云申申伯也甫甫侯也皆以賢知入爲周之楨幹之臣四國有難則往扞禦之爲之蕃屏四方恩澤不至則往宣暢之甫侯相穆王訓夏贖刑美此俱出四嶽故連言之○〔翰〕戶旦反又音寒〔蕃〕方元反〔知〕音智〔楨〕音貞○亹亹申伯王纘之事于邑于謝南國是式謝周之南國也箋云亹亹勉也纘繼于往于於式法也亹亹然勉於德不倦之臣有申伯以賢入爲王之卿士佐王有功王又欲使繼其故諸侯之事往作邑於謝南方之國皆統理施其法度時改大其邑使爲侯伯故云然○〔亹〕亡匪反〔纘〕祖管反王命召伯定申伯之宅登是南邦世執其功召伯召公也登成也功事也箋云之往也申伯忠臣不欲離王室故王使召公定其意令往居謝成法度於南邦世世持其政事傳子孫也○王命申伯式是南邦因是謝人以作爾庸庸城也箋云庸功也召公既定申伯之居王乃親命之使爲法度於南邦今因是故謝邑之人而爲國以起女之功勞言尤章顯也○〔庸〕音容王命召伯徹申伯土田徹治也箋云治者正其井牧定其賦稅王命傅御遷其私人御治事之官也私人家臣也箋云傅御者貳王治事謂冢宰也○申伯之功召伯是營有俶其城寢廟既成俶作也箋云申伯居謝之事召公營其位而作城郭及寢廟定其人神所處○〔俶〕尺叔反既成藐藐王錫申伯四牡蹻蹻鉤膺濯濯藐藐美貌蹻蹻壯貌鉤膺樊纓也濯濯光明也箋云召公營位築之已成以形貌告於王王乃賜申伯爲將遣之○〔藐〕亡角反〔蹻〕渠略反〔濯〕直角反〔樊〕步丹反○王遣申伯路車乘馬我圖爾居莫如南土乘馬四馬也箋云王以正禮遣申伯之國故復有車馬之賜因告之曰我謀女之所處無如南土之最善○〔乘〕繩證反錫爾介圭以作爾寶寶瑞也箋云圭長尺二寸謂之介非諸侯之圭故以爲寶諸侯之瑞圭自九寸以下往近王舅南土是保近己也申伯宣王之舅也箋云近辭也聲如彼記之子之記保守也安也○〔近〕音記○申伯信邁王餞于郿郿地名箋云邁行也申伯之意不欲離王室王告語之復重於是意解而信行餞送行飲酒也時王蓋省岐周故于郿云○〔餞〕賤淺反又音賤〔郿〕亡悲反又亡冀反〔解〕音蟹申伯還南謝于誠歸箋云還南者北就王命于岐周而還反也謝于誠歸誠歸于謝王命召伯徹申伯土疆以峙其粻式遄其行箋云粻糧式用遄速也王使召公治申伯土界之所至峙其糧者令廬市有止宿之委積用是速申伯之行○〔疆〕居良反〔峙〕直紀反〔粻〕音張〔遄〕市專反〔委〕於僞反〔積〕子賜反○

申伯番番既入于謝徒御嘽嘽番番勇武貌諸侯有大功賜虎賁徒御嘽嘽徒行者御車者嘽嘽喜樂也箋云申伯之貌有威武番番然其入謝國車徒之行嘽嘽安舒言得禮也禮入國不馳○〔番〕音波〔嘽〕吐丹反〔賁〕音奔周邦咸喜戎有良翰箋云周徧也戎猶女也翰幹也申伯入謝徧邦內皆喜曰女乎有善君也相慶之言○〔翰〕協句音寒不顯申伯王之元舅文武是憲不顯申伯顯矣申伯也文武是憲言有文有武也箋云憲表也言爲文武之表式○申伯之德柔惠且直揉此萬邦聞于四國箋云揉順也四國猶言四方也〔揉〕汝又反又音而由反〔聞〕音問○吉甫作誦其詩孔碩其風肆好以贈申伯吉甫尹吉甫也作是工師之誦也肆長也贈增也箋云碩大也吉甫爲此誦也言其詩之意甚美大風切申伯又使之長行善道以此贈申伯者送之令以爲樂○〔風〕福鳳反王如字

崧高八章章八句

烝民尹吉甫美宣王也任賢使能周室中興焉○〔中〕張仲反

○天生烝民有物有則民之秉彝好是懿德烝衆物事則法彝常懿美也箋云秉執也天之生衆民其性有物象謂五行仁義禮知信也其情有所法謂喜怒哀樂好惡也然而民所執持有常道莫不好有美德之人○〔彝〕音夷〔好〕呼報反〔惡〕烏路反天監有周昭假于下保茲天子生仲山甫仲山甫樊侯也箋云監視假至也天視周王之政教其光明乃至于下謂及衆民也天安愛此天子宣王故生樊侯仲山甫使佐之言天亦好是懿德也書曰天聽明自我民聽明○〔假〕音格○仲山甫之德柔嘉維則令儀令色小心翼翼箋云嘉美令善也善威儀善顏色容貌翼翼然恭敬古訓是式威儀是力天子是若明命使賦古故訓道若順賦布也箋云故訓先王之遺典也式法也力猶勤也勤威儀者恪居官次不解于位也是順從行其所爲也顯明王之政教使羣臣施布之○〔道〕音導〔解〕佳賣反下匪解同○王命仲山甫式是百辟纘戎祖考王躬是保戎大也箋云戎猶女也躬身也王曰女施行法度於是百君繼女先祖先父始見命者之功德王身是安使盡心力於王室○〔辟〕音璧出納王命王之喉舌賦政于外四方爰發喉舌冢宰也箋云出王命者王口所自言承而施之也納王命者時之所宜復於王也其行之也皆奉順其意如王口喉舌親所言也以布政於畿外天下諸侯於是莫不發應○〔出〕〔納〕並如字〔喉〕音侯○肅肅王命仲山甫將之邦國若否仲山甫明之將行也箋云肅肅敬也言王之政教甚嚴敬也仲山甫則能奉行之若順也否猶臧否謂善惡也○〔否〕音鄙舊方九反既明且哲以保其身夙夜匪解以事一人箋云夙早夜莫匪非也一人斥天子○〔莫〕音暮○人亦有言柔則茹之剛則吐之箋云柔猶濡毳也剛堅彊也剛柔之在口或茹之或吐之喻人之於敵彊弱○〔茹〕音汝又如庶反維仲山甫柔亦不茹剛亦不吐不侮矜寡不畏彊禦○〔矜〕古頑反○人亦有言德輶如毛民鮮克舉之我儀圖之儀宜也箋云輶輕儀匹也人之言云德甚輕然而衆人寡能獨舉之以行者言政事易耳而人不能行者無其志也我與倫匹圖之而未能爲也我吉甫自我也○〔輶〕餘久反又音由〔鮮〕息淺反〔易〕以豉反維仲山甫舉之愛莫助之愛隱也箋云愛惜也仲山甫能獨舉此德而行之惜乎莫能助之者多仲山甫之德歸功言耳袞職有闕維仲山甫補之有袞冕者君之上服也仲山甫補之善補過也箋云袞職者不敢斥王之言也王之職有闕輒能補之者仲山甫也○〔袞〕古本反○仲山甫出祖四牡業業征夫捷捷每懷靡及言述職也業業言高大也捷捷言樂事也箋云祖者將行犯軷之祭

也懷私爲每懷仲山甫犯軷而將行車馬業業然動衆行夫捷捷然至仲山甫則戒之日既受君命當速行每人懷其私而相稽留將無所及於事○〔捷〕在接反〔軷〕步葛反四牡彭彭八鸞鏘鏘王命仲山甫城彼東方東方齊也古者諸侯之居逼隘則王者遷其邑而定其居蓋去薄姑而遷於臨菑也箋云彭彭行貌鏘鏘鳴聲以此車馬命仲山甫使行言其盛也○〔鏘〕七羊反〔逼〕彼側反〔菑〕側其反○四牡騤騤八鸞喈喈仲山甫徂齊式遄其歸騤騤猶彭彭也喈喈猶鏘鏘也遄疾也言周之望仲山甫也箋云望之故欲其用是疾歸○〔騤〕求龜反吉甫作誦穆如清風仲山甫永懷以慰我心清微之風化養萬物者也箋云穆和也吉甫作此工歌之誦其調和人之性如清風之養萬物然仲山甫述職多所思而勞故述其實以慰安其心

烝民八章章八句

韓奕尹吉甫美宣王也能錫命諸侯梁山於韓國之山最高大爲國之鎮祈望祀焉故美大其貌奕奕然謂之韓奕也梁山今左馮翊夏陽西北韓姬姓之國也後爲晉所滅故大夫韓氏以爲邑名焉幽王九年王室始騷鄭桓公問於史伯曰周衰其孰興乎對曰武實昭文之功文之祚盡武其嗣乎武王之子應韓不在其晉乎○〔奕〕音亦○奕奕梁山維禹甸之有倬其道韓侯受命奕奕大也甸治也禹治梁山除水災今宣王平大亂命諸侯有倬其道有倬然之道者也受命受命爲侯伯也箋云梁山之野堯時俱遭洪水禹甸之者決除其災使成平田定貢賦於天子周有厲王之亂天下失職今有倬然著明復禹之功者韓侯受王命爲侯伯○〔甸〕徒遍反鄭繩證反〔倬〕陟角反王親命之纘戎祖考無廢朕命夙夜匪解虔共爾位戎大虔固共執也箋云戎猶女也朕我也古之恭字或作共○〔解〕音懈〔共〕九勇反鄭音恭朕命不易榦不庭方以佐戎辟庭直也箋云我之所命者勿改易不行當爲不直違失法度之方作楨榦而正之以佐助女君女君王自謂也○〔榦〕古旦反〔辟〕音璧君也〔楨〕音貞○四牡奕奕孔脩且張韓侯入覲以其介圭入覲于王脩長張大覲見也箋云諸侯秋見天子曰覲韓侯乘長大之四牡奕奕然以時覲於宣王宣王覲於宣王而奉享禮貢國所出之寶善其尊宣王以常職來也書曰黑水西河其貢璆琳琅玕此觀乃受命先言受命者顯其美也○〔見〕賢遍反下同〔璆〕其樛反〔琳〕音林〔琅〕音郎〔玕〕音干王錫韓侯淑旂綏章簟茀錯衡玄衮赤舄鉤膺鏤鍚鞹鞃淺幭鞗革金厄淑善也交龍爲旂綏大綏也錯衡文衡也鏤鍚有金鏤其鍚也鞹革也鞃軾中也淺虎皮淺毛也幭覆式也厄烏蠋也箋云王爲韓侯以常職來朝享之故多錫以厚之善旂旂之善色者也綏所引以登車有采章也簟茀漆簟以爲車蔽今之藩也鉤膺樊纓也眉上曰鍚刻金飾之今當盧也鞗革謂轡也以金爲小環往往纏搤之○〔綏〕如誰反鄭音雖〔簟〕從點反〔茀〕音弗〔錯〕七洛反雜也沈采故反〔舄〕音昔〔鏤〕音漏〔鍚〕音羊〔鞹〕苦郭反〔鞃〕苦宏反沈胡肱反〔幭〕莫歷反〔鞗〕音條〔厄〕於革反〔蠋〕音蜀〔樊〕步丹反〔搤〕於革反○韓侯出祖出宿于屠顯父餞之清酒百壺屠地名也顯父有顯德者也箋云祖將去而犯軷也既覲而反國必祖者尊其所往去則如始行焉祖於國外畢乃出宿示行不留於是也顯父周之公卿也餞送之故有酒○〔屠〕音徒〔父〕音甫其殽維何炰鼈鮮魚其蔌維何維筍及蒲其贈維何乘馬路車蔌菜殽也筍竹也蒲蒲蒻也箋云炰鼈以火孰之也鮮魚中膾者也筍竹萌也深蒲也贈送也王既使顯父餞之又使送以車馬所以贈厚意也人君之車曰路車所駕之馬曰乘馬○〔炰〕薄交反徐甫九反〔蔌〕音速〔筍〕恤尹反〔乘〕繩證反〔蒻〕音弱籩豆有且侯氏燕胥箋云且多貌胥皆也諸侯在京師未去者於顯父餞之時皆來相與燕其籩豆且然榮其多也○〔且〕子餘反又七敘反〔胥〕思徐反又思呂反○韓侯取妻汾王之甥蹶父之子汾大也蹶父卿士也箋云

汾王厲王也厲王流于彘彘在汾水之上故時人因以號之猶言莒郊公黎比公也姊妹之子爲甥王之甥卿士之子言尊貴也○〔取〕七喻反〔汾〕符云反〔蹶〕居衛反〔彘〕直例反〔黎〕音離又力兮反〔比〕音毗韓侯迎止于蹶之里百兩彭彭八鸞鏘鏘不顯其光里邑也箋云于蹶之里蹶父之里百兩百乘不顯顯也光猶榮也氣有榮光也○〔鏘〕七羊反諸娣從之祁祁如雲韓侯顧之爛其盈門祁祁徐靚也如雲言衆多也諸侯一取九女二國媵之諸娣衆妾也顧之曲顧道義也箋云媵者必娣姪從之獨言娣者舉其貴者爛爛粲粲然鮮明且衆多之貌○〔娣〕大計反〔從〕才用反又如字〔祁〕巨移反〔靚〕音靜○蹶父孔武靡國不到爲韓姞相攸莫如韓樂姞蹶父姓也箋云相視攸所也蹶父甚武健爲王使於天下國國皆至爲其女韓侯夫人姞氏視其所居韓國最樂○〔爲〕于僞反〔姞〕其一反〔相〕息亮反〔樂〕音洛孔樂韓土川澤訏訏魴鱮甫甫麀鹿噳噳有熊有羆有貓有虎訏訏大也甫甫然大也噳噳然衆也貓似虎淺毛者也箋云甚樂矣韓之國土也川澤寬大衆魚禽獸備有言饒富也○〔訏〕況甫反〔魴〕音房〔鱮〕音序〔麀〕音憂〔噳〕愚甫反〔熊〕音雄〔羆〕彼皮反〔貓〕如字又武交反慶既令居韓姞燕譽箋云慶善也蹶父既善韓之國土使韓姞嫁焉而居之韓姞則安之盡其婦道有顯譽○〔令〕力呈反使也又力政反命也善也〔燕〕於遍反又於顯反〔譽〕如字協句音餘○溥彼韓城燕師所完師衆也箋云溥大燕安也大矣彼韓國之城乃古平安時衆民之所築完○〔溥〕音普〔燕〕於見反鄭於顯反又烏賢反云北燕國以先祖受命因時百蠻王錫韓侯其追其貊奄受北國因以其伯韓侯之先祖武王之子也因時百蠻長是蠻服之百國也追貊戎狄國也奄撫也箋云韓侯先祖有功德者受先王之命封爲韓侯居韓城爲侯伯其州界外接蠻服因見使時節百蠻貢獻之往來後君微弱用失其業今王以韓侯先祖之事如是而韓侯賢故於入覲使復其先祖之舊職賜之蠻服追貊之戎

狄令撫柔其所受王畿北面之國因以其先祖侯伯之事盡予之皆美其爲人子孫能興復先祖之功其後追也貊也爲玁狁所逼稍稍東遷○〔追〕如字又都回反〔貊〕武伯反〔長〕張丈反實墉實壑實畝實籍實墉實壑言高其城深其壑也箋云實當作寔趙魏之東實寔同聲寔是也籍稅也韓侯之先祖微弱所伯之國多滅絕今復舊職興滅國繼絕世故築治是城濬脩是壑井牧是田畝收斂是賦稅使如古常○〔實〕如字鄭市力反〔壑〕火各反獻其貔皮赤豹黃羆貔猛獸也追貊之國來貢而侯伯揔領之○〔貔〕音毗

韓奕六章章十二句

江漢尹吉甫美宣王也能興衰撥亂命召公平淮夷召公召穆公也名虎○江漢浮浮武夫滔滔匪安匪遊淮夷來求浮浮衆彊貌滔滔廣大貌淮夷東國在淮浦而夷行也箋云匪非也江漢之水合而東流浮浮然宣王於是水上命將率遣士衆使循流而下滔滔然其順王命而行非敢斯須自安也非敢斯須遊止也主爲來求淮夷所處據至其竟故言來○〔滔〕吐刀反〔浦〕音普夷〔行〕下孟反既出我車既設我旟匪安匪舒淮夷來鋪鋪病也箋云車戎車也鳥隼曰旟兵至竟而期戰地其日出戎車建旟又不自安不舒行者主爲來伐討淮夷也據至戰地故又言來○〔鋪〕普吳反徐音孚○江漢湯湯武夫洸洸經營四方告成于王洸洸武貌箋云召公既受命伐淮夷服之復經營四方之叛國從而伐之克勝則使傳遽告功於王○〔湯〕書羊反〔洸〕音光又音汪〔傳〕張戀反以車曰傳〔遽〕其據反以馬曰遽四方既平王國庶定時靡有爭王心載寧箋云庶幸時是也載之言則也召公忠臣順於王命此述其志也○江漢之滸王命召虎式辟四方徹我疆土匪疚匪棘王國來極召虎召穆公也箋云滸水厓也式法疚病棘急極中也王於江漢之水上命召公使

以王法征伐開辟四方治我疆界於天下非可以兵病害之也非可以兵急躁切之也使來於王國受政
教之中正而已齊桓公經陳鄭之間及伐北戎則違此言者○〔滸〕音虎沈又音許〔疆〕居良反下同〔疚〕音救
〔躁〕早報反于疆于理至于南海箋云于往也于於也召公於有叛戾之國則往正其
竟界脩其分理周行四方至於南海而功大成事終也○〔分〕符問反○王命召虎來旬
來宣文武受命召公維翰旬偏也召公召康公也箋云來勤也旬當作營宣偏
也召康公名奭召虎之始祖也王命召虎女勤勞於經營四方勤勞於偏疆理眾國昔文王武王受命召
康公為之楨榦之臣以正天下為虎之勤勞故述其祖之功以勸之○〔來〕如字鄭音賚〔旬〕音巡又音荀〔翰〕
戶旦反又音寒無曰予小子召公是似肇敏戎公用錫爾祉
似嗣肇謀敏疾戎大公事也箋云戎猶女也女無自減損曰我小子耳女之所為乃嗣女先祖召康公之
功今謀女之事乃有敏德我用是故將賜女福慶也王為虎之志大謀故進之云爾○〔肇〕音兆〔祉〕音恥〔大〕
音泰○釐爾圭瓚秬鬯一卣告于文人釐賜也秬黑黍也鬯香草也築
煮合而鬱之曰鬯卣器也九命錫圭瓚秬鬯文人文德之人也箋云秬鬯黑黍酒也謂之鬯者芬香條鬯
也王賜召虎以鬯酒一尊使以祭其宗廟告其先祖諸有德美見記者○〔釐〕力之反沈音賚〔瓚〕才旱反〔秬〕
音巨〔鬯〕勑亮反〔卣〕音酉錫山土田于周受命自召祖命諸侯有大功德
賜之名山土田附庸箋云周岐周也自用也宣王欲尊顯召虎故如岐周使虎受山川土田之賜命用其
祖召康公受封之禮岐周周之所起為其先祖之靈故就之虎拜稽首天子萬年
箋云拜稽首者受王命策書也臣受恩無可以報謝者稱言使君壽考而已○虎拜稽首
對揚王休作召公考天子萬壽明明天子令聞不已
矢其文德洽此四國對遂考成矢施也箋云對答休美作為也虎既拜而答王策命
之時稱揚王之德美君臣之言宜相成也王命召虎用召祖命故虎對王亦為召康公受王命之時對成
王命之辭謂如其所言也如其所言者天子萬壽以下是也○〔聞〕音問〔施〕如字

江漢六章章八句

常武召穆公美宣王也有常德以立武事因以為戒
然戒者王舒保作匪紹匪遊徐方繹騷○赫赫明明王命卿士南仲大
祖大師皇父整我六師以脩我戎赫赫然盛也明明然察也王命南仲
於大祖皇甫為大師箋云南仲文王時武臣也顯著乎昭察乎宣王之命卿士為大將也乃用其以南仲
為大祖者今大師皇父是也使之整齊六軍之眾治其兵甲之事命大將必本其祖者因有世功於是尤顯
大師者公兼官也○〔赫〕火百反〔大〕音泰下大師大祖同〔將〕子匠反既敬既戒惠此南
國箋云敬之言警也警戒六軍之眾以惠淮浦之旁國謂勑以無暴掠為之害也每軍各有將中軍之
將尊也○王謂尹氏命程伯休父左右陳行戒我師旅
率彼淮浦省此徐土尹氏掌命卿士程伯休父始命為大司馬浦厓也箋云尹氏天
子世大夫也率循也王使大夫尹氏策命程伯休父於軍將行治兵之時使其士眾左右陳列而勑戒之
使循彼淮浦之旁省視徐國之土地叛逆者軍禮司馬掌其誓戒○〔陳〕如字徐直覲反〔行〕戶剛反〔省〕息井
反不留不處三事就緒誅其君弔其民為之立三有事之臣箋云緒業也王又使
軍將豫告淮浦徐土之民云不久處於是也女三農之事皆就其業為其驚怖先以言安之○〔為〕于偽反
○赫赫業業有嚴天子王舒保作匪紹匪遊徐方繹
騷赫赫然盛也業業然動也嚴然而威舒徐也保安也匪紹匪遊不敢繼以敖遊也繹陳騷動也箋云
作行紹緩也繹當作驛王之軍行其貌赫赫業業然有尊嚴於天子之威謂聞見者莫不憚之王舒安謂
軍行三十里亦非解緩也亦非敖遊也徐國傳遽之驛見之知王兵必克馳走以相恐動○〔嚴〕魚檢反鄭
如字〔紹〕如字鄭尺遙反〔繹〕音亦〔騷〕如字徐音蕭震驚徐方如雷如霆徐方震

驚箋云震動也驛馳走相恐懼以驚動徐國如雷霆之恐怖人然徐國則驚動而將服罪○王
奮厥武如震如怒進厥虎臣闞如虓虎鋪敦淮濆仍
執醜虜虎之自怒虓然濆厓仍就虜服也箋云進前也敦當作屯醜衆也王奮揚其威武而震雷
其聲而勃怒其色前其虎臣之將闞然如虎之怒陳屯其兵於淮水大防之上以臨敵就執其衆之降服
者也○〔闞〕呼減反〔虓〕火交反〔鋪〕普吳反徐音孚陳也〔敦〕如字厚也鄭徒門反〔濆〕符云反〔仍〕如字〔勃〕步忽反
〔降〕戸江反截彼淮浦王師之所截治也箋云治淮之旁國有罪者就王師而斷之
○王旅嘽嘽如飛如翰如江如漢如山之苞如川之
流嘽嘽然盛也疾如飛摯如翰苞本也箋云嘽嘽閒暇有餘力之貌其行疾自發舉如鳥之飛也翰其
中豪俊也江漢以喻盛大也山本以喻不可驚動也川流以喻不可禦也○〔嘽〕吐丹反緜緜翼
翼不測不克濯征徐國緜緜靚也翼翼敬也濯大也箋云王兵安靚且皆敬其勢
不可測度不可攻勝既服淮浦矣今又以大征徐國言必勝也○〔緜〕如字〔度〕待洛反○王猶允
塞徐方既來猶謀也箋云猶尚允信也王重兵兵雖臨之尚守信自實滿兵未陳而徐國已
來告服所謂善戰者不陳○〔陳〕直刃反下同徐方既同天子之功四方既
平徐方來庭來王庭也徐方不回王曰還歸箋云回猶違也還歸振旅
也

常武六章章八句

瞻卬凡伯刺幽王大壞也凡伯天子大夫也春秋魯隱公七年冬天王使凡伯
來聘○〔卬〕音仰○瞻卬昊天則我不惠孔填不寧降此大厲
昊天斥王也填久厲惡也箋云惠愛也仰視幽王爲政則不愛我下民甚久矣天下不安王乃下此大惡
以敗亂之○〔昊〕戸老反〔填〕音塵下篇同邦靡有定士民其瘵蟊賊蟊疾

靡有夷屆罪罟不收靡有夷瘳瘵病夷常也罪罟設罪以爲罟瘳愈也箋
云屆極也天下騷擾邦國無有安定者士卒與民皆勞病其爲殘酷痛疾於民如蟊賊之害禾稼然爲之
無常亦無止息時施刑罪以羅天下而不收斂爲之亦無常無止息時此目王所下大惡○〔瘵〕側界反
字林側例反〔蟊〕音牟〔屆〕音界〔罟〕音古〔瘳〕勅留反○人有土田女反有之人有
民人女覆奪之箋云此言王削黜諸侯及卿大夫無罪者覆猶反也○〔覆〕芳服反此
宜無罪女反收之彼宜有罪女覆說之收拘收也說赦也○〔說〕音
稅又他活反哲夫成城哲婦傾城哲知也箋云哲謂多謀慮也城猶國也丈夫陽
也陽動故多謀慮則成國婦人陰也陰靜故多謀慮乃亂國○〔知〕音智○懿厥哲婦爲
梟爲鴟箋云懿有所痛傷之聲也厥其也其幽王也梟鴟惡聲之鳥喻褒姒之言無善○〔懿〕於其
反沈如字〔梟〕古堯反婦有長舌維厲之階亂匪降自天生自婦
人匪教匪誨時維婦寺寺近也箋云長舌喻多言語是王降大厲之階階所由上
下也今王之有此亂政非從天而下但從婦人出耳又非有人教王爲亂語王爲惡者是維近愛婦人用
其言故也○〔寺〕音侍亦如字○鞫人忮忒譖始竟背豈曰不極伊
胡爲慝忮害忒變也箋云鞫窮也譖不信也竟猶終也胡何慝惡也婦人之長舌者多謀慮好窮
屈人之語忮害轉化其言無常始於不信終於背違之豈謂其是不得中乎反云維我言何用爲惡不信
也○〔鞫〕居六反〔忮〕之豉反〔忒〕它得反〔譖〕子念反〔背〕音佩注同〔慝〕它得反如賈三倍君子
是識婦無公事休其蠶織休息也婦人無與外政雖王后猶以蠶織爲事古者
天子爲藉千畝冕而朱紘躬秉耒諸侯爲藉百畝冕而青紘躬秉耒以事天地山川社稷先古敬之至也
天子諸侯必有公桑蠶室近川而爲之築宮仞有三尺棘牆而外閉之及大昕之朝君皮弁素積卜三宮
之夫人世婦之吉者使入蠶于蠶室奉種浴于川桑于公桑風戾以食之歲既單矣世婦卒蠶奉繭以示

于君遂獻繭于夫人夫人曰此所以爲君服與遂副褘而受之少牢以禮之及良日后夫人繅三盆手遂布于三宮夫人世婦之吉者使繅遂朱綠之玄黃之以爲黼黻文章服既成矣君服之以祀先王先公敬之至也箋云識知也賈物而有三倍之利者小人所宜知也君子反知之非其宜也今婦人休其蠶桑織紝之職而與朝廷之事其爲非宜亦猶是也孔子曰君子喻於義小人喻於利○〔賈〕音古注同〔倍〕蒲罪反無〔與〕音預〔奉〕芳勇反下同〔種〕章勇反〔戾〕力計反爆也〔食〕音嗣君服〔與〕音餘〔褘〕音暉〔繅〕素刀反〔紝〕女金反〔與〕音預○天何以刺何神不富舍爾介狄維予胥忌刺責富福狄遠忌怨也箋云介甲也王之爲政既無過惡天何以責王見變異乎神何以不福王而有災害也王不念此而改脩德乃舍女被甲夷狄來侵犯中國者反與我相怨謂其疾怨羣臣叛違也○〔舍〕音捨〔狄〕他歷反鄭如字〔見〕賢遍反不弔不祥威儀不類人之云亡邦國殄瘁類善殄盡瘁病也箋云弔至也王之爲政德不至於天矣不能致徵祥於神矣威儀又不善於朝廷矣賢人皆言奔亡則天下邦國將盡困病○〔弔〕如字又音的〔瘁〕似醉反○天之降罔維其優矣人之云亡心之憂矣優渥也箋云優寬也天下羅罔以取有罪亦甚寬謂但以災異譴告之不指加罰於其身疾王爲惡之甚賢者奔亡則人心無不憂○〔渥〕於角反天之降罔維其幾矣人之云亡心之悲矣幾危也箋云幾近也言災異譴告離人身近愚者不能覺○〔離〕力智反○觱沸檻泉維其深矣心之憂矣寧自今矣不自我先不自我後箋云檻泉正出涌出也觱沸其貌涌泉之源所由者深喻己憂所從來久也惡政不先己不後己怪何故正當之○〔觱〕音必〔沸〕音弗〔檻〕胡覽反藐藐昊天無不克鞏藐藐大貌鞏固也箋云藐藐美也王者有美德藐藐然無不能自堅固於其位者微箴之也○〔藐〕亡角反〔鞏〕九勇反無忝皇祖式救爾後箋云式用也後謂子孫也

瞻卬七章三章章十句四章章八句

召旻凡伯刺幽王大壞也旻閔也閔天下無如召公之臣也閔病也○〔召〕時照反〔旻〕密巾反○旻天疾威天篤降喪瘨我饑饉民卒流亡箋云天斥王也疾猶急也瘨病也病乎幽王之爲政也急行暴虐之法厚下喪亂之教謂重賦稅也病國中以饑饉令民盡流移○〔瘨〕都田反沈音殄又音田我居圉卒荒圉垂也箋云荒虛也國中至邊竟以此故盡空虛○〔圉〕魚呂反〔竟〕音境○天降罪罟蟊賊內訌訌潰也箋云訌爭訟相陷入之言也王施刑罪以羅罔天下衆爲殘酷之人雖外以害人又自內爭相讒惡○〔訌〕戶工反鄭音工昏椓靡共潰潰回遹實靖夷我邦椓夭椓也潰潰亂也靖謀夷平也箋云昏椓皆奄人也昏其官名也椓椓毀陰者也王遠賢者而近任刑奄之人無肯共其職事者皆潰潰然維邪是行皆謀夷滅王之國○〔椓〕丁角反〔共〕音恭〔潰〕戶對反下同〔遹〕音聿一音述〔奄〕如字○皋皋訿訿曾不知其玷皋皋頑不知道也訿訿窳不供事也箋云玷缺也王政已大壞小人在位曾不知大道之缺○〔皋〕音羔〔訿〕音紫〔玷〕丁簟反〔窳〕音庾兢兢業業孔填不寧我位孔貶貶隊也箋云兢兢戒也業業危也天下之人戒懼危怖甚久矣其不安也我王之位又甚隊矣言見侵侮政教不行後犬戎伐之而周與諸侯無異○〔貶〕彼檢反〔隊〕直類反○如彼歲旱草不潰茂如彼棲苴潰遂也苴水中浮草也箋云潰茂之潰當作彙彙茂貌王無恩惠於天下天下之人如旱歲之草皆枯槁無潤澤如樹上之棲苴〔棲〕音西〔苴〕士加反○我相此邦無不潰止箋云潰亂也無不亂者言皆亂也春秋傳曰國亂曰潰邑亂曰叛○〔相〕息亮反○維昔之富不如時往者富仁賢今也富讒佞箋云富福也時今時也維今之疚不如茲今則病賢也箋云茲此也此者此古昔明王○〔疚〕音救彼疏斯粺胡不自替職兄斯引彼宜

食疏今反食精粺替廢況茲也引長也箋云疏麤也謂糲米也職主也彼賢者祿薄食麤而此昏椓之黨
反食精粺女小人耳何不自廢退使賢者得進乃茲復主長此為亂之事乎責之也米之率糲十粺九鑿
八侍御七○【粺】皮賣反【兄】音況下同【糲】蘭末反【率】音類【鑿】子洛反○池之竭矣。不云
自頻。頻厓也箋云頻當作濱厓猶外也自由也池水之溢由外灌焉今池竭人不言由外無益者與
言由之也喻王猶池也政之亂由外無賢臣益之○【頻】如字鄭音賓【與】音餘泉之竭矣。不
云自中。泉水從中以益者也箋云泉者中水生則益深水不生則竭喻王猶泉也政之亂又由內
無賢妃益之溥斯害矣。職兄斯弘。不烖我躬。箋云溥猶徧也今時徧有
此內外之害矣乃茲復主大此為亂之事是不烖王之身乎責王也烖謂見誅伐○【溥】音普【烖】音災○
昔先王受命。有如召公。日辟國百里。今也日蹙國百
里。辟開蹙促也箋云先王受命謂文王武王時也召公召康公也言有如者時賢臣多非獨召公也今
今幽王臣○【辟】音闢【蹙】子六反於乎哀哉。維今之人。不尚有舊。箋云哀哉
哀其不高尚賢者尊任有舊德之臣將以喪亡其國

召旻七章四章章五句三章章七句

蕩之什十一篇九十二章七百六十九句

毛詩卷第十八

毛詩卷第十九

清廟之什詁訓傳第二十六

周頌　鄭氏箋

清廟，祀文王也。周公既成洛邑，朝諸侯，率以祀文王焉。清廟者，祭有清明之德者之宮也。謂祭文王也。天德清明，文王象焉，故祭之而歌此詩也。廟之言貌也。死者精神不可得而見，但以生時之居立宮室象貌爲之耳。成洛邑，居攝五年時。○廟，苗笑反。朝，直遥反。

於穆清廟，肅雝顯相。於，歎辭也。穆，美。肅，敬。雝，和。相，助也。箋云：顯，光也，見也。於乎美哉，周公之祭清廟也。其禮儀敬且和，又諸侯有光明著見之德者來助祭。○於，音烏，注同。後發句皆放此。相，息亮反。見，賢遍反，下著見同。濟濟多士，秉文之德，對越在天。執文德之人也。箋云：對，配。越，於也。濟濟之衆士，皆執行文王之德。文王精神已在天矣，猶配順其素，如生存。駿奔走在廟，不顯不承，無射於人斯。駿，長也。顯於天矣，見承於人矣，不見厭於人矣。箋云：駿，大也。諸侯與衆士於周公祭文王，俱奔走而來，在廟中助祭，是不光明文王之德與？言其光明之也。是不承順文王志意與？言其承順之也。此文王之德，人無厭之。○駿，音峻，下篇同。射，音亦，厭也。厭，於豔反，下同。與，音餘，下同。

清廟一章八句

維天之命，大平告文王也。告大平者，居攝五年之末也。文王受命，不卒而崩，今天下大平，故承其意而告之，明六年制禮作樂。○大，音泰，後大平放此。

維天之命，於穆不已。孟仲子曰：大哉天命之無極，而美周之禮也。箋云：命猶道也。天之道於乎美哉，動而不止，行而不已。於乎不顯，文王之德之純。假以溢我，我其收之。駿惠我文王，純，大。假，嘉。溢，慎。收，聚也。箋云：純亦不已也。溢，盈溢之言也。於乎不光明與，文王之施德教之無倦已，美其與天同功也。以嘉美之道饒衍與我，我其聚斂之，以制法度，以大順我文王之意，謂爲周禮六官之職也。書曰：考朕昭子刑，乃單文祖德。○假，音暇。溢，音逸。慎，市震反。與，音餘。曾孫篤之。成王能厚行之也。箋云：曾猶重也。自孫之子而下，事先祖皆稱曾孫。是言曾孫，欲使後王皆厚行之，非維今也。○重，直龍反。

維天之命一章八句

維清，奏象舞也。象舞，象用兵時刺伐之舞，武王制焉。○刺，七亦反。

維清緝熙，文王之典。典，法也。箋云：緝熙，光明也。天下之所以無敗亂之政而清明者，乃文王有征伐之法故也。文王受命七年五伐也。○緝，七入反。熙，許其反。肇禋，肇，始。禋，祀也。箋云：文王受命，始祭天而征伐也。周禮以禋祀祀昊天上帝。○肇，音兆。禋，音因，徐音烟。迄用有成，維周之禎。迄，至。禎，祥也。箋云：文王造此征伐之法，至今用之而有成功，謂伐紂克勝也。征伐之法，乃周家得天下之吉祥。○迄，許乞反。禎，音貞。

維清一章五句

烈文，成王即政，諸侯助祭也。新王即政，必以朝享之禮祭於祖考，告嗣位也。○朝，音潮。

烈文辟公，錫茲祉福。惠我無疆，子孫保之。烈，光也。文王錫之。箋云：惠，愛也。光文百辟卿士及天下諸侯者，天錫之以此祉福也。又長愛之無有期竟，子孫得傳世，安而居之。謂文王武王以純德受命定天位。○辟，音璧，下同。祉，音恥。疆，居良反。竟也。無封靡于爾邦，維王其崇之。念茲戎功，繼序其皇之。封，大也。靡，累也。崇，立也。戎，大。皇，美也。箋云：崇，厚也。皇，君也。無大累於女國，謂諸侯治國無罪惡也。王其厚之，增其爵土也。念此大功，勤事不廢，謂卿大夫能守其職，得繼世在位，以其次序其君之者，謂有大功，王則出而封之。○累，劣僞反，下同。無競維人，四方其訓之。不顯維德，百辟其刑之。於乎前王不忘。競彊訓道也前王武王也箋云無彊乎維得賢人也得賢人則國家彊矣故天下諸侯順其所爲也不勤明其德乎勤明之也故卿大夫法其所爲也於乎先王文王武王其於此道人稱頌之不忘○〔道〕音導

烈文一章十三句

天作。祀先王先公也。先王謂大王已下先公諸盩至不窋○大音泰下大王大祖皆同〔盩〕直留反又音儔〔窋〕陟律反○天作高山。大王荒之。作生荒大也天生萬物於高山大王行道能安天之所作也箋云高山謂岐山也書曰道岍及岐至于荊山天生此高山使興雲雨以利萬物大王自豳遷焉則能尊大之廣其德澤居之一年成邑二年成都三年五倍其初○〔岐〕其宜反〔道〕音導〔岍〕口田反又口見反彼作矣。文王康之。彼徂矣。岐有夷之行。夷易也箋云彼彼萬民也徂往行道也彼萬民居岐邦者皆築作宮室以爲常居文王則能安之後之往者又以岐邦之君有佼易之道故也易曰乾以易知坤以簡能易則易知簡則易從易知則有親易從則有功有親則可久有功則可大可久則賢人之德可大則賢人之業以此訂大王文王之道卓爾與天地合其德○〔行〕如字又下孟反〔佼〕古卯反子孫保之。

天作一章七句

昊天有成命。郊祀天地也。○昊天有成命。二后受之。成王不敢康。夙夜基命宥密。二后文武也基始命信宥寬密寧也箋云昊天天大號也有成命者言周自后稷之生而已有王命也文王武王受其業施行道德成此王功不敢自安逸早夜始順天命不敢解倦行寬仁安靜之政以定天下寬仁所以止苛刻也安靜所以息暴亂也○以成王之〔王〕如字又于況反〔宥〕音又於緝熙。單厥心。肆其靖之。緝明熙廣單厚肆固靖和也箋云廣當爲光固當爲故字之誤也於美乎此成王之德也既光明矣又能厚其心矣爲之不解倦故於其功終能和安之謂夙夜自勤至於天下太平○〔單〕都但反

昊天有成命一章七句

我將。祀文王於明堂也。○我將我享。維羊維牛。維天其右之。將大享獻也箋云將猶奉也我奉養我享祭之羊牛皆充盛肥腯有天氣之力助言神饗其德而右助之○〔將〕如字〔享〕許丈反〔右〕音又下同〔腯〕徒忽反儀式刑文王之典。日靖四方。伊嘏文王。既右饗之。儀善刑法典常靖謀也箋云靖治也受福曰嘏我儀則式象法行文王之常道以日施政于天下維受福於文王文王既右而饗之言受而福之○〔嘏〕古雅反我其夙夜。畏天之威。于時保之。箋云于於時是也早夜敬天於是得安文王之道

我將一章十句

時邁。巡守告祭柴望也。巡守告祭者天子巡行邦國至于方嶽之下而封禪也書曰歲二月東巡守至于岱宗柴望秩于山川徧于羣神○〔巡〕音旬〔守〕手又反〔柴〕士佳反〔行〕下孟反〔禪〕市戰反○時邁其邦。昊天其子之。實右序有周。薄言震之。莫不震疊。懷柔百神。及河喬嶽。允王維后。邁行震動疊懼懷來柔安喬高也高嶽岱宗也箋云薄猶甫也甫始也允信也武王既定天下時出行其邦國謂巡守也天其子愛之右助次序其事謂多生賢知使爲之臣也其兵所征伐甫動之以威則莫不動懼而服者言其威武又見畏也王行巡守其至方嶽之下來安羣神望于山川皆以尊卑祭之信哉武王之宜爲君美之也○〔右〕音又助也〔疊〕徒協反〔柔〕如字〔喬〕音橋明昭有周。式序在位。明矣知未然也昭然不疑也箋云昭見也王巡守而明見天之子有周家也以其有俊乂用次第處位言此者著天其子愛之右序之效也載戢干戈。載櫜弓矢。戢聚櫜韜也箋云載之言則也王巡守而天下

咸服兵不復用此又著震疊之效也〔戢〕側立反〔櫜〕音羔〔韜〕吐刀反〔復〕扶又反○我求懿德肆
于時夏夏大也箋云懿美肆陳也我武王求有美德之士而任用之故陳其功於是夏而歌之樂
歌大者稱夏○〔肆〕音四〔夏〕戶雅反允王保之箋云允信也信哉武王之德能長保此時夏之
美

時邁一章十五句

執競祀武王也○〔競〕其敬反◯執競武王無競維烈不顯
成康上帝是皇無競競也烈業也不顯乎其成大功而安之也顯光也皇美也箋云競彊
也能持彊道者維有武王耳不彊乎其克商之功業言其彊也不顯乎其成安祖考之道言其又顯也天
以是故美之予之福祿自彼成康奄有四方斤斤其明自彼成康用彼
成安之道也奄同也斤斤明察也箋云四方謂天下也武王用成安祖考之道故受命伐紂定天下為周
明察之君斤斤如也○〔斤〕紀覲反鍾鼓喤喤磬筦將將降福穰穰降
福簡簡威儀反反既醉既飽福祿來反喤喤和也將將集也穰穰
眾也簡簡大也反反難也反復也箋云反反順習之貌武王既定天下祭祖考之廟奏樂而八音克諧神
與之福又眾大謂如嘏辭也君臣醉飽禮無違者以重得福祿也○〔喤〕華彭反徐音皇〔筦〕音管〔將〕七羊反
〔穰〕如羊反〔反〕如字沈符板反又音販

執競一章十四句

思文后稷配天也◯思文后稷克配彼天立我烝民
莫匪爾極極中也箋云克能也立當作粒烝眾也周公思先祖有文德者后稷之功能配天昔
堯遭洪水黎民阻飢后稷播殖百穀烝民乃粒萬邦作乂天下之人無不於女時得其中者言反其性○
〔烝〕之丞反〔粒〕音立貽我來牟帝命率育無此疆爾界陳常于
時夏牟麥率用也箋云貽遺率循育養也武王渡孟津白魚躍入王舟出涘以燎後五日火流為烏
五至以穀俱來此謂遺我來牟天命以是循存后稷養天下之功而廣大其子孫之國無此封竟於女今
之經界乃大有天下也用是故陳其久常之功於是夏而歌之夏之屬有九書說烏以穀俱來云穀紀后
稷之德○〔貽〕音夷〔牟〕如字〔疆〕居良反〔夏〕戶雅反〔遺〕唯季反

思文一章八句

清廟之什十篇十章九十五句

臣工之什詁訓傳第二十七

周頌　鄭氏箋

臣工諸侯助祭遣於廟也◯嗟嗟臣工敬爾在公王
釐爾成來咨來茹嗟嗟勑之也工官也公君也箋云臣謂諸侯也釐理咨謀茹度也諸
侯來朝天子有不純臣之義於其將歸故於廟中正君臣之禮勑其諸官卿大夫云敬女在君之事王乃
平理女之成功女有事當來謀之來度之於王之朝無自專○〔釐〕力之反〔茹〕如預反徐音如〔度〕待洛反下
同嗟嗟保介維莫之春亦又何求如何新畬田二歲曰新三
歲曰畬箋云保介車右也月令孟春天子親載耒耜措之于參保介之御閒莫晚也周之季春於夏為孟
春諸侯朝周之春故晚春遣之勑其車右以時事女歸當何求於民將如新田畬田何急其教農趨時也
介甲也車右勇力之士被甲執兵也○〔莫〕音暮〔畬〕音餘〔耒〕力對反〔耜〕音似〔夏〕戶雅反〔被〕皮寄反於皇
來牟將受厥明明昭上帝迄用康年康樂也箋云將大迄至也於美
乎赤烏以牟麥俱來故我周家大受其光明謂為珍瑞天下所休慶也此瑞乃明見於天至今用之有樂
歲五穀豐孰○〔於〕音烏〔迄〕許乞反命我眾人庤乃錢鎛奄觀銍艾庤具
錢銚鎛鎒銍穫也箋云奄久觀多也教我庶民具女田器終久必多銍艾勸之也○〔庤〕持恥反〔錢〕子踐反

〔鑮〕音博〔奄〕音淹王徐如字〔觀〕古玩反又如字〔銍〕珍栗反〔艾〕音刈〔銚〕七遙反又土堯反沈音遙〔鎒〕乃豆反今作耨同〔穫〕戶郭反

臣工一章十五句

噫嘻春夏祈穀于上帝也。祈猶禱也求也月令孟春祈穀于上帝夏則龍見而雩是與○〔噫〕於其反〔嘻〕音僖〔禱〕丁老反〔見〕賢遍反〔雩〕音于〔與〕音餘

○噫嘻成王，既昭假爾。率時農夫，播厥百穀。噫歎也嘻和也成王成是王事也箋云噫嘻有所多大之聲也假至也播猶種也噫嘻乎能成周王之功其德已著至矣謂光被四表格于上下也又能率是主田之吏農夫使民耕田而種百穀也○成〔王〕如字又于況反〔假〕音格毛如字駿發爾私，終三十里。亦服爾耕，十千維耦。私民田也言上欲富其民而讓於下欲民之大發其私田耳終三十里言各極其望也箋云駿疾也發伐也亦大服事也使民疾耕發其私田竟三十里者言一部一吏主之於是民大事耕其私田萬耦同時舉也周禮曰凡治野田夫閒有遂遂上有徑十夫有溝溝上有畛百夫有洫洫上有涂千夫有澮澮上有道萬夫有川川上有路計此萬夫之地方三十三里少半里也耜廣五寸二耜為耦一川之閒萬夫故有萬耦耕言三十里者舉其成數○〔駿〕音峻大也〔畛〕之忍反又之人反〔洫〕況域反〔澮〕古外反〔廣〕古曠反

噫嘻一章八句

振鷺，二王之後來助祭也。二王夏殷也其後杞也宋也○〔振〕之慎反

○振鷺于飛，于彼西雝。我客戾止，亦有斯容。興也振振羣飛貌鷺白鳥也雝澤也客二王之後箋云白鳥集于西雝之澤言所集得其處也興者喻杞宋之君有絜白之德來助祭於周之廟得禮之宜也其至止亦有此容言威儀之善如鷺然○〔處〕昌慮反在彼無惡，在此無斁。庶幾夙夜，以永終譽。箋云在彼謂居其國無怨惡之者在此謂其來朝人皆愛敬之無厭之者永長也譽聲美也○〔斁〕音亦厭也

振鷺一章八句

豐年，秋冬報也。報者謂嘗也烝也

○豐年多黍多稌，亦有高廩，萬億及秭。豐大稌稻也廩所以藏齍盛之穗也數萬至萬曰億數億至億曰秭箋云豐年大有年也亦大也萬億及秭以言穀數多○〔稌〕音杜徐勑古反〔廩〕力錦反〔秭〕咨履反〔齍〕音資〔盛〕音成〔穗〕音遂〔數〕色主反下同為酒為醴，烝畀祖妣，以洽百禮，降福孔皆。皆徧也箋云烝進畀予也○〔醴〕音禮〔畀〕必寐反〔妣〕必履反〔予〕音與

豐年一章七句

有瞽，始作樂而合乎祖也。王者治定制禮功成作樂合者大合諸樂而奏之○〔瞽〕音古

○有瞽有瞽，在周之庭。設業設虡，崇牙樹羽。應田縣鼓，鞉磬柷圉。瞽樂官也業大板也所以飾栒為縣也捷業如鋸齒或曰畫之植者為虡衡者為栒崇牙上飾卷然可以縣也樹羽置羽也應小鞞也田大鼓也縣鼓周鼓也鞉小鼓也柷木椌也圉楬也箋云瞽矇也以為樂官者目無所見於音聲審也周禮上瞽四十人中瞽百人下瞽百六十人有視瞭者相之又設縣鼓田當作朄朄小鼓在大鼓旁應鞞之屬也聲轉字誤變而作田○〔虡〕音巨〔田〕如字鄭音酳〔縣〕音懸〔鞉〕音桃〔柷〕尺叔反〔圉〕魚呂反〔栒〕荀允反〔鋸〕音據〔植〕時力反又直吏反〔衡〕華盲反〔卷〕音權〔鞞〕步兮反〔椌〕苦江反〔楬〕苦瞎反〔瞭〕音了視瞭有目人也〔相〕息亮反既備乃奏，簫管備舉。喤喤厥聲，肅雝和鳴，先祖是聽。箋云既備者縣也朄也皆畢已也乃奏謂樂作也簫編小竹管如今賣餳者所吹也管如篴并而吹之○〔喤〕華盲反又音皇〔編〕薄殄反又必綿反史記溥連反〔餳〕夕清反又音唐〔篴〕徒歷反〔并〕步頂反我客戾止，永觀厥成。箋云我客二王之後也長多其成功謂深感於和樂遂入善道終無怨過○〔觀〕古玩反又如字多也〔樂〕如字或

音洛

有瞽一章十三句

潛季冬薦魚春獻鮪也冬魚之性定春鮪新來薦獻之者謂於宗廟也○[潛]在廉反又音岑[鮪]于軌反○猗與漆沮潛有多魚有鱣有鮪鰷鱨鰋鯉漆沮岐周之二水也潛槮也箋云猗與歎美之言也鱣大鯉也鮪鮥也鰷白鰷也鰋鮎也○[猗]於宜反[與]音余[漆]音七[沮]七余反[鱣]張連反[鰷]音條[鱨]音常[鰋]音偃[鯉]音里[槮]素感反舊本作米傍謂積柴水中令魚依之止息因而取之郭景純因從小爾雅作木傍霜甚反又疏廕反[鮥]音洛[鮎]乃謙反以享以祀以介景福箋云介助景大也

潛一章六句

雝禘大祖也禘大祭也大於四時而小於祫大祖謂文王○[禘]大計反[大]音泰[祫]戶夾反○有來雝雝至止肅肅相維辟公天子穆穆於薦廣牡相予肆祀相助廣大也箋云雝雝和也肅肅敬也有是來時雝雝然既至止而肅肅然者乃助王禘祭百辟與諸侯也天子是時則穆穆然於進大牡之牲百辟與諸侯又助我陳祭祀之饌言得天下之歡心○[相]息亮反[辟]音璧君也[於]如字王音烏假哉皇考綏予孝子宣哲維人文武維后假嘉也箋云宣徧也嘉哉君考斥文王也文王之德乃安我孝子謂受命定其基業也又徧使天下之人有才知以文德武功為之君故○[假]音暇徐古雅反[知]音智燕及皇天克昌厥後綏我眉壽介以繁祉燕安也箋云繁多也文王之德安及皇天謂降瑞應無變異也又能昌大其子孫安助之以考壽與多福祿○[昌]如字或云文王名此禘於文王之詩也周人以諱事神不應犯諱當音處亮反既右烈考亦右文母烈考武王也文母大姒也箋云烈光也子孫所以得考壽與多福者乃以見右助於光明之考與文德之母歸美焉○[右]音祐下同助也[大]音泰[姒]音似

雝一章十六句

載見諸侯始見乎武王廟也○[見]賢遍反下同○載見辟王曰求厥章龍旂陽陽和鈴央央鞗革有鶬休有烈光載始也龍旂陽陽言有文章也和在軾前鈴在旂上鞗革有鶬言有法度也箋云諸侯始見君王謂見成王也曰求其章者求車服禮儀之文章制度也交龍為旂鞗革轡首也鶬金飾貌休者休然盛壯○[辟]音璧下同[鈴]音零[央]於良反徐音英[鞗]音條[鶬]七羊反率見昭考以孝以享以介眉壽永言保之思皇多祜昭考武王也享獻也箋云言我皇君也諸侯既以朝禮見於成王至祭時伯又率之見於武王廟使助祭也以致孝子之事以獻祭祀之禮以助考壽之福長我安行此道思使成王之多福○[祜]音戶福也烈文辟公綏以多福俾緝熙于純嘏箋云俾使純大也祭有十倫之義成王乃光文百辟與諸侯安之以多福使光明於大嘏之意天子受福曰大嘏辭有福祚之言○[緝]七入反[嘏]古雅反[祚]才故反

載見一章十四句

有客微子來見祖廟也成王既黜殷命殺武庚命微子代殷後既受命來朝而見也○[見]賢遍反○有客有客亦白其馬有萋有且敦琢其旅殷尚白也亦亦周也萋且敬慎貌箋云有客有客重言之者異之也亦亦武庚也武庚為二王後乘殷之馬乃叛而誅不肖之甚也今微子代之亦乘殷之馬獨賢而見尊異故言亦殷而美之其來威儀萋萋且且盡心力於其事又選擇眾臣卿大夫之賢者與之朝王言敦琢者以賢美之故王言之○[萋]七西反[且]七序反[敦]都回反又音彫[琢]陟角反[駁]邦角反又音角雜也有客宿宿有客信信言授之縶以縶其馬一宿曰宿再宿曰信欲縶其馬而留之箋云縶絆也周之君臣

皆愛微子其所館宿可以去矣而言絆其馬意各殷勤○〔縶〕陟立反〔絆〕音半薄言追之左右綏之箋云追送也於微子去王始言餞送之左右之臣又欲從而安樂之厚之無已○〔餞〕音賤既有淫威降福孔夷淫大威則夷易也箋云既有大則謂用殷正朔行其禮樂如天子也神與之福又甚易也言動作而有度○〔易〕以豉反

有客一章十二句

武奏大武也大武周公作樂所為舞也○〔大〕如字徐音泰○於皇武王無競維烈允文文王克開厥後烈業也箋云皇君也於乎君哉武王也無彊乎其克商之功業言其彊也信有文德哉文王也能開其子孫之基緒○〔於〕音烏嗣武受之勝殷遏劉耆定爾功武迹劉殺耆致也箋云遏止耆老也嗣子武王受文王之業舉兵伐殷而勝之以止天下之暴虐而殺人者年老乃定女之此功言不汲汲於誅紂須暇五年○〔遏〕於葛反〔耆〕音指鄭巨移反

武一章七句

臣工之什十篇十章一百六句

閔予小子之什詁訓傳第二十八

周頌　鄭氏箋

閔予小子嗣王朝於廟也嗣王者謂成王也除武王之喪將始即政朝於廟也○〔朝〕直遙反○閔予小子遭家不造嬛嬛在疚閔病造為疚病也箋云閔悼傷之言也造猶成也可悼傷乎我小子耳遭武王崩家道未成嬛嬛然孤特在憂病之中○〔嬛〕其傾反〔疚〕音救於乎皇考永世克孝念茲皇祖陟降庭止庭直也箋云茲此也陟降上下也於乎我君考武王長世能孝謂能以孝行為子孫法度使長見行也念此君祖文王上以直道事天下以直道治民信無私枉○〔於〕音烏後同維予小子夙夜敬止於乎皇王繼序思不忘序緒也箋云夙早敬慎也我小子早夜慎行祖考之道言不敢懈倦也於乎君王數文王武王也我繼其緒思其所行不忘也

閔予小子一章十一句

訪落嗣王謀於廟也謀者謀政事也○訪予落止率時昭考於乎悠哉朕未有艾將予就之繼猶判渙訪謀落始時是率循悠遠猶道判分渙散也箋云昭明艾數猶圖也成王始即政自以承聖父之業懼不能遵其道德故於廟中與羣臣謀我始即政之事羣臣曰當循是明德之考所施行故謀荅之以謙曰於乎遠哉我於是未有數言遠不可及也女扶將我就其典法而行之繼續其業圖我所失分散者收斂之○〔艾〕五蓋反徐音刈維予小子未堪家多難箋云多衆也我小子耳未任統理國家衆難成之事必有任賢待年長大之志難成之事謂諸政有業未平者○〔難〕如字協韻乃旦反〔任〕音壬下二篇注同紹庭上下陟降厥家休矣皇考以保明其身箋云紹繼也厥家謂羣臣也繼文王陟降庭止之道上下羣臣之職以次序者美矣我君考武王能以此道尊安其身謂定天下居天子之位

訪落一章十二句

敬之羣臣進戒嗣王也○敬之敬之天維顯思命不易哉無曰高高在上陟降厥士日監在茲顯見士事也箋云顯光監視也羣臣見王謀即政之事故因時戒之曰敬之哉敬之哉天乃光明去惡與善其命吉凶不變易也無謂天高又高在上遠人而不長也天上下其事謂轉運日月施其所行日月瞻視近在此也○〔易〕音亦王以豉反〔見〕賢遍反〔遠〕于萬反〔上〕時掌反維予小子不聰敬止日就月

將學有緝熙于光明佛時仔肩示我顯德行 小子嗣王也將行也光廣也佛大也仔肩克也箋云緝熙光明也佛輔也時是也仔肩任也羣臣戒成王以敬之敬之故承之以謙云我小子耳不聰達於敬之之意日就月行言當習之以積漸也且欲學於有光明之光明者謂賢中之賢也輔佛是任示道我以顯明之德行是時自知未能成文武之功周公始有居攝之志○〔佛〕符弗反鄭音弼〔仔〕音茲〔肩〕古賢反〔行〕下孟反

敬之一章十二句

小毖嗣王求助也 毖慎也天下之事當慎其小小時不慎後爲禍大故成王求忠臣早輔助己爲政以救患難○〔毖〕音祕〔難〕乃旦反

○予其懲而毖後患莫予荓蜂自求辛螫 毖慎也荓蜂摩曳也箋云懲艾也始者管叔及其羣弟流言於國成王信之而疑周公至後三監叛而作亂周公以王命舉兵誅之歷年乃已故今周公歸政成王受之而求賢臣以自輔助也曰我其創艾於往時矣長慎後復有禍難羣臣小人無敢我摩曳謂爲譎詐誑欺不可信也女如是徒自求辛苦毒螫之害耳謂將有刑誅○〔懲〕直升反〔荓〕普經反〔蜂〕孚逢反〔螫〕音釋〔摩〕尺制反〔曳〕以制反〔艾〕音刈〔創〕初亮反〔譎〕音決〔誑〕九況反

肇允彼桃蟲拚飛維鳥 桃蟲鷦也鳥之始小終大者箋云肇始允信也始者信以彼管蔡之屬雖有流言之罪如鷦鳥之小不登誅之後反叛而作亂猶鷦之翻飛爲大鳥也鷦之所爲鳥題肩也或曰鴞皆惡聲之鳥○〔拚〕芳煩反〔鷦〕子消反

未堪家多難予又集于蓼 堪任予我也我又集于蓼言辛苦也箋云集會也未任統理我國家衆難成之事謂使周公居攝時也我又會於辛苦遭三監及淮夷之難也○〔蓼〕音了

小毖一章八句

載芟春籍田而祈社稷也 籍田甸師氏所掌王載耒耜所耕之田天子千畝諸侯百畝籍之言借也借民力治之故謂之籍田○〔芟〕所銜反〔甸〕田見反

○載芟載柞其耕澤澤千耦其耘徂隰徂畛侯主侯伯侯亞侯旅侯彊侯以 除草曰芟除木曰柞畛埸也主家長也伯長子也亞仲叔也旅子弟也彊彊力也以用也箋云載始也隰謂新發田也畛謂舊田有徑路者彊有餘力者周禮曰以彊予任民以謂閒民今時傭賃也春秋之義能東西之曰以成王之時萬民樂治田業將耕先始芟柞其草木土氣烝達而和耕之則澤澤然解散於是耘除其根株輩作者千耦言趨時也或往之隰或往之畛父子餘夫俱行彊有餘力者相助又取傭賃務疾畢已當種也○〔柞〕側伯反〔澤〕音釋〔耦〕五口反〔畛〕之忍反徐音真〔彊〕其良反〔埸〕音亦〔閒〕音閑〔傭〕音容〔賃〕女鴆反

有嗿其饁思媚其婦有依其士 嗿衆貌士子弟也箋云饁饋饟也依之言愛也婦子來饋饟其農人於田野乃逆而媚愛之言勸其事勞不自苦○〔嗿〕勑感反〔饁〕于輒反〔饋〕其愧反〔饟〕式亮反

有略其耜俶載南畝播厥百穀實函斯活 略利也箋云俶載當作熾菑播猶種也實種子也函含也活生也農夫既耘除草木根株乃更以利耜熾菑之而後種其種皆成好含生氣○〔略〕如字〔俶載〕毛如字鄭作熾菑下篇同〔函〕戶南反下篇同〔種〕章勇反

驛驛其達有厭其傑厭厭其苗綿綿其麃 達射也有厭其傑言傑苗厭然特美也麃耘也箋云達出地也傑先長者厭厭其苗衆齊等也○〔驛〕音亦〔厭〕於豔反下同〔麃〕表嬌反〔射〕食亦反

載穫濟濟有實其積萬億及秭 濟濟難也箋云難者穗衆難進也有實實成也其積之乃萬億及秭言得多也○〔穫〕戶郭反〔積〕子賜反又如字〔秭〕音姊

爲酒爲醴烝畀祖妣以洽百禮 箋云烝進畀予洽合也進予祖妣謂祭先祖先妣也以洽百禮謂饗燕之屬○〔畀〕必二反

有飶其香邦家之光 飶芬香也箋云芬香之酒醴饗燕賓客則多得其歡心於國家有榮譽○〔飶〕蒲節反又蒲必反

有椒其馨胡考之寧 椒猶飶也胡壽也考成也箋云寧安也以芬香之酒醴祭於祖妣則多得其福右○〔椒〕子消反徐子料反

匪且有且匪今斯今振古如茲 且此也振自也箋云匪非

也振亦古也饗燕祭祀心非云且而有且謂將有嘉慶禎祥先來見也心非云今而有此今謂嘉慶之事
不閒而至也言脩德行禮不獲報乃古古而如此所由來者久非適今時○[且]七也反又子餘反下同

載芟一章三十一句

良耜秋報社稷也○[耜]音似田器也○畟畟良耜俶載南畝
播厥百穀實函斯活畟畟猶測測也箋云良善也農人測測以利善之耜熾菑是南
畝也種此百穀其種皆成好含生氣言得其時○[畟]楚側反[種]章勇反或來瞻女載筐
及筥其饟伊黍其笠伊糾其鎛斯趙以薅荼蓼笠所以禦
暑雨也趙刺也蓼水草也箋云瞻視也有來視女謂婦子來饁者也筐筥所以盛黍也豐年之時雖賤者
猶食黍饁者見戴糾然之笠以田器刺地薅去荼蓼之事言閔其勤苦○[筐]丘方反[筥]紀呂反[饟]式亮反
[笠]音立[糾]居黝反又其皎反[鎛]音博[趙]徒了反又如字沈起了反[薅]呼毛反拔田草也[荼]音徒[蓼]音了[刺]
七亦反下同[盛]平聲荼蓼朽止黍稷茂止穫之挃挃積之栗栗
其崇如墉其比如櫛以開百室挃挃穫聲也栗栗眾多也墉城也箋云百
室一族也草穢既除而禾稼茂禾稼茂而穀成孰穀成孰而積聚多如城也如櫛也以言積之高大且相
比迫也其已治之則百家開戶納之千耦其耘輩作尚眾也一族同時納穀親親也百室者出必共洫閒
而耕入必共族中而居又有祭酺合醵之歡○[朽]虛有反爛也[挃]珍栗反[積]子賜反[比]毗志反[櫛]側瑟反
[酺]音蒲又音步[醵]其據反又其略反合錢飲酒也百室盈止婦子寧止殺時
犉牡有捄其角以似以續續古之人黃牛黑脣曰犉社稷之牛角尺
以似以續續嗣前歲續往事也箋云捄角貌五穀畢入婦子則安無行饁之事於是殺牲報祭社稷嗣前歲
者復求有豐年也續往事者復以養人也續古之人求有良司穡也○[犉]如純反[捄]音虯

良耜一章二十三句

絲衣繹賓尸也高子曰靈星之尸也繹又祭也天子諸侯曰繹以祭
之明日卿大夫曰賓尸與祭同日周日繹商謂之肜○[繹]音亦[肜]餘戎反○絲衣其紑載
弁俅俅自堂徂基自羊徂牛鼐鼎及鼒絲衣祭服也紑絜鮮貌俅
俅恭順貌基門塾之基自羊徂牛言先小後大也大鼎謂之鼐小鼎謂之鼒箋云載猶戴也弁爵弁也爵
弁而祭於王士服也繹禮輕使士升門堂視壺濯及籩豆之屬降往於基告濯具又視牲從羊之牛反告
充已乃舉鼎冪告絜禮之次也鼎圜弇上謂之鼒○[紑]孚浮反徐孚不反又音培又音弗[載]如字又音戴
[弁]皮變反[俅]音求[鼐]乃代反又音乃[鼒]音茲又音災或音才[冪]亡歷反[圜]音圓[弇]古奄字兕觥其
觩旨酒思柔不吳不敖胡考之休吳譁也考成也箋云柔安也繹之旅
士用兕觥變於祭也飲美酒者皆思自安不讙譁不敖慢也此得壽考之休徵○[兕]徐履反[觥]古橫反罰
爵也[觩]音虯[吳]如字又音話[敖]五誥反[讙]火官反又火元反

絲衣一章九句

酌告成大武也言能酌先祖之道以養天下也周公居攝
六年制禮作樂歸政成王乃後祭於廟而奏之其始成告之而已○[酌]音灼[大]如字又音泰○於
鑠王師遵養時晦時純熙矣是用大介鑠美遵率養取晦昧也箋
云純大熙興介助也於美乎文王之用師率殷之叛國以事紂養是闇昧之君以老其惡是周道大興而
天下歸往矣故有致死之士助之○[於]音烏[鑠]舒灼反我龍受之蹻蹻王之造
載用有嗣龍和也蹻蹻武貌造為也箋云龍寵也來助我者我寵而受用之蹻蹻之士皆爭來
造王王則用之有嗣傳相致○[蹻]居表反[造]才老反鄭七報反實維爾公允師公事也箋
云允信也王之事所以舉兵克勝者實維女之事信得用師之道

酌一章九句

桓講武類禡也。桓武志也。類也，禡也，皆師祭也。○[禡]馬嫁反。○綏萬邦，婁豐年。箋云：綏，安也。婁，亟也。誅無道，安天下，則亟有豐孰之年，陰陽和也。○[婁]力住反，[亟]欺冀反，數也。天命匪解，桓桓武王，保有厥士，于以四方，克定厥家。士，事也。箋云：天命爲善不解倦者，以爲天子。我桓桓有威武之武王，則能安有天下之事。此言其當天意也。於是用武事於四方，能定其家先王之業，遂有天下。○[解]音懈。於昭于天，皇以間之。間，代也。箋云：于，曰也。皇，君也。於明乎曰天也。紂爲天下之君，但由爲惡，天以武王代之。○[於]音烏。

桓一章九句

賚，大封於廟也。賚，予也。言所以錫予善人也。大封，武王伐紂時，封諸臣有功者。○[賚]來代反，又音來。[予]上聲。○文王既勤止，我應受之。敷時繹思，我徂維求定。勤，勞。應，當。繹，陳也。箋云：敷猶徧也。文王既勞心於政事，以有天下之業，我當而受之。敷是文王之勞心，能陳繹而行之，今我往以此求定，謂安天下也。○[敷]音孚，[繹]音亦。時周之命，於繹思。箋云：勞心者，是周之所以受天命而王之所由也。於女諸臣受封者，陳繹而思行之，以文王之功業勑勸之。○[於]如字，王音烏。

賚一章六句

般，巡守而祀四嶽河海也。般，樂也。○[般]薄寒反，[守]手又反，[樂]音洛。○於皇時周！陟其高山，嶞山喬嶽，允猶翕河。高山，四嶽也。嶞山，山之嶞嶞小者也。翕，合也。箋云：皇，君。喬，高。猶，圖也。於乎美哉，君是周邦而巡守，其所至則登其高山而祭之。望秩於山川，小山及高嶽，皆信案山川之圖而次序祭之。河言合者，河自大陸之北敷爲九，祭者合爲一。○[於]音烏，[嶞]吐果反，[翕]許及反。敷天之下，裒時之對，時周之命。裒，聚也。箋云：裒，衆。對，配也。徧天之下，衆山川之神，皆如是配而祭之，是周之所以受天命而王也。○[裒]蒲侯反。

般一章七句

閔予小子之什十一篇十一章百三十七句

毛詩卷第十九

毛詩卷第二十

駉詁訓傳第二十九

魯頌　　鄭氏箋

駉頌僖公也僖公能遵伯禽之法儉以足用寬以愛民務農重穀牧于坰野魯人尊之於是季孫行父請命于周而史克作是頌季孫行父季文子也史克魯史也○〔駉〕古熒反〔牧〕音目〔坰〕古熒反又苦營反下同〔父〕音甫

○駉駉牡馬在坰之野駉駉良馬腹幹肥張也坰遠野也邑外曰郊郊外曰野野外曰林林外曰坰箋云必牧於坰野者辟民居與良田也周禮曰以官田牛田賞田牧田任遠郊之地○〔牡〕茂后反薄言駉者有驈有皇有驪有黃以車彭彭牧之坰野則駉駉然驪馬白跨曰驈黃白曰皇純黑曰驪黃騂曰黃諸侯六閑馬四種有良馬有戎馬有田馬有駑馬彭彭有力有容也箋云坰之牧地水草既美牧人又良飲食得其時則自肥健耳○〔驈〕戶橘反又于密反又音述〔驪〕力知反又即知反〔彭〕如字〔跨〕苦化反髀間也〔騂〕息營反思無疆思馬斯臧箋云臧善也僖公之思遵伯禽之法反覆思之無有竟已乃至於思馬斯善多其所及廣博○〔疆〕啓良反

○駉駉牡馬在坰之野薄言駉者有騅有駓有騂有騏以車伾伾蒼白雜毛曰騅黃白雜毛曰駓赤黃曰騂蒼騏曰騏伾伾有力也○〔騅〕朱帷反〔駓〕符悲反字林又音丕〔騏〕渠之反〔伾〕敷悲反思無期思馬斯才才多材也

○駉駉牡馬在坰之野薄言駉者有驒有駱有駵有雒以車繹繹青驪驎曰驒白馬黑鬣曰駱赤身黑鬣曰駵黑身白鬣曰雒繹繹善走也○〔驒〕徒河反〔駱〕音洛〔駵〕音留〔雒〕音洛〔繹〕音亦〔驎〕良忍反又音吝〔鬣〕力輒反思無斁思馬斯作作始也箋云斁厭也思遵伯禽之法無厭倦也作謂牧之使可乘駕也○〔斁〕音亦

○駉駉牡馬在坰之野薄言駉者有駰有騢有驔有魚以車祛祛陰白雜毛曰駰彤白雜毛曰騢豪骭曰驔二目白曰魚祛祛彊健也○〔駰〕於巾反〔騢〕音遐〔驔〕音簟又音譚〔祛〕起居反〔彤〕徒冬反〔骭〕戶晏反思無邪思馬斯徂箋云徂猶行也思遵伯禽之法專心無復邪意也牧馬使可走行○〔邪〕似嗟反

駉四章章八句

有駜頌僖公君臣之有道也有道者以禮義相與之謂也○〔駜〕備筆反又符必反

○有駜有駜駜彼乘黃駜馬肥彊貌馬肥彊則能升高進遠臣彊力則能安國箋云此喻僖公之用臣必先致其祿食祿食足而臣莫不盡其忠○〔乘〕繩證反下同夙夜在公在公明明箋云夙早也言時臣憂念君事早起夜寐在於公之所在於公之所但明義明德也禮記曰大學之道在明明德振振鷺鷺于下鼓咽咽醉言舞于胥樂兮振振羣飛貌鷺白鳥也以興絜白之士咽咽鼓節也箋云于於胥皆也僖公之時君臣無事則相與明義明德而已絜白之士羣集於君之朝君以禮樂與之飲酒以鼓節之咽咽然至於無筭爵則又舞燕樂以盡其歡君臣於是則皆喜樂也○〔咽〕烏縣反又於巾反〔樂〕音洛

○有駜有駜駜彼乘牡夙夜在公在公飲酒言臣有餘敬而君有餘惠振振鷺鷺于飛鼓咽咽醉言歸于胥樂兮箋云飛喻羣臣飲酒醉欲退也

○有駜有駜駜彼乘駽青驪曰駽○〔駽〕呼縣反又火縣反又胡眄反夙夜在公在公載燕箋云載之言則也自今以始歲其有君子有穀詒孫子于胥樂兮歲其有豐年也箋云穀善詒遺也君臣安樂則陰陽和而有豐年其善道則可以遺子孫也○〔詒〕以之反〔遺〕唯季反

有駜三章章九句

泮水頌僖公能脩泮宮也○〔泮〕普半反○思樂泮水薄采其芹泮水泮宮之水也天子辟廱諸侯泮宮言水則采取其芹宮則采取其化箋云芹水菜也言己思樂僖公之脩泮宮之水復伯禽之法而往觀之采其芹也辟廱者築土雝水之外圓如璧四方來觀者均也泮之言半也半水者蓋東西門以南通水北無也天子諸侯宮異制因形然○〔僖〕音希〔芹〕其巾反〔辟〕音璧下同〔觀〕古亂反又音官○魯侯戾止言觀其旂其旂茷茷鸞聲噦噦無小無大從公于邁戾來止至也言觀其旂言法則其文章也茷茷其言有法度也噦噦言有聲也箋云于往邁行也我采泮水之芹見僖公來至于泮宮我則觀其旂茷茷然鸞和之聲噦噦然臣無尊卑皆從君行而來稱言此者僖公賢君人樂見之○〔茷〕蒲害反又普貝反〔噦〕呼會反○思樂泮水薄采其藻魯侯戾止其馬蹻蹻其馬蹻蹻其音昭昭其馬蹻蹻言彊盛也箋云其音昭昭僖公之德音○〔藻〕音早〔蹻〕居表反〔昭〕之繞反載色載笑匪怒伊教色溫潤也箋云僖公之至泮宮和顏色而笑語非有所怒於是有所教化也○思樂泮水薄采其茆茆鳧葵也○〔茆〕莫飽反又力久反魯侯戾止在泮飲酒既飲旨酒永錫難老箋云在泮飲酒者徵先生君子與之行飲酒之禮而因以謀事也已飲美酒而長賜其難使老難使老者最壽考也長賜之者如王制所云八十月告存九十日有秩者與○〔與〕音餘順彼長道屈此羣醜屈收醜衆也箋云順從長遠屈治醜惡也是時淮夷叛逆既謀之於泮宮則從彼遠道往伐之治此羣爲惡之人○〔屈〕丘勿反又其勿反○穆穆魯侯敬明其德敬愼威儀維民之則允文允武昭假烈祖假至也箋云則法也僖公之行民之所法傚也僖公信文矣爲脩泮宮也信武矣爲伐淮夷也其聰明乃至於美祖之德謂遵伯禽之法○〔假〕古百反靡有不孝自求伊祜箋云祜福也國人無不法傚之者皆庶幾力行自求福祿○〔祜〕音戶

○明明魯侯克明其德既作泮宮淮夷攸服箋云克能攸所也言僖公能明其德脩泮宮而德化行於是伐淮夷所以能服也矯矯虎臣在泮獻馘淑問如皐陶在泮獻囚囚拘也箋云矯矯武貌馘所格者之左耳淑善也囚所虜獲者僖公既伐淮夷而反在泮宮使武臣獻馘又使善聽獄之吏如皐陶者獻囚言伐有功所任得其人○〔矯〕居表反〔馘〕古獲反〔陶〕音遙○濟濟多士克廣德心桓桓于征狄彼東南桓桓威武貌箋云多士謂虎臣及如皐陶之屬征征伐也狄當作剔剔治也東南斥淮夷○〔狄〕他歷反遠也或如字烝烝皇皇不吳不揚不告于訩在泮獻功烝烝厚也皇皇美也揚傷也箋云烝烝猶進進也皇皇當作暀暀暀暀猶往往也吳譁也訩訟也言多士之於伐淮夷皆勸之有進進往往之心不讙譁不大聲僖公還在泮宮又無以爭訟之事告於治訟之官者皆自獻其功○〔皇〕如字又音旺〔吳〕如字又音話〔訩〕音凶○角弓其觩束矢其搜戎車孔博徒御無斁既克淮夷孔淑不逆觩弛貌五十矢爲束搜衆意也箋云角弓觩然言持弦急也束矢搜然言勁疾也博當作傅甚傅致者言安利也徒行者御車者皆敬其事又無厭倦也僖公以此兵衆伐淮夷而勝之其士卒甚順軍法而善無有爲逆者謂堙井刊木之類○〔觩〕音虯〔搜〕色留反〔傅〕如字鄭音附〔斁〕音亦厭也〔致〕直置反式固爾猶淮夷卒獲箋云式用猶謀也用堅固女軍謀之故淮夷盡可獲服也謀謂度己之德慮彼之罪以出兵也○〔度〕待洛反○翩彼飛鴞集于泮林食我桑黮懷我好音翩飛貌鴞惡聲之鳥也黮桑實也箋云懷歸也言鴞恆惡鳴今來止於泮水之木上食其桑黮爲此之故改其鳴歸就我以善音喻人感於恩則化也○〔翩〕音篇〔鴞〕于嬌反〔黮〕時審反〔爲〕于僞反憬彼淮夷來獻其琛元龜象齒大賂南金憬遠行貌琛寶也元龜尺二寸賂遺也南謂荊揚也箋云大猶廣也廣賂者賂君及卿大夫也荊揚之州貢金三品○〔憬〕九永反又孔永反

反〔琛〕勑金反〔賂〕音路

泮水八章章八句

閟宮頌僖公能復周公之宇也宇居也○〔閟〕音祕〔僖〕音希○閟宮有侐實實枚枚閟閉也先妣姜嫄之廟在周常閉而無事孟仲子曰是禖宮也侐清淨也實實廣大也枚枚礱密也箋云閟神也姜嫄神所依故廟曰神宮○〔侐〕況域反靜也一音火季反〔枚〕莫回反赫赫姜嫄其德不回上帝是依無災無害彌月不遲上帝是依依其子孫也箋云依依其身也彌終也赫赫乎顯著姜嫄也其德貞正不回邪天用是憑依而降精氣其任之又無災害不坼不副終人道十月而生子不遲晚○〔副〕孚逼反是生后稷降之百福黍稷重穋稙穉菽麥奄有下國俾民稼穡先種曰稙後種曰穉箋云奄猶覆也姜嫄用是而生子后稷天神多與之福以五穀終覆蓋天下使民知稼穡之道言其不空生也后稷生而名棄長大堯登用之使居稷官民賴其功後雖作司馬天下猶以后稷稱焉○〔重〕直容反〔穋〕音六〔稙〕徵力反又時力反〔穉〕音治有稷有黍有稻有秬奄有下土纘禹之緒緒業也箋云秬黑黍也緒事也堯時洪水爲災民不粒食天神多予后稷以五穀禹平水土乃教民播種之於是天下大有故云纘禹之事也美之故申說以明之○〔秬〕音巨〔纘〕子管反繼也○后稷之孫實維大王居岐之陽實始翦商翦齊也箋云翦斷也大王自豳徙居岐陽四方之民咸歸往之於時而有王迹故云是始斷商○〔大〕音泰後大王大平皆同〔翦〕子踐反斷也〔斷〕音短至于文武纘大王之緒致天之屆于牧之野無貳無虞上帝臨女虞誤也箋云屆殛虞度也文王武王繼大王之事至受命致天平天所以罰殛紂於商郊牧野其時之民皆樂武王之如是故戒之云無有二心也無復計度也天視護女至則克勝○〔屆〕音戒敦商之旅克咸厥功箋云敦治旅衆咸同也武王克殷而治商之臣民使得其所能同其功於先祖也后稷大王文王亦周公之祖考也伐紂周公又與焉故述之以美大魯○〔敦〕都回反又都門反〔與〕音預○王曰叔父建爾元子俾侯于魯大啓爾宇爲周室輔王成王也元首宇居也箋云叔父謂周公也成王告周公曰叔父我立女首子使爲君於魯謂欲封伯禽也封魯公以爲周公後故云大開女居以爲我周家之輔謂封以方七百里欲其彊於衆國乃命魯公俾侯于東錫之山川土田附庸箋云東東藩魯國也既告周公以封伯禽之意乃策命伯禽使爲君於東加賜之以山川土田及附庸令專統之王制曰名山大川不以封諸侯附庸則不得專臣也周公之孫莊公之子龍旂承祀六轡耳耳春秋匪解享祀不忒周公之孫莊公之子謂僖公也耳耳然至盛也箋云交龍爲旂承祀謂視祭事也四馬故六轡春秋猶言四時也忒變也○〔解〕音懈〔忒〕他得反皇皇后帝皇祖后稷享以騂犧是饗是宜降福既多騂赤犧純也箋云皇皇后帝謂天也成王以周公功大命魯郊祭天亦配之以君祖后稷其牲用赤牛純色與天子同也天亦饗之宜之多予之福○〔騂〕息營反〔犧〕許宜反周公皇祖亦其福女秋而載嘗夏而楅衡白牡騂剛犧尊將將毛炰胾羹籩豆大房萬舞洋洋孝孫有慶諸侯夏禘則不礿秋祫則不嘗唯天子兼之楅衡設牛角以楅之也白牡周公牲也騂剛魯公牲也犧尊有沙飾也毛炰豚也胾肉也羹大羹鉶羹也大房半體之俎也洋洋衆多也箋云此皇祖謂伯禽也載始也秋將嘗祭於夏則養牲楅衡其牛角爲其觸觝人也秋嘗而言始者秋物新成尚之也大房玉飾俎也其制足閒有橫下有柎似乎堂後有房然萬舞干舞也○〔楅〕音福逼也〔犧〕素河反又許宜反〔將〕七羊反〔炰〕蒲包反〔胾〕側吏反〔羹〕音庚又音衡〔洋〕音羊徐音翔〔礿〕羊灼反〔祫〕咸夾反〔沙〕蘇河反〔觝〕都禮反〔橫〕古曠反一音光〔柎〕方于反俾爾熾而昌俾爾壽而臧保彼東

方魯邦。是常。不虧不崩。不震不騰。三壽作朋。如岡如陵。震動也。騰乘也。壽考也。箋云。此皆慶孝孫之辭也。俾使。臧善。保安。常守也。虧崩皆謂毀壞也。震騰皆謂僭踰相侵犯也。三壽三卿也。岡陵取堅固也。○〔熾〕尺志反。〔僭〕子念反。○公車千乘。朱英綠縢。二矛重弓。大國之賦千乘。朱英矛飾也。縢繩也。重弓重於鬯中也。箋云。二矛重弓備折壞也。兵車之法。左人持弓。右人持矛。中人御。○〔乘〕繩證反。〔英〕如字。又於耕反。〔縢〕徒登反。〔重〕直龍反。〔鬯〕勑亮反。弓衣也。公徒三萬。貝冑朱綅。烝徒增增。貝冑貝飾也。朱綅以朱綅綴之。增增眾也。箋云。萬二千五百人為軍。大國三軍。合三萬七千五百人。言三萬者舉成數也。烝進也。徒進行增增然。○〔冑〕直又反。〔綅〕息廉反。綫也。又音侵。〔烝〕之升反。戎狄是膺。荊舒是懲。則莫我敢承。膺當。承止也。箋云。懲艾也。僖公與齊桓舉義兵。北當戎與狄。南艾荊及群舒。天下無敢禦之。○〔艾〕音刈。俾爾昌而熾。俾爾壽而富。黃髮台背。壽胥與試。箋云。此慶僖公勇於用兵討有罪也。黃髮台背皆壽徵也。胥相也。壽而相與試。謂講氣力不衰倦。○〔台〕他來反。〔背〕音貝。俾爾昌而大。俾爾耆而艾。萬有千歲。眉壽無有害。箋云。此又慶僖公勇於用兵討有罪也。中時魯微弱。為鄰國所侵削。今乃復其故。故喜而重慶之。俾爾猶使女也。眉壽秀眉亦壽徵。○〔艾〕五蓋反。〔中〕張仲反。○泰山巖巖。魯邦所詹。奄有龜蒙。遂荒大東。至于海邦。淮夷來同。莫不率從。魯侯之功。詹至也。龜山也。蒙山也。荒有也。箋云。奄覆。荒奄也。大東極東。海邦近海之國也。來同為同盟也。率從相率從於中國也。魯侯謂僖公。○〔荒〕如字。韓詩云至也。○保有鳧繹。遂荒徐宅。至于海邦。淮夷蠻貊。及彼南夷。莫不率從。莫敢不諾。魯侯是若。鳧山也。繹止也。宅居也。淮夷蠻貊而夷行也。南夷荊楚也。若順也。箋云。諾應辭也。是若者是僖公所謂順也。○〔鳧〕音扶。〔繹〕音亦。一音夕。〔貊〕武伯反。〔行〕下孟反。○天錫公純嘏。眉壽保魯。居常與許。復周公之宇。常許魯南鄙西鄙。箋云。純大也。受福曰嘏。許許田也。魯朝宿之邑也。常或作嘗。在薛之旁。春秋魯莊公三十一年築臺于薛是與。周公有嘗邑所由未聞也。六國時齊有孟嘗君食邑於薛。○〔嘏〕古雅反。魯侯燕喜。令妻壽母。宜大夫庶士。邦國是有。既多受祉。黃髮兒齒。箋云。燕燕飲也。令善也。僖公燕飲於內寢。則善其妻。壽其母。謂為之祝慶也。與群臣燕則欲與之相宜。亦祝慶也。是有猶常有也。兒齒亦壽徵。○〔兒〕五兮反。齒落更生細者也。一如字。〔祝〕之又反。下同。○徂來之松。新甫之柏。是斷是度。是尋是尺。徂來山也。新甫山也。八尺曰尋。○〔斷〕音短。〔度〕待洛反。松桷有舄。路寢孔碩。新廟奕奕。奚斯所作。桷榱也。舄大貌。路寢正寢也。新廟閔公廟也。有大夫公子奚斯者作是廟也。箋云。孔甚。碩大也。奕奕姣美也。修舊曰新。新者姜嫄廟也。僖公承衰亂之政。修周公伯禽之教。故治正寢。上新姜嫄之廟。姜嫄之廟。廟之先也。奚斯作者。教護屬功課章程也。至文公之時。大室屋壞。○〔桷〕音角。〔舄〕音昔。又音託。〔奕〕音亦。〔榱〕色追反。〔屬〕音燭。孔曼且碩。萬民是若。曼長也。箋云。曼修也。廣也。且然也。國人謂之順也。○〔曼〕音萬。

閟宮八章。二章章十七句。一章十二句。一章三十八句。二章章八句。二章章十句。

駉四篇。二十三章。二百四十三句。

那詁訓傳第三十

商頌　　鄭氏箋

那。祀成湯也。微子至于戴公。其閒禮樂廢壞。有正考甫者。得商頌十二篇於周之大師。以那為首。禮樂廢壞者。君怠慢於爲政不脩祭祀朝聘養賢待賓之事有司忘其禮之儀制樂師失其聲之曲折由是散亡也自正考甫至孔子之時又無七篇矣正考甫孔子之先也其祖弗甫何以有宋而授厲公○〔那〕乃河反〔大〕音泰後放此

○猗與那與。置我鞉鼓。猗歎辭那多也鞉鼓樂之所成也夏后氏足鼓殷人置鼓周人縣鼓箋云置讀曰植植鞉鼓者爲楹貫而樹之美湯受命伐桀定天下而作濩樂故歎之多其改夏之制乃始植我殷家之樂鞉與鼓也鞉雖不植貫而搖之亦植之類○〔猗〕於宜反〔與〕音余下同〔置〕如字鄭時職反又音值〔鞉〕音桃〔楹〕音盈柱也〔濩〕戶故反奏鼓簡簡。衎我烈祖。湯孫奏假。綏我思成。衎樂也烈祖湯有功烈之祖也假大也箋云奏鼓奏堂下之樂也烈祖湯也湯孫大甲也假升綏安也以金奏堂下諸縣其聲和大簡簡然以樂我功烈之祖成湯湯孫大甲又奏升堂之樂弦歌之乃安我心所思而成之謂神明來格也禮記曰齊之日思其居處思其笑語思其志意思其所樂思其所耆齊三日乃見其所爲齊者祭之日入室僾然必有見乎其位周旋出戶肅然必有聞乎其容聲出戶而聽愾然必有聞乎其歎息之聲此之謂思成○〔衎〕苦旦反〔假〕古雅反鄭作格升也〔僾〕音愛〔愾〕苦代反鞉鼓淵淵。嘒嘒管聲。既和且平。依我磬聲。嘒嘒然和也平正平也依倚也磬聲之清者也以象萬物之成周尚臭殷尚聲箋云磬玉磬也堂下諸縣與諸管聲皆和平不相奪倫又與玉磬之聲相依亦謂和平也玉磬尊故異言之○〔淵〕古縣反又烏縣反〔嘒〕呼惠反於赫湯孫。穆穆厥聲。庸鼓有斁。萬舞有奕。於赫湯孫盛矣湯爲人子孫也大鍾曰庸斁斁然盛也奕奕然閑也箋云穆穆美也於盛矣湯孫呼大甲也此樂之美其聲鍾鼓則斁斁然有次序其干舞又閑習○〔於〕音烏〔庸〕如字〔斁〕〔奕〕竝音亦我有嘉客。亦不夷懌。自古在昔。先民有作。溫恭朝夕。執事有恪。夷說也先王稱之曰在古古曰在昔昔曰先民有作有所作也恪敬也箋云嘉客謂二王後及諸侯來助祭者我客之來助祭者亦不說懌乎言說懌也乃大古而有此助祭之禮非專於今也其禮儀溫溫然恭敬執事薦饌則又敬也○〔恪〕苦各反〔說〕音悅下同顧予烝嘗。湯孫之將。箋云顧猶念也將猶扶助也嘉客念我殷家有時祭之事而來者乃大甲之扶助也序助者之來意也

那一章二十二句

烈祖。祀中宗也。中宗殷王大戊湯之玄孫也有桑穀之異懼而脩德殷道復興故表顯之號爲中宗〔復〕扶又反○

○嗟嗟烈祖。有秩斯祜。申錫無疆。及爾斯所。既載清酤。賚我思成。秩常申重酤酒賚賜也箋云祜福也賚讀如往來之來嗟嗟乎我功烈之祖成湯既有此王天下之常福天又重賜之以無竟界之期其福乃及女之此所女女中宗也言承湯之業能興之也既載清酒於尊酌以祼獻而神靈來至我致齊之所思則用成重言嗟嗟美歎之深○〔祜〕音戶〔疆〕居良反下同〔酤〕音戶〔賚〕如字鄭音來〔祼〕古亂反〔齊〕側皆反亦有和羹。既戒既平。鬷假無言。時靡有爭。綏我眉壽。黃耇無疆。戒至鬷總假大也總大無言無爭也箋云和羹者五味調腥熟得節食之於人性安和喻諸侯有和順之德也我既祼獻神靈來至亦復由有和順之諸侯來助祭也其在廟中既恭肅敬戒矣既齊立乎列矣至于設薦進俎又總升堂而齊一皆服其職勸其事寂然無言語者無爭訟者此由其心平性和神靈用之故安我以壽考之福歸美焉○〔鬷〕子東反〔假〕古雅反鄭音格下以假同〔綏〕音委安也〔耇〕音苟約軧錯衡。八鸞鶬鶬。以假以享。我受命溥將。自天降康。豐年穰穰。八鸞鶬鶬言文德之有聲也假大也箋云約軧轂飾也鸞在鑣四馬則八鸞假升也享獻也將猶助也諸侯來助祭者乘篆轂金飾錯衡之車駕四馬其鸞鶬鶬然聲和言車服之得其正也以此來朝升堂獻其國之所有於我受政教至祭祀又溥助我言得萬國之歡心也天於是下平安之福使年豐○〔軧〕祁支反〔錯〕如字又采故反〔鶬〕七羊反〔溥〕音普〔穰〕如羊反〔轂〕古木反〔鑣〕彼苗反來假來饗。降福無疆。箋云饗謂獻酒使神饗之也諸侯助祭者來升堂來獻酒神靈又下與我久長之福

也○〔假〕音格顧予烝嘗湯孫之將箋云此祭中宗諸侯來助之所言湯孫之將者中宗之饗此祭由湯之功故本言之

烈祖一章二十二句

玄鳥祀高宗也祀當為祫祫合也高宗殷王武丁中宗玄孫之孫也有雊雉之異又懼而脩德殷道復興故亦表顯之號為高宗云崩而始合祭於契之廟歌是詩焉古者君喪三年既畢禘於其廟而後祫祭於太祖明年春禘于羣廟自此之後五年而再殷祭一禘一祫春秋謂之大事○天命玄鳥降而生商宅殷土芒芒玄鳥鳦也春分玄鳥降湯之先祖有娀氏女簡狄配高辛氏帝帝率與之祈于郊禖而生契故本其為天所命以玄鳥至而生焉芒芒大貌箋云降下也天使鳦下而生商者謂鳦遺卵娀氏之女簡狄吞之而生契為堯司徒有功封商堯知其後將興又錫其姓焉自契至湯八遷始居亳之殷地而受命國日以其廣大芒芒然湯之受命由契之功故本其天意○〔芒〕莫剛反後同〔娀〕夙忠反下篇同〔亳〕傍各反古帝命武湯正域彼四方方命厥后奄有九有正長域有也九有九州也箋云古帝天也天帝命有威武之德者成湯使之長有邦域為政於天下方命其君謂徧告諸侯也湯之有是德故覆有九州為之王也○〔長〕張丈反商之先后受命不殆在武丁孫子武丁高宗也箋云后君也商之先君受天命而行之不解殆者在高宗之孫子言高宗興湯之功法度明也○〔解〕音懈武丁孫子武王靡不勝龍旂十乘大糦是承勝任也箋云交龍為旂糦黍稷也高宗之孫子有武功有王德於天下者無所不勝服乃有諸侯建龍旂者十乘奉承黍稷而進之者亦言得諸侯之歡心十乘者二王後八州之大國○〔王〕于況反又如字〔勝〕音升鄭式證反〔乘〕繩證反〔糦〕尺志反〔任〕音壬邦畿千里維民所止肇域彼四海畿疆也箋云止猶居也肇當作兆王畿千里之內其民居安乃後兆域正天下之經界言其為政自內及外四海來假來假祁祁景員維河殷受命咸宜百祿是何景大員均何任也箋云假至也祁祁眾多也員古文作云河之言何也天下既蒙王之政令皆得其所而來朝覲貢獻其至也祁祁然眾多其所貢於殷大至所云維言何乎言殷王之受命皆其宜也百祿是何謂當檐負天之多福○〔假〕音格下同〔祁〕巨移反〔員〕音圓鄭音云〔何〕音河又河可反

玄鳥一章二十二句

長發大禘也大禘郊祭天也禮記曰王者禘其祖之所自出以其祖配之是謂也○〔禘〕大計反○濬哲維商長發其祥洪水芒芒禹敷下土方外大國是疆幅隕既長濬深洪大也諸夏為外幅廣也隕均也箋云長猶久也隕當作圓圓謂周也深知乎維商家之德也久發見其禎祥矣乃用洪水禹敷下土正四方定諸夏廣大其竟界之時始有王天下之萌兆歷虞夏之世故為久也○〔濬〕音峻〔芒〕音亡依韻音忙〔疆〕居良反〔幅〕方目反〔隕〕音圓徐于貧反有娀方將帝立子生商有娀契母也將大也契生商也箋云帝黑帝也禹敷下土之時有娀氏之國亦始廣大有女簡狄吞鳦卵而生契堯封於商後湯王因以為天下號故云帝立子生商○玄王桓撥受小國是達受大國是達率履不越遂視既發玄王契也桓大撥治履禮也箋云承黑帝而立子故謂契為玄王遂猶徧也發行也玄王廣大其政治始堯封之商為小國舜之末年乃益其土地為大國皆能達其教令使其民循禮不得踰越乃徧省視之教令則盡行也○〔撥〕本末反相土烈烈海外有截相土契孫也烈烈威也箋云截整齊也相土居夏后之世承契之業入為王官之伯出長諸侯其威武盛烈烈然四海之外率服截爾整齊○〔相〕息亮反〔截〕才結反○帝命不違至于湯齊至湯與天心齊箋云帝命不違者天之所以命契之事世世行之其德浸大至於湯而當天心○湯〔齊〕如字〔浸〕子鴆反湯降不遲聖敬日躋昭假遲遲上帝是祗

帝命式于九圍不遲言疾也躋升也九圍九州也箋云降下假暇祗敬式用也湯之下士
尊賢甚疾其聖敬之德日進然而以其德聰明寬暇天下之人遲遲然言急於己而緩於人天用是故愛
敬之也天於是又命之使用事於天下言王之也○[躋]子兮反[假]古雅反毛音格鄭音暇[祗]諸時反
○受小球大球爲下國綴旒何天之休球玉綴表旒章也箋云綴猶結
也旒旌旗之垂者也休美也湯既爲天所命則受小玉謂尺二寸圭也受大玉謂珽也長三尺執圭搢珽
以與諸侯會同結定其心如旌旗之旒縿著焉擔負天之美譽爲衆所歸鄉○[球]音求下同[綴]陟劣反又
張衛反[休]虛虯反[珽]吐頂反[縿]所銜反[鄉]許亮反不競不絿不剛不柔敷政
優優百祿是遒絿急也優優和也遒聚也箋云競逐也不逐不與人爭前後○[絿]音求[遒]
子由反又在由反○受小共大共爲下國駿厖何天之龍共法
駿大厖厚龍和也箋云共執也小共大共猶所執搢小球大球也駿之言俊也龍當作寵寵榮名之謂○
[共]音恭鄭音拱[駿]音峻[厖]莫邦反鄭武講反[龍]毛如字鄭作寵敷奏其勇不震不動
不戁不竦百祿是總戁恐竦懼也箋云不震不動不可驚憚也○[敷]音孚[戁]奴版反
[竦]小勇反[總]子孔反又音宗○武王載旆有虔秉鉞如火烈烈則
莫我敢曷武王湯也旆旗也虔固曷害也箋云有之言又也上既美其剛柔得中勇毅不懼於
是有武功有王德及建旆興師出伐又固持其鉞志在誅有罪也其威勢如猛火之炎熾誰敢禦害我○
[旆]蒲貝反[鉞]音越苞有三櫱莫遂莫達九有有截苞本櫱餘也箋云苞
豐也天豐大先三正之後世謂居以大國行天子之禮櫱然而無有能以德自遂達於天者故天下歸鄉
湯九州齊壹截然○[櫱]五葛反韋顧既伐昆吾夏桀有韋國者有顧國者有昆吾國
者箋云韋豕韋彭姓也顧昆吾皆己姓也三國黨於桀惡湯先伐韋顧克之昆吾夏桀則同時誅也○[已]
音紀又音杞○昔在中葉有震且業允也天子降予卿士

葉世也業危也箋云中世謂相土也震猶威也相土始有征伐之威以爲子孫討惡之業湯遵而興之信
也天命而子之下予之卿士謂生賢佐也春秋傳曰長君之震御徒橈敗○[中]如字又張仲反[橈]女教反
實維阿衡實左右商王阿衡伊尹也左右助也箋云阿倚衡平也伊尹湯所依倚
而取平故以爲官名商王湯也○[左]音佐[右]音又

長發七章一章八句四章章七句一章九句

一章六句

殷武祀高宗也○撻彼殷武奮伐荊楚罙入其阻裒
荊之旅撻疾意也殷武殷王武丁也荊楚荊州之楚國也罙深裒聚也箋云有鍾鼓曰伐罙冒也
殷道衰而楚人叛高宗撻然奮揚威武出兵伐之冒入其險阻謂踰方城之隘克其軍率而俘虜其士衆
○[撻]他達反[罙]面規反[阻]莊呂反[裒]蒲侯反[冒]莫報反[隘]於懈反有截其所湯孫之
緒箋云緒業也所猶處也高宗所伐之處國邑皆服其罪更自勑整截然齊壹是乃湯孫大甲之等功
業○[處]昌慮反○維女荊楚居國南鄉昔有成湯自彼氐羌
莫敢不來享莫敢不來王曰商是常鄉所也箋云氐羌夷狄國在西
方者也享獻也世見曰王維女楚國近在荊州之域居中國之南方而背叛乎成湯之時乃氐羌遠夷之
國來獻來見曰商王是吾常君也此所用責楚之義女乃遠夷之不如○[氐]都啼反[見]賢遍反[背]音佩
○天命多辟設都于禹之績歲事來辟勿予禍適稼
穡匪解辟君適過也箋云多衆也來辟猶來王也天命乃令天下衆君諸侯立都於禹所治之功
以歲時來朝覲於我殷王者勿罪過與之禍適徒勑以勸民稼穡非可解倦時楚不脩諸侯之職此所用
告曉楚之義也禹平水土置五服而諸侯之國定是以云然○[辟]音壁下同又音僻邪也[適]直革反徐
張革反[解]音懈○天命降監下民有嚴不僭不濫不敢怠遑

命于下國封建厥福。嚴敬也不僭不濫賞不僭刑不濫也封大也箋云降下遑暇也天命乃下視下民有嚴明之君能明德慎罰不敢怠惰自暇於政事者則命之於小國以爲天子大立其福謂命湯使由七十里王天下也時楚僭號王位此又所用告曉楚之義○〔僭〕子念反○商邑翼翼。四方之極。赫赫厥聲。濯濯厥靈。壽考且寧。以保我後生。商邑京師也箋云極中也商邑之禮俗翼翼然可則傚乃四方之中正也赫赫乎其出政教也濯濯乎其見尊敬也王乃壽考且安以此全守我子孫此又用商德重告曉楚之義○〔重〕直用反○陟彼景山。松柏丸丸。是斷是遷。方斲是虔。松桷有梴。旅楹有閑。寢成孔安。丸丸易直也遷徙虔敬也梴長貌旅陳也寢路寢也箋云椹謂之虔升景山揄材木取松柏易直者斷而遷之正斲於椹上以爲桷與衆楹路寢既成王居之甚安謂施政教得其所也高宗之前王有廢政教不脩寢廟者高宗復成湯之道故新路寢焉○〔斷〕音短〔斲〕陟角反〔虔〕其連反〔桷〕音角〔梴〕丑連反又力纏反〔椹〕陟金反

殷武六章三章章六句二章章七句一章五句

那五篇十六章百五十四句

毛詩卷第二十